山东省委党校（山东行政学院）基本知识培训系列教材

现代化经济体系建设基本知识

主编 杨 珍 丁兆庆

山东大学出版社
SHANDONG UNIVERSITY PRESS
·济南·

图书在版编目(CIP)数据

现代化经济体系建设基本知识 / 杨珍,丁兆庆主编
. —济南:山东大学出版社,2021.9
山东省委党校(山东行政学院)基本知识培训系列教材/徐闻主编
ISBN 978-7-5607-6921-9

Ⅰ. ①现… Ⅱ. ①杨… ②丁… Ⅲ. ①中国经济—经济体系—干部教育—学习参考资料 Ⅳ. ①F123

中国版本图书馆 CIP 数据核字(2021)第 191828 号

策划编辑 刘 彤
责任编辑 张彩芸
封面设计 牛 钧

出版发行 山东大学出版社
社 址 山东省济南市山大南路 20 号
邮政编码 250100
发行热线 (0531)88363008
经 销 新华书店
印 刷 济南华林彩印有限公司
规 格 720 毫米×1000 毫米 1/16
17 印张 200 千字
版 次 2021 年 9 月第 1 版
印 次 2021 年 9 月第 1 次印刷
定 价 58.00 元

前言

新中国成立以来，特别是改革开放四十多年来，我国经济建设取得了举世瞩目的成就。我国经济总量稳居世界第二位，经济实力、科技实力、综合国力显著提升。当前，我们实现了第一个百年奋斗目标，在中华大地上全面建成了小康社会，历史性地解决了绝对贫困问题，正在意气风发向着全面建成社会主义现代化强国的第二个百年奋斗目标迈进。“十四五”时期，是我国在全面建成小康社会、实现第一个百年奋斗目标之后，乘势而上开启全面建设社会主义现代化国家新征程、向第二个百年奋斗目标进军的第一个五年。

随着中国特色社会主义进入新时代，我国社会主要矛盾已经转化为人民日益增长的美好生活需要和不平衡不充分发展之间的矛盾。顺应人民对美好生活的新期待，必须推动我国经济发展方式转变，不断提高发展质量和效益。正是基于这样的时代背景，党的十九大明确提出，我国经济已由高速增长阶段转向高质量发展阶段，正处在转变发展方式、优化经济结构、转换增长动力的攻坚期，建设现代化经济体系是跨越关口的迫切要求和我国发展的战略目标。这是以习近平同志为核心的党中央站在新的历史起点上，高瞻远瞩、审时度势做出的重大战略部署。在2014年中央经济工作会议上，习近平总书记就指出："我多次强调，以经济建设为中心是兴国之要，发展是党执政兴国第一要务，是解决我国一切问题的基础和关键。同时，我也反复强调，我们要的是有质量、有效益、可持续的发展，要的是以比较充分就业和提高劳动生产率、投资回报率、资源配置效率为支撑的发展。"①

党的十九届五中全会站在党和国家事业发展全局高度，按照党的十九大对实现第二个百年奋斗目标做出的分两个阶段推进的战略安排，审议通过了《中共中央关于制定国民经济和社会发展第十四个五年规划和二〇三五年远景目标的建议》，描绘了我国进入新发展阶段的发展蓝图。这是我们党统筹中华民族伟大复兴战略全局和世界百年未有之大变局，为确保中华民族伟大复兴顺利实现而进行的一次重要战略擘画。党的十九届五中全会提出的2035年基本实现现代化的九项任务之一就是建成现代化经济体系。当下，现代化经济体系处于从建设到建成的重要时期。因此，我们必须深刻认识建设现代化经济体系的重要性，从理论到实践全面把握和扎实推进，为确保实现第二个百年奋斗目标和中华民族伟大复兴的"中国梦"奠定坚实基础。

高质量发展是强国之基、立业之本和转型之要。建设现代化经济体系，必须始终坚持质量第一、效益优先，把提质增效放在经济工作的首要位置，并融入经济发展的各个领域和全过程，推动经济发展质量变革、效率变革和动力变革，提高劳动生产率、资本产出率和全要素生产率。坚持把经济发展着力点放在实体经济上，

① 习近平：《经济工作要适应经济发展新常态》(2014年12月9日)，中共中央文献研究室编：《十八大以来重要文献选编》(中)，北京：中央文献出版社，2016年，第245～246页。

构建实体经济、科技创新、现代金融、人力资源协同发展的产业体系，充分发挥科技创新作为经济发展的第一动力作用，发挥金融、人力资源对产业发展的支持作用，促进实体经济做大做优做强。坚持社会主义市场经济改革方向，发挥市场在资源配置中的决定性作用，同时更好发挥政府作用，坚持简政放权、放管服结合，完善基本经济制度、现代市场体系和宏观调控体系，着力构建市场机制有效、微观主体有活力、宏观调控有度的经济体制，充分调动各类市场主体自主决策、自主经营的积极性、主动性、创造性，不断增强我国经济创新力和竞争力。

基于上述认识，本书围绕建设现代化经济体系的基本知识做出了系统分析。全书共分为十章，其中每章都针对各自内容分为三节，即基本概念、学理依循、实践路径。第一章是全书概论，阐述现代化经济体系的逻辑架构。第二章是全书统领，阐述贯彻新发展理念。从第三章到第十章，分别阐述建设现代化经济体系的具体内容，包括深化供给侧结构性改革、大力发展实体经济、建设创新型国家、实施乡村振兴战略、实施区域协调发展战略、加快完善社会主义市场经济体制、深化国有企业改革、推动形成全面开放新格局。这八章，系统阐述了建设现代化经济体系的重点任务，还特别突出了发展实体经济和深化国有企业改革这两个主题。

本书在编写过程中，力求准确理解和把握党的十九大和十九届五中全会精神，紧密结合我国经济社会发展实际，对为什么建设现代化经济体系以及如何建成现代化经济体系，从基本概念、学理依循到实践路径做出了全面系统的论述。本书适合党政领导干部、理论工作者以及大中专学生阅读和参考。阅读此书，有助于准确理解和把握建设现代化经济体系的相关理论和实践知识，增强全面建设社会主义现代化国家的自觉性、积极性和创造性。

本书是中共山东省委党校创新工程教学支撑项目(教材)成果,是集体创作的结晶。主编杨珍(中共山东省委党校经济学教研部二级教授)和丁兆庆(中共山东省委党校研究生院院长、教授)为本书设计大纲,并统改定稿。各章作者分别是:韩振普(第一章)、王春萌(第二章)、杨珍(前言、第三章)、丁兆庆(第四章)、孔宪香(第五章)、尚昀(第六章)、徐加明(第七章)、麻睿(第八章)、王金胜(第九章)、孙学立(第十章)。在写作过程中,虽然作者们尽了最大努力,但受知识水平能力等限制,缺陷和疏漏在所难免,敬请读者批评指正。同时,我们在写作过程中也参阅了大量同行专家的研究成果,在此一并表示诚挚谢意。

本书编写组

2021年7月

目　录

第一章　现代化经济体系的逻辑架构

党的十九大报告首次提出“贯彻新发展理念，建设现代化经济体系”①，并且强调这是跨越关口的迫切要求和我国发展的战略目标。2018 年 1 月 30 日中共中央政治局第三次集体学习专门学习了建设现代化经济体系。习近平总书记在主持学习时指出，建设现代化经济体系是一篇大文章，既是一个重大理论命题，更是一个重大实践课题，需要从理论和实践的结合上进行深入探讨。党的十九届五中全会把建成现代化经济体系作为 2035 年基本实现社会主义现代化的一个重要任务。因此，把握现代化经济体系的逻辑架构，加快建设现代化经济体系，有助于实现第二个百年奋斗目标。

① 习近平：《决胜全面建成小康社会　夺取新时代中国特色社会主义伟大胜利——在中国共产党第十九次全国代表大会上的报告》，《人民日报》2017 年 10 月 28 日。本书所引十九大报告内容均可参见此出处，下文不再标注。

第一节　基本概念

一、现代化经济体系

党的十九大报告指出，建设现代化经济体系是跨越关口的迫切要求和我国发展的战略目标。必须坚持质量第一、效益优先，以供给侧结构性改革为主线，推动经济发展质量变革、效率变革、动力变革，提高全要素生产率，着力加快建设实体经济、科技创新、现代金融、人力资源协同发展的产业体系，着力构建市场机制有效、微观主体有活力、宏观调控有度的经济体制，不断增强我国经济创新力和竞争力。为确保实现“两个一百年”奋斗目标和中华民族伟大复兴的“中国梦”奠定坚实基础。

习近平总书记指出，现代化经济体系，是由社会经济活动各个环节、各个层面、各个领域的相互关系和内在联系构成的一个有机整体。

现代化经济体系是符合社会主义现代化强国要求的经济体系，包括了产业体系、市场体系、收入分配体系、区域发展体系等。中国特色社会主义以经济建设为中心，建设社会主义现代化强国，现代化经济体系建设必然是中国特色社会主义现代化建设的一个最重要的内容，是社会主义现代化强国的经济基础。现代化经济体系与现代化社会体系、现代化生态系统、现代化法治体系等共同构成社会主义现代化强国的丰富内容。

二、现代化经济体系的丰富内涵

现代化经济体系内涵丰富，习近平总书记将之分解为七个方面的建设。[①]

(一)创新引领、协同发展的产业体系

建设创新引领、协同发展的产业体系,实现实体经济、科技创新、现代金融、人力资源协同发展,使科技创新在实体经济发展中的贡献份额不断提高,现代金融服务实体经济的能力不断增强,人力资源支撑实体经济发展的作用不断优化。

创新引领、协同发展的产业体系是现代化经济体系的基础和重要支撑。经济发展必须有实体经济做支撑。产业强,经济才能强。产业体系壮大,才能为现代化经济体系提供坚强的基础。而实体经济发展离不开科技创新和人力资源的充分发挥。基于科技创新和人力资源充分发挥的实体经济,才是健康持续稳定发展的经济。为实体经济服务是金融的天职,是金融的宗旨。现代金融要更好地服务于实体经济,要把为实体经济服务作为出发点和落脚点,发挥其应有的作用。因此,符合现代化经济体系的产业体系是实体经济、科技创新、现代金融、人力资源协同发展的产业体系。

(二)统一开放、竞争有序的市场体系

建设统一开放、竞争有序的市场体系,实现市场准入畅通、市场开放有序、市场竞争充分、市场秩序规范,加快形成企业自主经营公平竞争、消费者自由选择自主消费、商品和要素自由流动平等交换的现代市场体系。

市场体系是市场经济的首要部分。市场经济就是通过市场的供求、价格、竞争等机制对资源进行有效配置。市场要发挥好对资源配置的决定性作用,推动资源配置实现效益最大化和效率最优

---

① 参见《习近平在中共中央政治局第三次集体学习时强调:深刻认识建设现代化经济体系重要性 推动我国经济发展焕发新活力迈上新台阶》,中华人民共和国中央人民政府网,2018 年 1 月 31 日,http://www.gov.cn/xinwen/2018-01/31/content_5262618.htm。

化，必须是统一开放、竞争有序的市场体系。统一开放就是市场进出无障碍，无论是商品还是要素都能够自由进入，平等交换。竞争有序就是市场经营者公平竞争，消费者自由选择。因此，建设现代化经济体系，必须建设统一开放、竞争有序的市场体系，形成公平公正、竞争充分、平等交换的优良环境，商品和要素自由流动，各类经营主体自主经营，公平竞争。消费者自主选择，自主消费。实现资源配置最优。

（三）体现效率、促进公平的收入分配体系

建设体现效率、促进公平的收入分配体系，实现收入分配合理、社会公平正义、全体人民共同富裕，推进基本公共服务均等化，逐步缩小收入分配差距。

收入分配既体现着经济发展的成果由人民共享，也是一种动力和激励。需要特别强调的是我国是社会主义国家，坚持以人民为中心的发展思想，实行的是社会主义市场经济体制。我们的目的是解放生产力，发展生产力，最终达到共同富裕。因此，建设体现效率、促进公平的收入分配体系能够起到激励和平衡的作用。社会主义市场经济必须讲究效率，否则就不能称之为“市场经济”。社会主义市场经济还必须促进公平，否则就不能称之为“社会主义”。因此，体现效率、促进公平的收入分配体系是现代经济体系的重要组成部分。

（四）彰显优势、协调联动的城乡区域发展体系

建设彰显优势、协调联动的城乡区域发展体系，实现区域良性互动、城乡融合发展、陆海统筹整体优化，培育和发挥区域比较优势，加强区域优势互补，塑造区域协调发展新格局。

中国地域广阔，各地资源禀赋不同，发展基础不同，我国东西部区域发展、城乡发展不平衡。邓小平同志在 20 世纪 80 年代提

出“两个大局”思想：东部沿海地区加快对外开放，率先发展起来，中西部要顾全这个大局；当发展到一定时期，要拿出更多力量帮助中西部发展，东部沿海地区也要服从这个大局。从实施西部大开发战略，到新时代推进西部大开发形成新格局，就是要采取举措，协调区域发展。建设现代化经济体系，必然要建设协调城乡区域发展体系，这是现代化经济体系在空间发展布局的具体体现。

（五）资源节约、环境友好的绿色发展体系

建设资源节约、环境友好的绿色发展体系，实现绿色循环低碳发展、人与自然和谐共生，牢固树立和践行绿水青山就是金山银山的理念，形成人与自然和谐发展的现代化建设新格局。

中国特色社会主义进入新时代，人民群众对美好生活的向往自然包括对优美生态环境的需要。建设美丽中国是实现中华民族伟大复兴“中国梦”的重要内容。习近平总书记指出，生态环境问题归根到底是经济发展方式问题。建设现代化经济体系，就是要实现经济高质量发展，所以建设资源节约、环境友好的绿色发展体系是建设现代化经济体系的应有之义，重中之重。

（六）多元平衡、安全高效的全面开放体系

建设多元平衡、安全高效的全面开放体系，发展更高层次开放型经济，推动开放朝着优化结构、拓展深度、提高效益的方向转变。

习近平总书记指出，改革开放是当代中国最鲜明的特色。开放带来进步，封闭导致落后，这已为世界和我国发展实践所证明。在新的起点上，我们向外界宣示，中国将坚定不移扩大对外开放。中国对外开放不会停滞，更不会走回头路。中国开放的大门不会关闭，只会越开越大。现代化经济体系是一种开放、包容的体系。新时代对外开放要有新格局、高层次。多元平衡全面开放体系就是“引进来”和“走出去”相结合、出口和进口相结合、沿海开放和内

陆开放相结合、共商和共建相结合、双边合作和多边合作相结合等。安全高效的全面开放体系就是在开放中维护国家经济安全，涉及国家经济命脉、核心利益方面的开放，我们要牢牢掌握主动权，确保国家和人民的利益不受损害。因此，要朝着优化结构、拓展深度、提高效益的方向转变，建设多元平衡、安全高效的全面开放体系。

（七）充分发挥市场作用、更好发挥政府作用的经济体制

建设充分发挥市场作用、更好发挥政府作用的经济体制，实现市场机制有效、微观主体有活力、宏观调控有度。

中国实行的是社会主义市场经济体制，既有市场经济的规律性、一般性，也有我国国情的特殊性。市场配置资源是市场经济的一般规律，也是最有效的资源配置方式。党的十八届三中全会将市场在资源配置中“起基础性作用”发展为“起决定性作用”，虽然只有两字之差，但对市场作用是一个全新的定位，“决定性作用”和“基础性作用”这两个定位是前后衔接、继承发展的。但是同时还要认识到，市场有盲目性、自发性和滞后性的弊端，市场存在失灵问题。我国是社会主义国家，以生产资料公有制为基础，坚持以人民为中心的价值取向，坚持共同富裕的目标。在社会主义市场经济体制下，政府的职责和作用是：保持宏观经济稳定，加强和优化公共服务，保障公平竞争，加强市场监管，维护市场秩序，推动可持续发展，促进共同富裕，弥补市场失灵。因此，使市场在资源配置中起决定性作用和更好发挥政府作用，二者是有机统一的，不是相互否定的，不能把二者割裂开来、对立起来，既不能用市场在资源配置中的决定性作用取代甚至否定政府作用，也不能用更好发挥政府作用取代甚至否定使市场在资源配置中起决定性作用。在市场作用和政府作用的问题上，要讲辩证法、两点论，“看不见的手”

和“看得见的手”都要用好，努力形成市场作用和政府作用有机统一、相互补充、相互协调、相互促进的格局，推动经济社会持续健康发展。我们要充分发挥社会主义制度的优越性，发挥好党和政府的作用。既要发挥市场作用，也要发挥政府作用；既要“有效的市场”，也要“有为的政府”。建设现代化经济体系，要充分发挥好市场的作用，更好发挥政府作用，就需要建立相应的经济体制。

以上七个方面，涉及社会经济活动各个环节、各个层面、各个领域，是一个统一的整体，要一体建设、一体推进。

三、建设现代化经济体系的重要意义

习近平总书记指出，建设现代化经济体系，这是党中央从党和国家事业全局出发，着眼于实现“两个一百年”奋斗目标、顺应中国特色社会主义进入新时代的新要求做出的重大决策部署。要充分认识建设现代化经济体系的理论意义和现实意义。

（一）建设现代化经济体系是建设社会主义现代化强国的迫切要求

“三步走”战略是改革开放总设计师邓小平同志提出的。党的十三大系统地阐述了这一战略：解决人民温饱问题、人民生活达到小康水平、达到中等发达国家水平，基本实现现代化。2002 年党的十六大指出，我们已经胜利实现了现代化建设“三步走”战略的第一步、第二步目标，2001 年我国人民生活总体上实现了由温饱到小康的历史性跨越，并提出我们要在 21 世纪头二十年，集中力量，全面建设惠及十几亿人口的更高水平的小康社会。这是实现现代化建设第三步战略目标必经的承上启下的发展阶段。2017 年党的十九大提出，决胜全面建成小康社会，开启全面建设社会主义现代化国家新征程。当全面建成了小康社会，实现第一个百年奋斗目标之后，乘势而上开启全面建设社会主义现代化国家新征程，向第二个百年奋斗目标进军。从2020年到2035年，基本实现社会主义现代化，从2035年到本世纪中叶把我国建成富强民主文明和谐美丽的社会主义现代化强国。我们正经历从站起来、富起来到强起来的阶段。社会主义现代化强国，经济必须强，经济体系必须强。建设现代化经济体系既顺应现代化发展潮流，在国际竞争中赢得主动权，又为我国其他领域现代化提供有力的支撑。建设社会主义现代化强国，必须建设现代化经济体系。

（二）建设现代化经济体系是转变经济发展方式、优化经济结构、转换经济增长动力的迫切要求

1978年改革开放以来，我国经济发展取得巨大成就，经济总量已经稳居世界第二，有目共睹。但是长期以来，我国经济发展主要注重速度、数量，粗放式发展方式还没有根本改变，经济发展的质量和效益还不高，创新能力还不强，产业结构有待优化，资源环境约束越来越大，主要依靠要素投入驱动的传统发展模式已难以为继。据统计，我国单位国内生产总值（简称GDP）所消耗的能源是世界平均水平的2.5倍，是日本的5倍，是美国的3.3倍。习近平总书记指出，我国依靠要素成本优势驱动、大量投入资源和消耗环境的经济发展方式已经难以为继。从发展阶段来看，当前我国经济已由高速增长阶段转向高质量发展阶段，实现高质量发展，必须转变经济发展方式、优化经济结构、转换经济增长动力。建设现代化经济体系，特别是建设创新引领、协同发展的产业体系和其他相应的体系，能够促进经济发展方式的转变、经济结构的优化和实现经济增长动力的转换，使我国的经济增长真正实现由主要依靠增加物质资源消耗向主要依靠科技进步、劳动者素质提高、管理创新转变。

(三)建设现代化经济体系是解决新时代我国社会主要矛盾的迫切要求

党的十九大指出,经过长期努力,中国特色社会主义进入了新时代,这是我国发展新的历史方位。新时代我国社会主要矛盾已经转化为人民日益增长的美好生活需要和不平衡不充分的发展之间的矛盾。如果说过去我们主要解决落后社会生产的问题,满足人们的物质文化需求,那么现在我们就要通过高质量、平衡充分的社会生产解决人民日益增长的美好生活需要的问题。通过建立创新引领、协同发展的产业体系,提高供给产品的质量,满足人民对高质量生活水平的需要。通过建设体现效率、促进公平的收入分配体系和城乡区域发展体系,实现发展成果由人民共享和共同富裕的目标。通过建设环境友好的绿色发展体系,满足人民对美好生活环境的需要,实现人与自然和谐发展。因此,建设现代化经济体系,能够解决新时代我国社会主要矛盾,推动人的全面发展,实现社会全面进步。

建设现代化经济体系,是实现“两个一百年”奋斗目标、实现社会主义现代化强国目标的必然要求,同时也能为实现现代化目标提供坚实的经济基础。国家强,经济体系必须强。

第二节　学理依循

习近平总书记指出,现代化经济体系既是一个重大理论命题,更是一个重大实践课题。要探究现代化经济体系学理依循,科学正确地理解现代化经济体系是起点。

一、建设现代化经济体系是我国经济发展到一定阶段的必然要求

1978 年改革开放前，十年“文化大革命”使国民经济到了崩溃的边缘，人民群众有的连温饱都不能完全实现。因此，改革开放之初，首先要解决的便是温饱问题。在这一阶段，我们提出以经济建设为中心，把工作重点转移到社会主义建设上。改革开放以来，我国经济实现了高速增长，经济总量实现了由小到大，稳居世界第二。2021 年 7 月 1 日，在庆祝中国共产党成立 100 周年大会上，习近平总书记庄严宣告：我们实现了第一个百年奋斗目标，在中华大地上全面建成了小康社会。经过长期奋斗，中国特色社会主义进入新时代，社会主要矛盾发生了变化，从人民群众日益增长的物质和文化需要同落后的生产力之间的矛盾转变为人民日益增长的美好生活需要和不平衡不充分的发展之间的矛盾。社会主要矛盾的变化给我国的经济社会发展提出了新的、更高的要求。因此党的十九大提出，我们新的奋斗目标就是，要用十五年基本实现社会主义现代化，再用十五年建成社会主义现代化强国。这是我国社会主义现代化建设的新的“两步走”战略。因此，建设现代化经济体系要从中国特色社会主义进入新时代、解决新时代社会主要矛盾、建设社会主义现代化强国的背景下理解。建设现代化经济体系是我国经济发展到现阶段的必然要求。

二、建设现代化经济体系以新发展理念为引领

发展理念是管全局、管根本、管长远的，具有战略性、纲领性、引领性。创新、协调、绿色、开放、共享的发展理念，是具有内在联系的集合体，体现着辩证思维和统筹兼顾的科学方法论，相互贯

通、相互促进，是一个系统的理论体系。创新是引领发展的第一动力，协调是持续健康发展的内在要求，绿色是永续发展的必要条件和人民对美好生活追求的重要体现，开放是国家繁荣发展的必由之路，共享是中国特色社会主义的本质要求。这五大发展理念，是在深刻总结国内外发展经验教训、深入分析国内外发展大势的基础上提出来的，集中反映了我们党对我国经济发展规律的新认识，是对我们在推动经济发展中获得的感性认识的升华，是对我们推动经济发展实践的理论总结，是关系我国发展全局的一场深刻变革，创造性地回答了中国特色社会主义进入新时代背景下我们要实现什么样的发展、如何实现发展的重大理论和现实问题。新发展理念，指明了新时代我国的发展思路、发展方向和发展着力点。中国特色社会主义进入新时代，我们要实现经济的高质量发展，建设社会主义现代化强国，必须以新发展理念为引领，作为适应社会主义现代化强国要求的现代化经济体系必然要以新发展理念为引领，用新发展理念引领和推动经济发展，破解经济发展难题，开创经济发展新局面。

三、建设现代化经济体系遵循了马克思主义政治经济学的基本原理

马克思主义政治经济学运用马克思主义基本原理、方法，揭示了人类社会经济运动规律。改革开放以来，我们党把马克思主义政治经济学基本原理同我国改革开放的新实践结合起来，形成了当代中国马克思主义政治经济学的许多重要理论成果，丰富和发展了马克思主义政治经济学，也丰富和发展了我们党的理论宝库。这些理论成果，有力指导了我国经济发展实践，开拓了马克思主义政治经济学新境界。面对国内外极其复杂的经济形势和纷繁多样

的经济现象，坚持马克思主义政治经济学基本原理和方法论，认识经济运动过程，把握社会经济发展规律，提高驾驭社会主义市场经济能力，能够更好地解决我国经济发展的理论和实践问题。

现代化经济体系，涵盖了经济活动的各个方面、各个领域。按照马克思主义政治经济学关于生产力与生产关系的基本原理，现代化经济体系既包含了生产力方面的内容，也包含了生产关系方面的内容。着力发展实体经济，推动经济发展质量变革、效率变革、动力变革，提高全要素生产率，大力实施创新驱动战略等，就是生产力方面的内容。全面深化改革，特别是深化经济体制改革，完善社会主义市场经济体制，就是生产关系方面的内容。建设现代化经济体系就是进一步解放和发展社会生产力，激发全社会创造力和发展活力，努力实现更高质量、更有效率、更加公平、更可持续的发展。现代化经济体系需要吸收和借鉴当今世界各国包括发达资本主义国家的一切反映现代社会化生产规律的先进经营方式、管理方法，为我所用，但是要坚持马克思主义政治经济学的基本原理和基本方法，这是我们建设好现代化经济体系的根本。

四、建设现代化经济体系体现了理论和实践相结合

建设现代化经济体系既是理论问题，也是实践问题，既是要实现的目标，也是一个不断探索的过程，没有现成的做法。建设现代化经济体系是我们进入新时代、新阶段，面临新形势、新任务而提出的一个重大理论和实践课题，没有现成的答案。“经济体系”涵盖面广，内容丰富，要求我们既要在理论方面深入研究，以习近平新时代中国特色社会主义思想，特别是习近平新时代中国特色社会主义经济思想为指导，研究现代化经济体系的规律性、一般性和特殊性，也要从实践方面不断探索，从中国特色社会主义建设实践

中总结经验，将成熟的经验加以总结提升并上升为理论。正如习近平总书记指出的，建设现代化经济体系是一篇大文章，需要从理论和实践的结合上进行深入探讨。

五、建设现代化经济体系合理吸收借鉴了人类文明成果

改革开放是我国的基本国策，我们不可能关起门来搞建设。中国开放的大门不会关闭，只会越开越大！邓小平同志指出，社会主义要赢得与资本主义相比较的优势，就必须大胆吸收和借鉴人类社会创造的一切文明成果，吸收和借鉴当今世界各国包括发达资本主义国家的一切反映现代社会化生产规律的先进经营方式、管理方法。习近平总书记也强调，要清醒地看到，我国面临着发达国家在经济科技方面长期占优势的压力，国际上综合国力竞争更趋激烈，要使中国特色社会主义赢得与资本主义相比较的优势，要牢牢掌握加快我国发展的主动权，就必须大胆吸收和借鉴人类社会创造的一切文明成果，吸收和借鉴当今世界各国包括发达资本主义国家一切反映现代社会化生产规律的先进经营方式和管理方法。市场经济有一般的规律性。对于市场经济国家在建设现代化经济体系方面形成的一般性、合理性、科学性的东西，要有的放矢，合理借鉴吸收，为我所用；但是不能“拿来主义”，照抄照搬。“不忘本来、吸收外来、面向未来。”[①]在中国特色社会主义经济建设实践基础上，吸收和借鉴当今世界各国包括发达资本主义国家一切反映现代社会化生产规律的先进经营方式和管理方法，建立起中国特色的现代化经济体系。

---

① 习近平：《在哲学社会科学工作座谈会上的讲话》(2016 年 5 月 17 日)，《人民日报》2016 年 5 月 19 日。

第三节 实践路径

建设现代化经济体系是一个系统工程，既需要顶层设计，也需要上下联动。要按照党中央的决策部署，统筹谋划，扎实推进。要以新发展理念为指导，以扎实管用的政策举措和行动，推进现代化经济体系建设。

一、大力发展实体经济，筑牢现代化经济体系的坚实基础

党的十九大报告指出，建设现代化经济体系，必须把发展经济的着力点放在实体经济上，把提高供给体系质量作为主攻方向，显著增强我国经济质量优势。习近平总书记强调，实体经济是一国经济的立身之本，是财富创造的根本源泉，是国家强盛的重要支柱。实体经济是本，是纲，是根基。只有实体经济强盛，国家的经济和发展才有坚实的基础。离开实体经济这个根基，经济不会持续发展，在国际竞争中更难以取胜。必须大力纠正脱离发展实体经济轨道、虚拟经济自我循环的不良倾向。

（一）以供给侧结构改革为主线，建设制造强国

大力发展实体经济，以供给侧结构改革为主线，首先要把制造业搞好。大力发展实体经济重点在制造业，难点也在制造业。要深化供给侧结构性改革，加快建设制造强国，坚持以提高质量和核心竞争力为中心，坚持实施创新驱动发展战略，既要推动战略性新兴产业蓬勃发展，也要注重用新技术新业态全面改造提升传统产业。加快发展先进制造业，推动互联网、大数据、人工智能同实体经济深度融合，推动资源要素向实体经济集聚、政策措施向实体经济倾斜、工作力量向实体经济加强。

要高度注重装备制造业发展。装备制造业是制造业的脊梁，要加快发展装备制造业，加大对装备制造业的投入和研发，努力占领世界装备制造业制高点、掌控技术话语权，使我国成为现代装备制造业大国。

（二）优化实体经济发展环境

良好的发展环境是实体经济发展的有效保障，要优化实体经济发展环境。加快建设支持创新驱动战略的政策支持体系，加快建立以企业为主体、以需求为导向、产学研深度融合的技术创新体系。建立支持实体经济发展的财税金融政策体系。实行有利于传统制造业转型升级和战略性新兴产业发展的财政税收政策，建立完善支持企业技术改造的长效机制和政策体系。切实落实金融支持实体经济相关政策，增强金融服务实体经济能力。实施人才强国战略，大力培养各行业各领域技术创新的专家型人才和高级经营管理人才，建设知识型、技能型、创新型劳动者大军。在全社会营造脚踏实地、勤劳创业、实业致富的发展环境和社会氛围。

三、加快实施创新驱动发展战略，强化现代化经济体系的战略支撑

创新是引领发展的第一动力，是建设现代化经济体系的战略支撑。现代化经济体系必然是以先进科学技术为基础的体系。“抓住了创新，就抓住了牵动经济社会发展全局的‘牛鼻子’。”①“惟创新者进，惟创新者强，惟创新者胜。”②

① 《习近平在省部级主要领导干部学习贯彻党的十八届五中全会精神专题研讨班上发表重要讲话》，新华网，2016 年 5 月 10 日，http://www.xinhuanet.com//politics/2016-05/10/c_128972667_2.htm。

② 《习近平在欧美同学会成立 100 周年庆祝大会上发表重要讲话》，中华人民共和国中央人民政府网，2013 年 10 月 21 日，http://www.gov.cn/ldhd/2013-10/21/content_2511394.htm。

(一)构建国家创新体系

要把创新驱动发展作为国家的优先战略,坚持走中国特色自主创新道路,建设国家创新体系。要形成创新驱动发展的实践载体、制度安排和环境保障。根据企业、高等院校、科研院所和社会组织各自的性质,明确各类创新主体功能定位,实现各类创新主体协同互动和创新要素顺畅流动、高效配置。科学界定政府和市场分工,发挥好政府和市场在创新中的作用。推动科技创新和经济社会发展深度融合,相互促进。

坚持双轮驱动,即科技创新和体制机制创新相互协调、持续发力。科学技术是第一生产力。科技创新是创新驱动战略的核心。要明确科学和技术进步的发展方向和重点,科学发现引领技术进步,技术进步推动发现科学规律。加强科学探索,强化技术攻关,形成持续创新的系统能力。要在体制机制上创新,坚决破除一切妨碍创新发展的体制机制弊端,最大限度释放创新活力。

(二)推进产业技术体系创新

大力推进产业技术体系创新,夯实现代化经济体系的产业基础,创造经济发展新优势。实现工业化和信息化的深度融合,以数字化、网络化、智能化、绿色化作为提升产业竞争力的技术基础,增强产业竞争力,构建具有国际竞争力的现代产业技术体系,推进产业质量升级。

(三)增强原始创新能力

基础研究是科学之本、技术之源,是建设世界科技强国的基石。要加强基础科学研究,不断提升原始创新能力、增强创新驱动源头供给。实践反复告诉我们,关键核心技术是要不来、买不来、讨不来的。只有加强科技创新特别是原始创新,在关键领域不被"卡脖子",掌握主动权,才能建立不受制于人的产业链供应链。科学研究探索的目标要与国家战略相结合，加强基础性、原始性的科学研究，增强原始创新能力，提升我国科学发现、技术发明和产业创新的整体水平，支撑产业变革，保障国家安全。落实科技部等部门出台的《加强“从 0 到 1”基础研究工作方案》，采取多项举措加强“从 0 到 1”的原创性基础研究，引导和激励广大科技工作者积极投身原创性基础研究和关键核心技术攻关，进一步释放创新潜能。

（四）促进军民科技融合发展

军民科技融合发展，既能提升我国国防科技工业水平、支撑国防军队建设，也能推动科学技术进步、服务经济社会发展，意义重大。促进军民科技融合发展，充分发挥国防在科技创新方面的重要作用，建设军民科技融合的创新体系，在全要素、多领域中实现军民科技创新深度融合，形成军民科技深度融合发展的新格局。加强军民资源共享和协同创新，推动科技创新基地和设备设施等资源双向开放共享。完善军民协同创新机制，积极吸纳民营力量参与国防科技创新，扩大国防科技创新主体范围。

（五）培育各类创新主体

激发培育各类创新主体，激发创新主体活力，激发企业创新主体活力，形成一批创新能力强、核心技术能力突出、引领重要产业发展的创新型企业。发挥高等院校在创新中的重要作用，引导大学加强基础研究，形成一批优势学科集群和高水平科技创新基地，增强大学原始创新能力和服务经济社会发展能力。科研院所根据功能定位，在基础研究的前沿和行业共性关键技术研发中发挥好引领作用，形成高水平、鲜明性的科技创新基地。鼓励发展面向市场的社会研发机构，促进市场化运作、多元化投资和成果转化、收益独享。

培育科技创新领军人才和高技能人才队伍，这是实施创新驱动战略的基础。创新要有各类科学家、各领域领军人物，还要有工程技术人员。不仅要培养科学研究人才，还要在各行各业大规模培养高级技师、技术工人等高技能人才，让各类主体、不同岗位的创新人才都能在创新中发挥作用。注重发挥企业家在创新创业中的重要作用，培养造就一大批勇于创新、敢于冒险的创新型企业家。

在全社会形成大众创业、万众创新的良好氛围，激发全社会创造活力。大力发展众创空间，降低大众参与创新创业的成本和门槛。孵化培育创新活力旺盛的创新型小微企业。鼓励人人创新，人人成才。

三、实施好区域协调发展战略，优化现代化经济体系的空间布局

习近平总书记强调，协调发展是制胜要诀。要补齐短板，着力提高发展的协调性和平衡性。根据国家区域发展战略，通过创新要素的流动与聚集促进产业合理分工，推动区域创新能力提升，带动区域经济的发展，增强区域竞争力。按照《中共中央 国务院关于新时代推进西部大开发形成新格局的指导意见》的要求，强化举措，推进西部大开发形成大保护、大开放、高质量发展的新格局，推动西部高质量发展、可持续发展。中部地区发挥自身优势，推动中部地区崛起。东北老工业基地通过深化改革实现振兴。全国形成东、中、西部地区协调发展格局。

（一）京津冀协同发展

京津冀协同发展是重大的国家战略。其核心是有序疏解北京非首都功能，按照三省市各自的定位功能，实现交通一体化。联防联控环境污染，实现绿色发展。推动要素市场一体化改革，实现要

素流动顺畅,高效配置。加强产业协作,加快三省市产业转型升级,实现产业高质量发展。通过推动京津冀协同发展,促进区域协调发展,形成新的经济增长极。

(二)长江经济带发展

推动长江经济带发展,形成长江经济带"一轴、两翼、三极、多点"的发展新格局。充分发挥长江流域上海、武汉、重庆的核心作用,构建沿长江绿色发展轴。南翼以沪瑞运输通道为依托,北翼以沪蓉运输通道为依托,构建南翼和北翼两大运输通道。以长江三角洲城市群、长江中游城市群和成渝城市群为依托,充分发挥中心城市的辐射作用,形成长江经济带的三大增长极。除三大城市群以外的地级城市发挥好支撑作用,加强与中心城市的经济联系与互动,带动地区经济发展。长江经济带的发展要以共抓大保护、不搞大开发为导向,把长江经济带建设成生态优美、交通顺畅、经济协调、市场统一、机制科学的黄金经济带,探索出一条生态优先、绿色发展新路子。

(三)粤港澳大湾区协调发展

协调推进粤港澳大湾区发展。建设粤港澳大湾区,不仅推动"一国两制"事业发展,也能形成新时代全面开放的新格局。坚持新发展理念,深化粤港澳互利合作,建立互利共赢的粤港澳合作关系,推动粤港澳经济协同发展,以新动能促进港澳发展,把粤港澳大湾区建设成富有活力和国际竞争力的一流湾区和世界级城市群,打造高质量发展的典范。

(四)实施乡村振兴战略

"三农"问题是关系国计民生的根本性问题,我们党始终把"三农"工作作为全党工作的重中之重。党的十九大首次提出实施乡村振兴战略,这是决胜全面建成小康社会、全面建设社会主义现代化国家的重大历史任务，是新时代做好“三农”工作的新旗帜和总抓手，是缩小城乡差距实现城乡协调发展的重要举措，是我国“三农”工作的一个崭新的思路。习近平总书记指出，乡村振兴是一盘大棋，要把这盘大棋走好。

《中共中央　国务院关于实施乡村振兴战略的意见》(2018 年 1 月 2 日)对实施乡村振兴战略进行了全面部署。一是把产业兴旺作为乡村振兴战略的重点。二是把生态宜居作为乡村振兴战略的关键。三是把乡风文明作为乡村振兴战略的保障。四是把治理有效作为乡村振兴战略的基础。五是把生活富裕作为乡村振兴战略的根本。六是把摆脱贫困作为乡村振兴战略的前提。七是把制度建设贯穿整个乡村振兴战略之中。八是把人力资本开发放在乡村振兴战略的首要位置，强化乡村振兴的人才支撑。九是强化乡村振兴投入保障。十是加强和完善党对“三农”工作的领导。

目前，我们已经取得了脱贫攻坚的全面胜利，全面建成小康社会目标任务已经胜利实现。下一步要切实做好巩固拓展脱贫攻坚成果同乡村振兴有效衔接的各项工作。中央已经出台了《中共中央　国务院关于全面推进乡村振兴加快农业农村现代化的意见》(2021 年 1 月 4 日)，对新发展阶段优先发展农业农村、全面推进乡村振兴做出总体部署。“坚定不移贯彻新发展理念，坚持稳中求进工作总基调，坚持加强党对‘三农’工作的全面领导，坚持农业农村优先发展，坚持农业现代化与农村现代化一体设计、一并推进，坚持创新驱动发展，以推动高质量发展为主题，统筹发展和安全，落实加快构建新发展格局要求，巩固和完善农村基本经营制度，深入推进农业供给侧结构性改革，把乡村建设摆在社会主义现代化建设的重要位置，全面推进乡村产业、人才、文化、生态、组织振兴，充分发挥农业产品供给、生态屏障、文化传承等功能，走中国特色社会主义乡村振兴道路，加快农业农村现代化，加快形成工农互促、城乡互补、协调发展、共同繁荣的新型工农城乡关系，促进农业高质高效、乡村宜居宜业、农民富裕富足，为全面建设社会主义现代化国家开好局、起好步提供有力支撑。”①

四、着力发展开放型经济，提高现代化经济体系的国际竞争力

党的十九大报告提出要推动形成全面开放新格局。以“一带一路”建设为重点，坚持“走出去”和“引进来”并重，遵循共商共建共享原则，加强创新能力开放合作，形成陆海内外联动、东西双向互济的开放格局。

（一）“一带一路”国际合作

更好利用全球资源和市场，积极促进“一带一路”国际合作，努力实现政策沟通、设施连通、贸易畅通、资金融通、民心相通，打造国际合作新平台，增添共同发展新动力。将“一带一路”建设成为和平之路、繁荣之路、开放之路、创新之路、文明之路。

（二）贸易强国建设

推进贸易强国建设。转变对外贸易发展方式，拓宽对外贸易领域，培育对外贸易新业态新模式。对外货物贸易要优化升级，优质优价，打造中国品质、中国品牌；要创新发展，打造中国服务。大力发展服务外包，支持跨境电子商务、市场采购贸易等，培养外贸新的增长点。同时要扩大进口，特别是扩大先进技术装备、优质消费品等进口，实现进出口平衡发展。

① 《中共中央　国务院关于全面推进乡村振兴加快农业农村现代化的意见》（2021 年 1 月 4 日），中华人民共和国中央人民政府网，2021 年 2 月 21 日，http://www.gov.cn/zhengce/2021-02/21/content_5588098.htm。

（三）高水平"引进来"和高质量"走出去"

实现高水平"引进来"和高质量"走出去"。改善外商投资环境，提高外资利用水平。营造稳定的公平化、透明化、法治化、可预期的营商环境，保护外商投资合法权益。加大西部开放力度，建设好自贸试验区、国家级开发区、边境经济合作区、跨境经济合作区等开放平台，在西部地区形成若干开放型经济新增长极。深化自贸试验区改革，鼓励地方大胆试、大胆闯、自主改，提高自贸试验区建设质量。建设中国特色的自由贸易港，打造开放层次更高、营商环境更优、辐射作用更强的开放新高地。

开放不仅要高水平"引进来"，还要高质量"走出去"。创新对外投资方式，克服非理性对外投资，形成面向全球的贸易、投融资、生产、服务网络。促进国际产能合作，带动我国装备、技术、标准、服务走出去。加强对海外并购的引导，重在扩大市场渠道、提高创新能力、打造国际品牌，增强企业核心竞争力。规范海外经营行为，对外投资企业遵守东道国法律法规，保护环境，履行社会责任，遏制恶性竞争。

（四）对外开放新格局

加强创新能力开放合作，形成陆海内外联动、东西双向互济的开放格局。拓展对外贸易，培育贸易新业态新模式，推进贸易强国建设。实行高水平的贸易和投资自由化便利化政策，全面实行准入前国民待遇加负面清单管理制度，大幅度放宽市场准入，扩大服务业对外开放，保护外商投资合法权益。凡是在我国境内注册的企业，都要一视同仁、平等对待。优化区域开放布局，加大西部开放力度。赋予自由贸易试验区更大改革自主权，探索建设自由贸易港。创新对外投资方式，促进国际产能合作，形成面向全球的贸易、投融资、生产、服务网络，加快培育国际经济合作和竞争新优势。

五、深化经济体制改革，完善现代化经济体系的制度保障

党的十八届三中全会提出，经济体制改革是全面深化改革的重点，核心问题是处理好政府和市场的关系，使市场在资源配置中起决定性作用和更好发挥政府作用。习近平总书记多次强调，深化经济体制改革，核心是处理好政府和市场关系，使市场在资源配置中起决定性作用和更好发挥政府作用，要讲辩证法、两点论，“看不见的手”和“看得见的手”都要用好。

（一）坚持“两个毫不动摇”

深化经济体制改革，坚决破除各方面体制机制弊端，激发全社会创新创业活力。坚持公有制为主体、多种所有制经济共同发展。坚持“两个毫不动摇”：毫不动摇巩固和发展公有制经济，毫不动摇鼓励、支持、引导非公有制经济发展。深化国有企业改革，稳妥推进国有企业混合所有制改革。坚持有进有退、有所为有所不为，推进国有经济布局优化和结构调整，做大做强做优国有资本。破除制约市场竞争的各类障碍和隐性壁垒，营造支持非公有制经济高质量发展的制度环境。

（二）加强市场经济基础性制度建设

夯实市场经济基础性制度，健全归属清晰、权责明确、保护严格、流转顺畅的现代产权制度。完善以管资本为主的经营性国有资产产权管理制度。健全以公平为原则的产权保护制度。完善农村各项经济制度。完善和强化知识产权保护制度。全面实施市场准入负面清单制度，推动“非禁即入”普遍落实。落实公平竞争审查制度，进一步营造公平竞争的社会环境。

以要素市场化配置改革为重点，加快建设统一开放、竞争有序的市场体系，推进要素市场制度建设，实现要素价格市场决定、流

动自主有序、配置高效公平。

（三）转变政府职能

转变政府职能，这是处理好政府与市场关系的关键。通过政企分开、政资分开、政事分开、政府与市场中介组织分开，只要市场能做好的事项都交给市场，政府要做的事情切实做好。深入推进简政放权，精简各类审批事项。行政机构全面推行权力清单、责任清单、负面清单制度，法定职责必须为，法无授权不能为。要减少政府行政干预，防止权力滥用，保证权力在法律框架内运行。对于市场行为，鼓励市场主体公平竞争，法无禁止即可为。只要不违反国家法律规定的经济行为，政府大力支持，调动千千万万人的积极性，为中国经济的发展不断地注入新动力。

完善经济调节职责，创新和完善宏观调控，进一步提高宏观经济治理能力。强化政府市场监管、社会管理、公共服务、生态环境保护等职能，依法行政，维护社会公平正义与和谐稳定。

第一章　贯彻新发展理念

2015 年 10 月，习近平总书记在《关于〈中共中央关于制定国民经济和社会发展第十三个五年规划的建议〉的说明》中指出：发展理念是发展行动的先导，是管全局、管根本、管方向、管长远的东西，是发展思路、发展方向、发展着力点的集中体现。2015 年 10 月 29 日，针对我国经济发展环境、条件、任务、要求等方面发生的新变化，在党的十八届五中全会第二次全体会议上，习近平总书记鲜明提出了“创新、协调、绿色、开放、共享”的发展理念。2016 年 1 月 29 日，习近平总书记在中共中央政治局第三十次集体学习时强调：新发展理念就是指挥棒、红绿灯。2017 年 10 月 18 日，习近平总书记在党的十九大报告中强调：“要贯彻新发展理念，建设现代化经济体系。”“发展是解决我国一切问题的基础和关键，发展必须是科学发展，必须坚定不移贯彻创新、协调、绿色、开放、共享的发展理念。”2020 年 8 月 16 日出版的《求是》杂志发表了习近平总书记在十八届中央政治局第二十八次集体学习时的重要讲话《不断开拓当代中国马克思主义政治经济学新境界》，指出：“这五大发展理念，是在深刻总结国内外发展经验教训、深入分析国内外发展大势的基础上提出来的，集中反映了我们党对我国经济发展规律的新认识。”

第一节　基本概念

一、新发展理念的内涵

（一）创新发展

“日新之谓盛德。”创新是中华民族的优良传统，党的十八届五中全会提出：“坚持创新发展，必须把创新摆在国家发展全局的核心位置，不断推进理论创新、制度创新、科技创新、文化创新等各方面创新，让创新贯穿党和国家一切工作，让创新在全社会蔚然成风。”[①]在新发展理念中，创新居于首位，充分体现出中国共产党对创新的重视，对人类社会发展规律的深刻认识。创新发展就是指在理论、制度、科技、文化等各方面进行全面创新。党中央提出创新发展是引领发展的第一动力，这表明现在今后乃至未来的很长一段时期，创新都是发展的动力和根本。

创新是一项复杂的系统工程，对经济基础与上层建筑、生产力与生产关系以及生产力各要素都会产生影响，解决的是社会发展的动力问题。创新发展主要包括理论创新、制度创新、科技创新、文化创新等各方面创新。其中，理论创新是行动的先导，引领社会发展与社会变革；制度创新是行动的保证，推进国家治理体系和治理能力现代化，完善基本经济制度，改革社会主义市场经济体制，从而保证创新发展的制度环境；科技创新是行动的力量，用创新引

① 《中共中央关于制定国民经济和社会发展第十三个五年规划的建议（2015 年 10 月 29 日中国共产党第十八届中央委员会第五次全体会议通过）》，《人民日报》2015 年 11 月 4 日。

领驱动全面创新，保证科技生产力；文化创新是行动的灵魂，创新文化软实力，是保证民族生命力和凝聚力的基础。[①]

（二）协调发展

协调发展是持续健康发展的内在要求，协调解决的是发展中的不平衡问题。当前我国发展存在的结构性问题主要表现为发展不协调、不平衡，在三大产业之间、经济和社会之间、物质文明和精神文明之间、国家硬实力和软实力之间、城乡之间及区域之间均有体现。坚持统筹规划协调发展是社会主义制度在发展方面的最大优越性。协调还包括区域协调发展、城乡协调发展、经济与社会协调发展、促进新“四化”同步协调发展、促进人与自然的和谐共生、促进硬实力和软实力协调发展、用好“两种资源”促进“两个市场”的协调发展、促进投资与消费的协调发展、处理好政府和市场“两只手”的关系、完善“总揽全局，协调各方”的体制机制等方面的内容。

党的十八届五中全会明确指出：“协调是持续健康发展的内在要求。必须牢牢把握中国特色社会主义事业的总体布局，正确处理发展中的重大关系……不断增强发展的整体性。”[②]习近平总书记指出：“协调既是发展手段又是发展目标，同时还是评价发展的标准和尺度，是发展两点论和重点论的统一，是发展平衡和不平衡的统一，是发展短板和潜力的统一。”[③]这说明协调并不仅仅是我们追求的目标，也是促进发展的手段，促进社会各个领域的协调可以达到促进发展的目的，并且协调的水平与协调的程度可以成为衡

① 参见张杨：《习近平新发展理念研究》，湖南师范大学博士学位论文，2018 年。

② 《中共中央关于制定国民经济和社会发展第十三个五年规划的建议（2015 年 10 月 29 日中国共产党第十八届中央委员会第五次全体会议通过）》，《理论学习》2015 年第 12 期。

③ 《习近平总书记谈协调》，《人民日报》2016 年 3 月 3 日。

量发展水平和发展程度的标准。新发展理念中的协调发展，是内容更加充实且丰富的发展理念。[①]

（三）绿色发展

党的十八届五中全会明确指出，坚持绿色发展，“必须坚持节约资源和保护环境的基本国策……加快建设资源节约型、环境友好型社会，形成人与自然和谐发展现代化建设新格局，推进美丽中国建设，为全球生态安全作出新贡献”[②]。党的十九大报告提出我国建设富强民主和谐文明美丽的社会主义现代化强国，“美丽”的提出对应的就是绿色发展。

习近平总书记提出的绿色发展理念是把马克思主义生态理论与当今时代发展特征相结合，又融汇了东方文明而形成的新的发展理念；是将生态文明建设融入经济、政治、文化、社会建设各方面和全过程的发展理念。一是绿色经济理念，即基于可持续发展思想产生的新型经济发展理念，致力于提高人类福利和社会公平。“绿色经济发展”是“绿色发展”的物质基础，涵盖两方面的内容：一方面，经济要环保；另一方面，环保要经济。二是绿色环境发展理念，即通过合理利用自然资源，保证自然环境与人类社会的共同发展。习近平总书记指出：“建设生态文明，关系人民福祉，关乎民族未来。”[③]“良好的生态环境是最公平的公共产品，是最普惠的民生

---

① 参见张杨：《习近平新发展理念研究》，湖南师范大学博士学位论文，2018年，第85页。

② 《中共中央关于制定国民经济和社会发展第十三个五年规划的建议（2015年10月29日中国共产党第十八届中央委员会第五次全体会议通过）》，《人民日报》2015年11月4日。

③ 《习近平在中共中央政治局第六次集体学习时强调：坚持节约资源和保护环境基本国策 努力走向社会主义生态文明新时代》，中国共产党新闻网，2013年5月25日，http://cpc.people.com.cn/n/2013/0525/c64094-21611332.html。

福祉。"[①]三是绿色政治生态理念,即政治生态清明,从政环境优良。四是绿色文化发展理念。以绿色行为为表象,体现了人类与自然和谐相处、共进共荣共发展的生活方式、行为规范、思维方式以及价值观念等文化现象的总和。五是绿色社会发展理念。绿色蕴含着经济与生态的良性循环,意味着人与自然的和谐平衡,寄予着人类未来的美好愿景。[②]

(四)开放发展

所谓开放发展,就是要解决在发展中出现的内外联动问题,要坚持对内改革,坚持对外开放。对内要全面深化改革,不断深化内外联动的发展模式,建立健全开放发展的体制机制来适应当前的发展形势。对外则是要丰富开放的内涵,提高开放的层次,开创开放的新局面,积极参与全球经济治理,积极承担国际责任与义务,形成深度融合的互利合作格局。开放发展理念的提出是对我国改革开放战略的进一步深化,也是新时期我国进一步扩大对外开放全面融入世界的指引。[③]

习近平总书记指出:"人类的历史就是在开放中发展的。任何一个民族的发展都不能只靠本民族的力量。只有处于开放交流之中,经常与外界保持经济文化的吐纳关系,才能得到发展,这是历史的规律。"[④]开放是促成改革、推进改革、深化改革的强劲动力。当前,我国经济与世界经济关系已经发生了深刻的变化,呈现出深

---

① 《良好生态环境是最普惠的民生福祉——论生态文明建设》,《光明日报》2014 年 11 月 7 日。

② 《习近平与"十三五"五大理念 · 绿色》,央广网,2015 年 11 月 2 日,http://news.cnr.cn/native/gd/20151102/t20151102_520367583.shtml。

③ 参见张杨:《习近平新发展理念研究》,湖南师范大学博士学位论文,2018 年,第 89 页。

④ 《习近平与"十三五"五大发展理念 · 开放》,央视网,2015 年 11 月 3 日,http://news.cntv.cn/2015/11/03/ARTI1446556654660862.shtml。

度融入世界经济的新趋势。习近平总书记提出要发展更高水平的开放型经济，就是顺应了这种趋势，提出了对外开放的更高要求。[①] 2020年8月24日下午，习近平总书记在中南海主持召开经济社会领域专家座谈会并发表重要讲话，在对外开放方面，要以高水平对外开放打造国际合作和竞争新优势。国际经济联通和交往仍是世界经济发展的客观要求。我国经济持续快速发展的一个重要动力就是对外开放，对外开放是基本国策。要全面提高对外开放水平，建设更高水平开放型经济新体制，形成国际合作和竞争新优势。要积极参与全球经济治理体系改革，推动完善更加公平合理的国际经济治理体系。[②]

2020年11月3日，《中共中央关于制定国民经济和社会发展第十四个五年规划和二〇三五年远景目标的建议》全文公布，在对外开放方面，指出通过“建设更高水平开放型经济新体制、推动共建‘一带一路’高质量发展、积极参与全球经济治理体系改革”来坚持实施更大范围、更宽领域、更深层次对外开放，依托我国大市场优势，促进国际合作，实现互利共赢。

（五）共享发展

中国共产党从成立之日起就带领中国人民走共同富裕之路。1955年10月，毛泽东同志首次提出“要巩固工农联盟，我们就得领导农民走社会主义道路，使农民群众共同富裕起来”[③]。1992年邓

① 参见《习近平与“十三五”五大发展理念·开放》，央视网，2015年11月3日，http://news.cntv.cn/2015/11/03/ARTI1446556654660862.shtml。

② 参见《高层剧透“十四五”规划五大重点方向，打造开放的双循环》，新浪财经，2020年8月25日，https://finance.sina.cn/2020-08-25/detail-iivhvpwy2891696.d.html。

③ 杨文圣：《中国共产党对共同富裕的百年夙愿与追求》，《中国社会科学报》2021年1月14日。

小平同志指出:“社会主义的本质,是解放生产力,发展生产力,消灭剥削,消除两极分化,最终达到共同富裕。”[①]今天,习近平总书记提出共享发展理念,指出:“生活在我们伟大祖国和伟大时代的中国人民,共同享有人生出彩的机会,共同享有梦想成真的机会,共同享有同祖国和时代一起成长与进步的机会。”[②]

从具体概念来看,共享发展是指注重共同享有的发展或以共同享有为重要特征的发展。要求我们在推进经济社会健康发展时要将人民群众的共同诉求、社会主义维护公平正义的本质要求与实现中国特色社会主义、中华民族伟大复兴的目标统一起来。在经济社会平稳发展的基础上促进共享,又以共享促进经济社会的进一步发展。[③]《中共中央关于制定国民经济和社会发展第十三个五年规划的建议》指出:“共享是中国特色社会主义的本质要求。必须坚持发展为了人民、发展依靠人民、发展成果由人民共享,作出更有效的制度安排,使全体人民在共建共享发展中有更多获得感,增强发展动力,增进人民团结,朝着共同富裕方向稳步前进。”[④]这是共享发展的核心内容,其实质是以人民为中心的发展,坚持人民主体地位是我们推动经济社会发展必须遵循的根本原则。

---

① 《邓小平文选》第3卷,北京:人民出版社,1993年,第373页。

② 范子军:《习近平提“人民共同享有人生出彩的机会”鼓舞人心》,人民网,2013年3月17日,http://opinion.people.com.cn/n/2013/0317/c1003-20816380.html。

③ 参见张杨:《习近平新发展理念研究》,湖南师范大学博士学位论文,2018年,第91页。

④ 《习近平与“十三五”五大发展理念·开放》,央视网,2015年11月3日,http://news.cntv.cn/2015/11/03/ARTI1446556654660862.shtml。

第二节　学理依循

一、马克思恩格斯关于发展的理论

博大精深的马克思主义思想体系中蕴含着极为丰富的关于发展的理论，尤其突出体现在辩证唯物主义和历史唯物主义的基本原理中。马克思恩格斯的发展思想从宏观层面，也就是从历史唯物主义的角度论述了人类历史发展规律和发展趋势，又从中观、微观层面运用唯物辩证法来分析具体的社会发展。

（一）揭示了发展的基本规律

在唯物史观和剩余价值学说中，马克思发现了人类社会发展的一般规律。他认为，人类社会的发展是一个自然历史演进过程。在这之前，绝大多数思想家、哲学家、历史学家主要以唯心主义的观点看待社会历史发展，马克思则提出唯物辩证法，并将辩证唯物主义的原理应用在研究历史和社会的规律中，由此产生了历史唯物主义，这是“唯一科学的历史观”。马克思主义认为，人类实现、考察和发展历史，都离不开物质生产实践活动。只有在物质生产实践活动中，才会诞生历史，才能形成各种各样的政治、社会和精神生活。物质生活资料的生产活动是为满足人类社会的生理和生存需求服务的，是人类社会存在的重要前提，也是人类社会发展的基础。生产力是人类社会发展的动力源泉，只有生产力得到健康且快速的发展，才能够真正推动社会发展，才能够进一步解放生产力，才能实现全面发展。

（二）指出了发展的根本动力

马克思恩格斯明确指出，生产力和生产关系之间的矛盾引发了一系列变革，推动社会前进。马克思在《资本论》中提到自然科学在技术进步中的作用，将科学技术创新看作经济发展与竞争的推动力。他将社会生产力的发展来源概括为三方面，即“生产力的这种发展，归根到底总是来源于发挥着作用的劳动的社会性质，来源于社会内部的分工，来源于智力劳动特别是自然科学的发展”①。马克思还明确指出，物质生产力的不断发展，推动了人类历史的前进。生产力的发展，能够推动社会各因素的共同协调发展，对生产关系的发展和变革起着决定性的作用。生产关系是人类社会活动过程中形成的各种关系，对生产力起反作用。人类社会发展中的另一组矛盾是经济基础和上层建筑之间的矛盾，前者决定后者，后者反作用于前者，这种交互作用构成社会基本矛盾，推动人类社会不断地发展和进步，成为社会变革的决定性因素。②

（三）强调了发展的主体

马克思主义发展理论认为，人是历史的创造者，历史发展的终极目标就是为了实现人的全面发展，马克思在《1844 年经济学哲学手稿》中提出“历史是人的真正的自然史”这一著名命题。“历史不过是追求着自己目的的人的活动而已。”③社会不可能离开人的客观存在与活动，没有人的话，社会将不复存在，也就没有发展和发展理念了，因为这些都存在于人类劳动或生产实践活动中。关于人类发展的驱动力，马克思恩格斯指出：“人们为了能够‘创造历史’，必须能够生活。但是为了生活，首先就需要衣、食、住以及其他东西。因此第一个历史活动就是生产满足这些需要的资料，即

① 《马克思恩格斯全集》第 25 卷，北京：人民出版社，1974 年，第 97 页。

② 参见张杨：《习近平新发展理念研究》，湖南师范大学博士学位论文，2018 年，第 22 页。

③ 《马克思恩格斯文集》第 1 卷，北京：人民出版社，2009 年，第 295 页。

生产物质生活本身。”[①]“人们奋斗所争取的一切，都同他们的利益有关。”[②]马克思恩格斯认为，人是社会物质财富的创造者，也是社会精神财富的创造者，还是社会改革的决定性因素。[③]

二、中国共产党执政以来的发展理念

(一)建设一个伟大的社会主义国家

1953 年，我国开始进行社会主义改造，到 1956 年基本完成，标志着我国建立了社会主义制度。同年，在《论十大关系》中，毛泽东同志确定了社会主义建设的条件和路径，就是要调动一切可以调动的积极因素，团结国内外一切可以团结的力量进行社会主义现代化建设。

1954 年，毛泽东在中央人民政府委员会讨论《中华人民共和国宪法(草案)》时指出，我们的总目标，是为建设一个伟大的社会主义国家而奋斗。这是以毛泽东同志为主要代表的中国共产党人关于中国未来发展战略的重要论述。随后，这一思想逐步得到丰富发展，周恩来同志在第一届全国人民代表大会第一次会议上做《政府工作报告》时首次提出四个现代化，即如果我们不建设起强大的现代化的工业、现代化的农业、现代化的交通运输业和现代化的国防，我们就不能摆脱落后和贫穷，我们的革命就不能达到目的。

(二)发展才是硬道理

党的十一届三中全会以来，以邓小平同志为主要代表的中国共产党人总结和反思了 1949 年新中国成立以来的社会主义发展的经验和教训，提出了一系列中国社会主义建设的新思想、新举

---

① 《马克思恩格斯文集》第 1 卷，北京：人民出版社，2009 年，第 531 页。

② 《马克思恩格斯全集》第 1 卷，北京：人民出版社，1995 年，第 82 页。

③ 参见张杨：《习近平新发展理念研究》，湖南师范大学博士学位论文，2018 年，第 23 页。

措，明确了中国发展的总目标、总布局、直接动力和根本任务。这一时期中国社会主义发展的总目标是建设成为富强、民主、文明的社会主义现代化国家。关于中国社会主义发展的总布局，邓小平同志指出，要促进社会全面、协调地发展，提出了“两手抓，两手都要硬”的方针，并由此延伸出一系列“两手抓”策略，他认为搞社会主义现代化只有一手抓是不够的。改革是中国社会主义发展的直接动力。发展生产力是中国当前的根本任务。

十一届三中全会后，中国共产党对社会主义发展进行全面科学研究，确定了社会主义初级阶段理论。邓小平同志提出“三步走”发展战略正是基于对中国社会主义初级阶段的认识，他指出：“我国经济发展分三步走，本世纪（按：指 20 世纪）走两步，达到温饱和小康，下个世纪用三十年到五十年时间再走一步，达到中等发达国家的水平。”[①]这一发展战略的确立，使得中国未来的发展速度、发展目标都有了比较清晰的轮廓。伴随改革开放进程，邓小平同志主张建立起新的国际政治经济秩序，反对霸权和强权，做出了“和平和发展是时代的主题”这一时代特征判断。1992 年 1 月 29 日，邓小平南巡途经广东顺德，视察了以“容声冰箱”闻名遐迩的珠江冰箱厂。在听完顺德县以及珠江冰箱厂的发展情况汇报后，当即给予了肯定和鼓励，并发表谈话：“我们的国家一定要发展，不发展就会受人欺负，发展才是硬道理。”邓小平同志提出的“发展才是硬道理”，既是一个非常深刻的命题，又是一个非常普遍的真理。是在总结中国共产党近半个世纪以来的社会主义建设经验以后，得出的具有深远意义的结论。

---

① 《邓小平文选》第 3 卷，人民出版社 1993 年版，第 251 页。

(三)发展是党执政兴国的第一要务

党的十三届四中全会以后,以江泽民同志为主要代表的中国共产党人面对世情、国情、党情的深刻变化,对中国的发展进行了新的探索。在继承和发展毛泽东同志、邓小平同志的发展理念基础上进一步回答了什么是社会主义、怎样建设社会主义、什么是发展、怎样发展等一系列问题,围绕怎样建设党、建设一个什么样的党提出了"三个代表"重要思想。在党的十六大报告中,江泽民同志进一步提出:"贯彻'三个代表'重要思想,必须把发展作为执政兴国的第一要务,不断开创现代化建设的新局面。"[①]这一发展理念的提出,明确了社会主义建设的根本任务,丰富了此前的发展理念。

在明确了中国特色社会主义发展道路之后,江泽民同志提出了新"三步走"战略:以2000年为基数,第一步是在第一个10年,全面建设小康社会;第二步是第二个10年,完善小康社会使国民经济更加发展;第三步将用30年时间基本实现现代化。随着改革开放的深入发展和全面建设小康社会目标的确定,以江泽民同志为主要代表的中国共产党人提出了"依法治国,建设社会主义法治国家"的目标,并将"建设社会主义法治国家"写进了宪法,强调"依法治国"和"以德治国"相结合,从"两手抓,两手都要硬",扩展成为促进物质文明建设、精神文明建设、政治文明建设共同进步的,全方位协调发展的总体布局。进入21世纪,中国共产党明确将人的全面发展与社会主义本质相联系,并作为当前的奋斗目标。

(四)全面协调可持续的科学发展观

在党的十六届三中全会上,以胡锦涛同志为主要代表的中国

① 江泽民:《全面建成小康社会,开创中国特色社会主义事业新局面——在中国共产党第十六次全国代表大会上的报告》,《求是》2002年第22期。

共产党人提出了科学发展观，并将其确定为统领社会发展全局的重大战略思想。

科学发展观的第一要义是发展。以人为本是科学发展观的核心，更是其最基本的价值取向。胡锦涛同志指出，坚持以人为本就是要“切实保障人民群众的经济、政治和文化权益，让发展的成功惠及全体人民”[①]。全面协调可持续发展是科学发展观的基本要求。科学发展观的根本方法是统筹兼顾。统筹兼顾就是要兼顾社会各阶层、兼顾局部和全局的利益，首先是统筹城乡发展，其次是统筹区域发展，促进区域经济共同发展，形成东中西部共同发展的新格局，最后是统筹经济社会发展。这一时期中国特色社会主义现代化建设的总体布局是“四位一体”，提出了“社会主义生态文明”的概念，进一步深化对中国社会发展的内涵与发展规律的认识。为了实现新“三步走”战略中的第二步，在 2020 年全面实现小康社会的奋斗目标，以胡锦涛同志为主要代表的中国共产党提出了三大发展战略，首先是人才强国战略，其次是建设创新型国家战略，最后是建设社会主义新农村战略。在原有和平发展基础上，还提出中国将始终不渝地走和平发展的道路，以实际行动促进持久和平、共同繁荣的世界格局的构建，倡导和谐世界发展。

（五）习近平新时代中国特色社会主义思想

党的十八大以来，以习近平同志为核心的党中央紧紧围绕新时代坚持和发展什么样的中国特色社会主义、怎样坚持和发展中国特色社会主义这个重大时代课题，进行艰辛理论探索，创立了习近平新时代中国特色社会主义思想，并被写入党章和《中华人民共和国宪法》。坚持和发展中国特色社会主义的总任务是实现社会

① 《〈胡锦涛文选〉第二卷主要篇目介绍》，《光明日报》2016 年 9 月 22 日。

主义现代化和中华民族伟大复兴，在全面建成小康社会的基础上，分两步走在本世纪中叶建成富强民主文明和谐美丽的社会主义现代化强国；明确新时代我国社会主要矛盾是人民日益增长的美好生活需要和不平衡不充分的发展之间的矛盾，必须坚持以人民为中心的发展思想，不断促进人的全面发展、全体人民共同富裕；明确中国特色社会主义事业总体布局是“五位一体”、战略布局是“四个全面”，强调坚定道路自信、理论自信、制度自信、文化自信；明确全面深化改革总目标是完善和发展中国特色社会主义制度、推进国家治理体系和治理能力现代化；明确全面推进依法治国总目标是建设中国特色社会主义法治体系，建设社会主义法治国家；明确党在新时代的强军目标是建设一支听党指挥、能打胜仗、作风优良的人民军队，把人民军队建设成为世界一流军队；明确中国特色大国外交要推动构建新型国际关系，推动构建人类命运共同体；明确中国特色社会主义最本质的特征是中国共产党的领导、中国特色社会主义制度。

三、中国传统文化中的发展理念

新发展理念是在结合优秀的中国传统发展思想基础上，对其进行了创造性转化和创新性发展。

（一）“大同思想”与“小康社会”

战国时期，儒家经典《礼记》中的《礼运》篇提出了“大同”和“小康”两种社会模式。“大同”是儒家的最高理想社会。在这个社会里，财产公有，人人平等，社会和谐。“大道之行也，天下为公，选贤与能，讲信修睦，故人不独亲其亲，不独子其子，使老有所终，壮有所用，幼有所长，矜寡孤独废疾者，皆有所养。男有分，女有归。……是故谋闭而不兴，盗窃乱贼而不作，故外户而不闭，是谓大同。”(《礼记·礼运》)“外户而不闭,是谓大同”指人的道德素质高,出门不必关门,家家都相同,这叫“大同”。孔子的深层意思是说:人人无心作恶,这叫“大同”。之所以出现人侵犯人、国攻打国的现象,是因为不公。公正之下无伤害。公正从何而来?来自法律。法律从何而来?来自良心。孔子所认为的大同社会是一个贤能在位、讲究诚信和睦、道德秩序良好的理想社会。[①] “小康”比“大同”低一个层次,是建立在小生产、小农经济和私有制基础上的封建世袭社会,但社会生活稳定,治理有方,国泰民安。“今大道既隐,天下为家,各亲其亲,各子其子,货力为己。”(《礼记·礼运》)儒家的上述政治理想和社会模式,对后来中国历史产生了深远影响。[②]需要指出的是,虽然儒家的“大同”思想和“小康”社会与我们今天的全面建成小康社会有本质区别,但都表达了对美好生活的向往。

(二)“和合”思想

传承久远、历久弥新的“和合”思想,不仅是中华优秀文化的精髓所在,更是中华民族的重要价值取向。“和”“合”二字在甲骨文与金文中都曾出现,其中“和”的本义是吹奏类的乐器,引申为声音和谐;而“合”的原意是器皿闭合,引申为两物相合、彼此融洽。孔子的后人子思在《礼记·中庸》中提出:“中也者,天下之大本也;和也者,天下之达道也。致中和,天地位焉,万物育焉。”从而将“和合”思想蕴含的和顺、和畅、和美等意义由人类推及整个宇宙自然。汉代大儒董仲舒在总结前人思想观点的基础上,系统地阐释了“天人之际,合而为一”的哲学理念,使“和合”思想由人伦自然范畴走向意识形态层面。历宋代周敦颐、张载、二程(程颐、程颢)、朱熹等

---

① 参见刘子宁:《我国传统文化中的大同思想》,《河南日报》2020 年 2 月 28 日。

② 参见赵曜:《小康社会思想的形成与发展》,《红旗文稿》2010 年第 11 期。

理学家诠释，经明代王阳明、李贽等士大夫阐扬，至明末清初王夫之、顾炎武、黄宗羲等思想家发挥，“和合”思想日臻成熟与完备。如今“和合”思想经过漫长历史时段的演化，已浸润和沉积在中华民族文化的各个方面：就人与自然关系而言，“和合”思想已转化为“天人合一”观念，成为中华民族延续至今的自然观；就人与人关系而言，“和合”思想已具象为“己所不欲，勿施于人”观念，成为国人约束和规范自身行为的伦理观；就文明与文明关系而言，“和合”思想已上升为“协和万邦”“天下大同”观念，成为国人对外交往的和平观。①

第三节　实践路径

一、坚持创新发展

以创新发展增强发展动力。坚持创新发展，必须把创新摆在国家发展全局的核心位置，不断推进理论创新、制度创新、科技创新、文化创新等各方面创新，让创新贯穿党和国家一切工作，让创新在全社会蔚然成风。必须把发展基点放在创新上，形成促进创新的体制架构，塑造更多依靠创新驱动、更多发挥先发优势的引领型发展。培育发展新动力，优化劳动力、资本、土地、技术、管理等要素配置，激发创新创业活力，推动大众创新、万众创新，释放新需求，创造新供给，推动新技术、新产业、新业态蓬勃发展。拓展发展新空间，形成沿海沿江沿线经济带为主的纵向横向经济轴带，培育壮大若干重点经济区，实施网络强国战略和“互联网＋”行动计划，

① 参见刘金祥：《“和合”思想的主要内涵与当下价值》，《黑龙江日报》2018年7月17日。

发展分享经济,实施国家大数据战略。深入实施创新驱动发展战略,发挥科技创新在全面创新中的引领作用,实施一批国家重大科技项目,在重大创新领域组建一批国家实验室,积极提出并牵头组织国际大科学计划和大科学工程。大力推进农业现代化,加快转变农业发展方式,走产出高效、产品安全、资源节约、环境友好的农业现代化道路。构建产业新体系,加快建设制造强国,实施《中国制造 2025》,实施工业强基工程,培育一批战略性产业,开展加快现代服务业行动。创新和完善宏观调控方式,在区间调控基础上加大定向调控力度,减少政府对价格形成的干预,全面放开竞争性领域商品和服务价格。

二、坚持协调发展

坚持协调发展,必须牢牢把握中国特色社会主义事业总体布局,正确处理发展中的重大关系,重点促进城乡、区域协调发展,促进经济社会协调发展,促进新型工业化、信息化、城镇化、农业现代化同步发展,在增强国家硬实力的同时注重提升国家软实力,不断增强发展整体性。增强发展协调性,必须在协调发展中拓宽发展空间,在加强薄弱领域中增强发展后劲。推动区域协调发展,塑造要素有序自由流动、主体功能约束有效、基本公共服务均等、资源环境可承载的区域协调发展新格局。推动城乡协调发展,健全城乡发展一体化体制机制,健全农村基础设施投入长效机制,推动城镇公共服务向农村延伸,提高社会主义新农村建设水平。推动物质文明和精神文明协调发展,加快文化领域改革,加强社会主义精神文明建设,建设社会主义文化强国,加强思想道德建设和社会诚信建设,增强国家意识、法治意识、社会责任意识,倡导科学精神,弘扬中华传统美德。推动经济建设和国防建设协调发展,坚持发展和安全兼顾、富国和强军统一，实施军民融合发展战略，形成全要素、多领域、高效益的军民深度融合发展格局。

三、坚持绿色发展

坚持绿色发展，必须坚持节约资源和保护环境的基本国策，坚持可持续发展，坚定走生产发展、生活富裕、生态良好的文明发展道路，加快建设资源节约型、环境友好型社会，形成人与自然和谐发展的现代化建设新格局。推进美丽中国建设，为全球生态安全做出新贡献。促进人与自然和谐共生，构建科学合理的城市化格局、农业发展格局、生态安全格局、自然岸线格局，推动建立绿色低碳循环发展产业体系。加快建设主体功能区，发挥主体功能区作为国土空间开发保护基础制度的作用。推动低碳循环发展，建设清洁低碳、安全高效的现代能源体系，实施近零碳排放区示范工程。全面节约和高效利用资源，树立节约集约循环利用的资源观，建立健全用能权、用水权、排污权、碳排放权初始分配制度，推动形成勤俭节约的社会风尚。加大环境治理力度，以提高环境质量为核心，实行最严格的环境保护制度，深入实施大气、水、土壤污染防治行动计划，实行省以下环保机构监测监察执法垂直管理制度。筑牢生态安全屏障，坚持保护优先、自然恢复为主，实施山水林田湖生态保护和修复工程，开展大规模国土绿化行动，完善天然林保护制度，开展蓝色海湾整治行动。同时，要坚持管党治党不放松，严守纪律底线，依靠群众参与，深化机制改革、监督教育和作风建设，始终保持惩治腐败高压态势，营造风清气正的绿色政治生态。

四、坚持开放发展

坚持开放发展，必须顺应我国经济深度融入世界经济的趋势，奉行互利共赢的开放战略，发展更高层次的开放型经济，积极参与全球经济治理和公共产品供给，提高我国在全球经济治理中的制度性话语权，构建广泛的利益共同体。开创对外开放新局面，必须丰富对外开放内涵，提高对外开放水平，协同推进战略互信、经贸合作、人文交流，努力形成深度融合的互利合作格局。完善对外开放战略布局，培育具有全球影响力的先进制造基地和经济区，提高边境经济合作区、跨境经济合作区发展水平。形成对外开放新体制，完善法治化、国际化、便利化的营商环境，健全服务贸易促进体系，全面实行准入前国民待遇加负面清单管理制度，有序扩大服务业对外开放。推进"一带一路"建设，推进同有关国家和地区多领域互利共赢的务实合作，推进国际产能和装备制造合作，打造陆海内外联动、东西双向开放的全面开放新格局。积极参与全球经济治理，促进国际经济秩序朝着平等公正、合作共赢的方向发展，加快实施自由贸易区战略，积极承担国际责任和义务，积极参与应对全球气候变化谈判，落实2030年可持续发展议程。

五、坚持共享发展

坚持共享发展，按照人人参与、人人尽力、人人享有的要求，坚守底线、突出重点、完善制度、引导预期，注重机会公平，保障民生。增加公共服务供给，从解决人民最关心、最直接、最现实的利益问题入手，提高公共服务共建能力和共享水平，加大对革命老区、民族地区、边疆地区、贫困地区的转移支付。建立健全农村留守儿童和妇女、老人关爱服务体系。要坚决守住脱贫攻坚成果，做好巩固拓展脱贫攻坚成果与乡村振兴有效衔接，工作不留空当，政策不留空白。提高教育质量，坚持优先发展教育事业，发展更加公平更高质量的教育。推动义务教育均衡发展，普及高中阶段教育。促进就业创业，坚持就业优先战略，实施更加积极的就业政策，完善创业扶持政策，加强对灵活就业、新就业形态的支持，提高技术工人待遇。不断提高居民收入，坚持居民收入增长和经济增长同步、劳动报酬提高和劳动生产率提高同步，健全科学的工资水平决定机制、正常增长机制、支付保障机制，完善最低工资增长机制，完善市场评价要素贡献并按贡献分配的机制。建立更加公平更可持续的社会保障制度，进一步健全多层次社会保障体系。实施全民参保计划，实现基本养老保险全国统筹，推进失业和工伤保险省级统筹，全面推进健康中国建设，深化医药卫生体制改革，构建强大公共卫生体系，提高应对公共卫生事件能力。实施食品安全战略。促进人口均衡发展，完善人口发展战略，积极开展应对人口老龄化行动，坚持男女平等基本国策，保障妇女和未成年人权益。支持残疾人事业发展，健全扶残助残服务体系。

第三章　深化供给侧结构性改革

2020年7月30日，中共中央政治局会议指出，我国已进入高质量发展阶段，发展具有多方面优势和条件，同时发展不平衡不充分问题仍然突出。进入"十四五"时期，要以推动高质量发展为主题，以供给侧结构性改革为主线。在高质量发展阶段深化供给侧结构性改革，就是要使供给不仅适应满足需求，更要创造更多的需求。注重需求侧管理，形成需求牵引供给、供给创造需求的更高水平动态平衡，从而推动我国社会生产力水平实现整体跃升，实现更高质量、更有效率、更加公平、更可持续、更为安全的发展，使发展成果更好惠及全体人民。

第一节　基本概念

一、供给侧结构性改革

（一）供给侧结构性改革的由来

2015年11月10日召开中央财经领导小组第十一次会议，习近平总书记提出："在适度扩大总需求的同时，着力加强供给侧结构性改革，着力提高供给体系质量和效率，增强经济持续增长动力，推动我国社会生产力水平实现整体跃升。"此后，习近平总书记多次强调供给侧结构性改革。比如，2016 年 1 月 18 日，习近平总书记在省部级主要领导干部学习贯彻党的十八届五中全会精神专题研讨班上的讲话中，深刻阐述供给侧结构性改革的定位、依据、目标与施策重点。强调供给侧结构性改革"重点是解放和发展社会生产力"，"不能因为包袱重而等待、困难多而不作为、有风险而躲避、有阵痛而不前"。[①] 2016 年全国"两会"期间，习近平总书记在参加湖南代表团审议时，再次就供给侧结构性改革提出新思路、新论断，要求把握好"五对关系"（"加法"和"减法"、当前和长远、力度和节奏、主要矛盾和次要矛盾、政府和市场的关系），要求"以锐意进取、敢于担当的精神状态"，"脚踏实地、真抓实干的工作作风"，打赢这场硬仗。

（二）供给侧结构性改革的内涵

供给侧的"侧"字就是"端、面"的意思，需求侧与供给侧是经济学的两个重要概念。需求侧一般有三个要素，即消费、投资、净出口，而消费、投资、净出口等于当年的 GDP。供给侧一般有四个要素，即劳动、资本、技术、资源，这四个要素配置后经过生产形成的是下一阶段的 GDP。需求是商品消费过程，供给是商品生产过程，供给与需求的关系是辩证统一的。一方面，供给与需求紧密联系、相互促进；另一方面，供给和需求又相对独立，具有各自运动的规律，二者在推动经济发展中的作用方式和条件不同。因此，供给和需求的动态平衡、相互促进，是经济良性运行的重要条件。

---

① 习近平：《在省部级主要领导干部学习贯彻党的十八届五中全会精神专题研讨班上的讲话》，《人民日报》2016 年 5 月 10 日。

供给侧结构性改革是“供给侧＋结构性＋改革”组成的合成词。“供给侧”着眼于供给端和生产端的管理和制度建设，通过对资源要素的投入方式、投入结构、企业生产成本、生产方式等方面的管理，促进资源要素有效供给、质量提升、高效配置的市场机制运行和制度建设，提高供给的质量和水平。“结构性”是立足于资源要素有效配置和供需有效匹配，通过结构性的调整来适应新的发展阶段供求的动态平衡。“改革”是改革原有制度，构建新制度，通过全面深化改革，把体制机制改革与结构调整紧密结合，形成进一步解放和发展生产力的制度保障，推动我国社会生产力水平整体跃升。

从三个合成词之间的关系看，供给侧结构性改革是“供给侧＋结构性＋改革”三者的有机统一。供给侧结构性改革的出发点在供给侧，通过矫正要素配置的扭曲，提高供给质量，扩大有效供给。改革的重点是结构调整，提高供给结构对需求变化的适应性和灵活性。改革本质上是要提高全要素生产率和社会生产力水平，最终目标是更好满足广大人民群众日益增长的美好生活需要，实现以人民为中心的发展思想。

二、“三去一降一补”

“三去一降一补”，即去产能、去库存、去杠杆、降成本、补短板。这是2015年12月召开的中央经济工作会议首次提出的，是供给侧结构性改革的阶段性任务。

去产能在2016年实施供给侧结构性改革时，重点是去煤炭和钢铁行业的过剩产能，也包括淘汰水泥、平板玻璃等落后产能，主要目的是调优供给结构。去产能针对的是产能过剩问题。何为产能过剩？一般用产能利用率或设备利用率作为产能是否过剩的评价指标。通常,设备利用率的正常值在79%～83%,超过90%表明产能不足,如果设备开工低于79%,则说明存在产能过剩现象。

去库存主要是去房地产库存。房地产库存不是指二手房,而是指新建住房。2016年中央经济工作会议定调:"房子是用来住的,不是用来炒的。"2017年去房地产库存依然是重点内容,但在政策体系上增加了新内容:坚持分类调控和因城因地施策。深入去房地产库存,重点是解决三四线城市房地产库存过多问题。2017年以来,各地房地产政策从差异化供地,到租赁住房、共有产权住房等公共住房建设的持续推进,表明在去库存过程中已着力健全促进房地产市场平稳健康发展的长效机制,坚持"房住不炒""因城施策"方略,从而保持调控政策的定力。

去杠杆,就是把较高的杠杆率降下来,目的在于防范和化解金融风险。高杠杆指总资产与净资产的比重,净资产等于总资产减去总负债,资产负债率越高,净资产就越低,净资产越低,总资产一定的条件下,杠杆率就越高。[①] 因此,资产负债率越高,杠杆率就越高。杠杆率包括政府部门杠杆率、非金融企业杠杆率、居民部门杠杆率等。就全社会而言,如果把GDP作为收入,那么全社会的杠杆率就是各个部门的总债务之和与GDP的比值。

2017年以来,去杠杆是在降低总杠杆率的前提下,把企业去杠杆作为重中之重。方式主要有以下三点:一是在企业新增融资中增大股权融资力度、适当降低债权融资的比率。二是企业通过主动处置资产降杠杆。企业利用资产价格较高的有利时机进行资产形态的转换,让资产处置所产生的收益再回到企业生产经营体系里。三是适当通过政府加杠杆来引导企业去杠杆。通过政府投资

① 赵昌文、许召元:《"去产能"是经济企稳转好的重中之重》,《人民日报》2016年3月2日。

基金、政府分级基金的使用，以及政府相应置换债务的安排，帮助企业降低杠杆。按照国务院《关于积极稳妥降低企业杠杆率的意见》，主要以市场化、法治化方式降低企业杠杆率，开展市场化债转股。市场化债转股的对象企业由市场化选择、价格市场化确定、资金市场化筹集，股权退出市场化进行。因此，市场化和法治化涵盖了债转股的整个流程。

降成本方面，2016 年打出了组合拳，实施“六降行动”①。2017 年以来，主要在减税、降费、降低要素成本上加大力度。降低各类交易成本，特别是制度性交易成本；减少审批环节，降低各类中介评估费用；降低企业用能成本；降低物流成本；提高劳动力市场灵活性，推动企业眼睛向内降本增效。具体要求是：在调整税制和优化税收结构的基础上减税降费，降低直接反映在财务报表上的企业财务成本；进一步改革社会保险制度，降低企业人工成本；调整能源政策和价格形成机制，降低企业用能成本；改革运输和物流体制，降低企业物流成本；创新体制机制，降低企业的制度性交易成本。在多策并举降成本的同时，加大政策支持力度。比如，扩大小微企业享受减半征收所得税优惠的范围，年应纳税所得额上限由 30 万元提高到 50 万元；科技型中小企业研发费用加计扣除比例也由 50%提高到 75%。这些政策的实施，进一步降低了科技型中小企业的负担，并对科技型中小企业的持续投入形成有效激励和支持。

补短板，不仅要增加经济总量，还要实现经济的更高质量、更有效率、更加公平、更可持续发展。因此，补短板是我国经济发展

① “六降行动”：降低制度性交易成本、降低企业税费负担、降低保险费、降低企业财务成本、降低电力价格、降低物流成本。

从量到质的全面提升,是经济社会质的根本性变化。[①] 补短板从满足广大人民群众美好生活需要的角度看,包括:补农业中的短板、补制造业中的短板、补服务业中的短板、补基础设施中的短板、补生态建设中的短板、补扶贫和改善民生中的短板。补短板的目的是要扩大有效供给,增加有效需求。因此,要从严重制约经济社会发展的重要领域和关键环节、从人民群众迫切需要解决的突出问题着手,既补硬短板,也补软短板;既补发展短板,也补制度短板。硬短板指的是生产能力和技术手段的不足,软短板指发展环境和产权保护的不足;发展短板是指产业体系和生产效率的不足,制度短板是指制度供给不足或市场在资源配置中的决定性作用发挥不足。

三、五大政策支柱

深化供给侧结构性改革,需要五大政策支柱,即宏观政策要稳、产业政策要准、微观政策要活、改革政策要实、社会政策要托底。五大政策支柱相互支撑、相互配合,旨在为推进供给侧结构性改革营造良好的环境和条件。宏观政策要稳,就是要为供给侧结构性改革营造稳定的宏观经济环境;产业政策要准,就是要准确定位供给侧结构性改革方向;微观政策要活,就是要完善市场环境、激发企业活力和消费者潜力;改革政策要实,就是要加大力度推动改革落地;社会政策要托底,就是要在深化改革中守住民生底线。

五大政策伴随供给侧结构性改革的全过程,五大政策的具体内容随着改革的深化而不断丰富和完善。宏观政策要稳,主要是财政政策和货币政策要稳。目前,要加大积极的财政政策力度。

① 参见黄泰岩:《补短板的政治经济学分析》,《光明日报》2016年4月27日。

实行减税政策，阶段性提高财政赤字率，加大向企业、创业者减税的力度和幅度。相应增加国债发行规模，合理确定地方政府新增债务限额；坚决遏制各种乱收费，给企业和市场主体留有更多可用资金；加大统筹财政资金和盘活存量资金力度，把资金用在"刀刃"上。从货币政策来看，要实现"稳健中性"。稳健的货币政策要灵活适度，既要营造适宜的货币金融环境，降低融资成本，保持流动性合理充裕和社会融资总量适度增长，扩大直接融资比重，优化信贷结构，也要完善汇率形成机制。产业政策要准，指深化供给侧结构性改革，要推进农业现代化、加快制造强国建设、加快服务业发展、提高基础设施网络化水平，推动形成新的增长点。同时，坚持创新驱动，注重激活存量，着力补齐短板，发展实体经济，促进绿色发展。微观政策要活，就是通过深化改革让企业更加有活力，进一步挖掘消费者的消费潜力。为此，既要在制度上、政策上营造宽松的市场经营和投资环境，鼓励和支持各种所有制企业创新发展，保护各种所有制企业产权和合法利益，改善企业市场预期；也要营造商品自由流动、平等交换的市场环境，破除市场壁垒和地方保护主义。改革政策要实，就是要加强统筹协调，完善落实机制，调动地方积极性，允许地方进行差别化探索，发挥基层首创精神，促进各项改革举措抓实落地，使改革不断见到实效，使人民群众有更多的获得感。社会政策要托底，就是要更好发挥社会保障的社会稳定器作用，保障群众基本生活，保障基本公共服务。

四、"僵尸企业"

深化供给侧结构性改革，要把处置"僵尸企业"作为重要抓手。"僵尸企业"(zombie company/zombie firm)一词最早出现于对20世纪90年代早期日本资产价格崩盘后漫长经济衰退的研究中，意指接受信贷补贴的企业或没有利润的借贷企业。[①] 在我国,"僵尸企业"没有全国统一的标准,而是由各省确定具体标准。但一般来说,"僵尸企业"是指不具有自生能力,主要依靠政府补贴、银行贷款、资本市场融资或借债而勉强维持运营或维持不下去的企业。

我国的"僵尸企业"大多分布在产能过剩行业。钢铁、水泥、电解铝等产能绝对过剩行业里有"僵尸企业",光伏、风电等相对产能过剩行业里也有,还有一部分存在于诸如服装等处于产业生命衰退期的企业之中。对于"僵尸企业",如果不及时处置,将带来严重后果。首先,降低资源使用效率。"僵尸企业"都是靠"输血"生存,如果这些资源用于健康企业则能够获得更好的收益。其次,破坏竞争秩序。为"僵尸企业"提供补贴和低成本信贷,本身就导致了对其他企业的不公平竞争。同时,大量"僵尸企业"的存在,加剧了产能过剩。最后,放大金融风险。"僵尸企业"背负大量债务却又缺乏偿债能力,一旦一批"僵尸企业"违约,银行的不良贷款就会大幅度增加,造成一系列企业的破产倒闭,放大金融风险。

处置"僵尸企业"是深入去产能的关键。一是严格执行环保、能耗、质量、安全等相关法律法规和标准来实现产能的退出和去化。采用市场化、法治化手段,推进企业兼并重组、债务重组或破产清算。应尽可能多兼并重组、少破产清算。比如,鼓励行业领军企业和优质企业对本行业的"僵尸企业"进行兼并,达到既防范系统性金融风险,又提高产业集中度的目的。二是大力拓展产能国际合作新空间,鼓励支持国内相关企业主动参与国际市场竞争,通过公开公平竞争加快产业结构优化升级步伐。三是配套实施企业人员安置方案,确保相关人员安置工作落实到位。四是依靠创新

① 参见黄群慧、李晓华:《"僵尸企业"的成因与处置策略》,《光明日报》2016 年 4 月 13 日。

驱动，在做大增量、做优存量上下功夫，切实增强去产能的针对性、实效性。

五、以供给侧结构性改革为主线

一般来说，主线是指在事物发展中起主导作用或统领作用的线条，是把事物发展的相关因素连接起来的关键力量。2016 年中央经济工作会议和“十三五”规划纲要均强调，供给侧结构性改革是我国“十三五”时期的主线，也是当前和今后一个时期我国经济发展和经济工作的主线。党的十九大报告指出，建设现代化经济体系，要以供给侧结构性改革为主线，推动经济发展质量变革、效率变革、动力变革。党的十九届五中全会指出，以供给侧结构性改革为主线。因此，深化供给侧结构性改革，在全面建设社会主义现代化国家新征程中发挥着不可替代的作用。

(一)是高质量发展阶段加强宏观经济管理的手段

供给侧管理和需求侧管理是宏观经济管理和调控的两个基本手段。需求侧管理，重在解决总量性问题，注重短期调控，主要通过调节税收、财政支出、货币信贷等来刺激或抑制需求，进而推动经济增长。供给侧管理，重在解决结构性问题，注重激发经济增长动力，主要通过优化要素配置和调整生产结构来提高供给体系质量和效率，进而推动经济增长。因此，供给侧管理和需求侧管理不是非此即彼、一去一存的替代关系，而是相互配合、协调推进。宏观经济管理既需要需求管理，又需要供给管理；既需要总量调控，又需要结构调控。对于宏观经济管理而言，在经济发展的不同阶段，侧重点和力度也不同。改革开放以来，我国宏观政策的主基调是需求侧管理，宏观政策基本上以需求侧管理为主。表现为经济增长速度低了，就进行需求侧管理，从需求侧刺激投资、刺激消费、刺激出口；投资增长速度高了，就压缩投资、压缩消费、压缩出口。当前和今后一个时期，要“在适度扩大总需求的同时，着力加强供给侧结构性改革”[①]，意味着宏观经济管理要从过去依靠需求侧管理转向依靠供给侧管理，向供给侧结构性改革要新动力、新优势。因此，坚持以深化供给侧结构性改革为主线，是针对我国宏观经济供求关系变化做出的重大决策，是高质量发展阶段加强宏观经济管理不可或缺的手段。

（二）是推动高质量发展的现实路径

经过改革开放 40 多年的快速发展，我国经济总量已经跃居世界第二，已从低收入阶段跨入中等收入阶段，正向高收入阶段迈进。以深化供给侧结构性改革为主线，体现了我国从注重短期经济增长向提高发展质量与效益的转变。

高质量发展本身就是产品和服务高品质的发展。转变发展方式的实质是，通过优化组合各个生产要素，不断挖掘生产要素的潜力，提升生产要素的使用效率，进而推动高质量发展。按照马克思主义政治经济学原理，所谓质量，是指产品能够满足实际需要的使用价值特性。发展质量的高低，最终要以能否满足人民日益增长的美好生活以及人的全面发展的需要为判断标准。我国进入高质量发展阶段，更要格外关注能满足人民日益增长的美好生活需要的商品使用价值方面的供给侧。解决发展质量效益问题，必须推进供给侧结构性改革。因为，高质量发展不仅要求供给结构与需求结构相匹配，还要求供给结构在较短的时间内跟上需求结构的变化，在动态中不断满足日益增长的、不断变化的、丰富多样的需求，更要求在技术不断创新的基础上，靠新供给不断创造新需求，

---

① 《习近平主持召开中央财经领导小组第十一次会议强调：全面贯彻党的十八届五中全会精神　落实发展理念推进经济结构性改革》，《人民日报》2015 年 11 月 11 日。

在供给与需求的不断满足、互相创造中实现供需动态平衡。因此，实现高质量发展和供给侧结构性改革有内在的一致性。抓住深化供给侧结构性改革这条主线，有助于形成高质量发展的政策体系、标准体系、绩效评价和政绩考核体系，有助于营造和优化高质量发展的制度环境。因此，坚持以深化供给侧结构性改革为主线，能有力地推动和实现高质量发展。

（三）是建设现代化经济体系的关键

建设现代化经济体系，需要着力加快构建实体经济、科技创新、现代金融、人力资源协同发展的产业体系。构建这一现代产业体系，发展实体经济是核心，而供给侧结构性改革也要振兴实体经济。从劳动者来看，供给侧结构性改革着眼于提高劳动生产率，需要建设知识型、技能型、创新型劳动者大军；从企业发展来看，供给侧结构性改革着眼于提高企业竞争力，培育具有全球竞争力的世界一流企业，激发和保护企业家精神，鼓励更多社会主体投身创新创业；从产业发展来看，供给侧结构性改革要完善产业组织，优化产业结构，促进传统产业转型升级，培育新动能。这些改革举措，必将全面提升实体经济发展水平。

坚持以深化供给侧结构性改革为主线，有助于构建"三有体制"（市场机制有效、微观主体有活力、宏观调控有度），这是建设现代化经济体系的应有之义。供给侧结构性改革的本质就是深化改革，加快完善社会主义市场经济体制，包括：推进国有企业改革，加快转变政府职能，深化价格、财税、金融、社保等领域的基础性改革。因此，坚持供给侧结构性改革这条主线，牵着这个"牛鼻子"，有助于构建市场机制有效、微观主体有活力、宏观调控有度的经济体制，从而推进现代化经济体系建设，推动 2035 年建成现代化经济体系目标的实现。

第二节　学理依循

深化供给侧结构性改革，是习近平新时代中国特色社会主义思想的重要组成部分，是对马克思主义政治经济学和社会主义市场经济理论的丰富和发展。供给侧结构性改革以马克思主义政治经济学为指导，开拓了马克思主义政治经济学新境界，是适应当代中国经济发展实际和高质量发展特点的马克思主义政治经济学的重要成果。供给侧结构性改革的学理依循突出表现在对马克思主义基本原理的创造性运用和创新性发展方面。

一、以马克思主义政治经济学基本原理为指导

（一）遵循了生产、分配、交换、消费四环节关系的基本原理

马克思在《〈政治经济学批判〉导言》中指出，生产对分配、交换、消费具有决定作用，但生产就其单方面来说也决定于其他方面。马克思在《资本论》中的诸多论述也分析了社会再生产过程中生产、分配、交换和消费四个环节之间的辩证关系。马克思认为，在生产（供给）和消费（需求）的关系上，虽然供给或生产占首位，起决定性作用，但是供给和需求是相互依存相互影响的，需求制约着供给，反作用于供给。每一方表现为对方的手段，以对方为中介，这表现为它们的相互依存，互不可缺。按照马克思的分析，没有生产，就没有消费；但是没有消费，也就没有生产。因为如果没有消费，生产就没有目的。消费的需要决定着生产。人们通过消费，在满足自身需要的同时，也会产生新的需要，这种新的需要，会对产品的生产提供内在动力。消费从两个方面制约着生产：一方面，产品只有在消费中方成为现实的产品，消费是使产品成为产品的最

后行为；另一方面，消费创造出新的生产的需要，创造出生产的动力。没有需要，就没有生产，而消费则把需要再生产出来。如果把生产看作供给，把消费看作需求，那么生产和消费的关系实际上也就是供给和需求的关系。

马克思提出了消费力的概念，它与生产力相对应，是指一定时期内消费者的消费能力。一般来说，生产只受生产力的限制，而市场实现则受社会生产比例和消费力的限制。生产什么、生产多少，不仅取决于生产力，还取决于消费需求。就供给侧结构性改革而言，其主攻方向就是提高供给质量。在提高供给质量上，包括增强创新能力、调整产业结构、提升生产效率等，从而提高供给对需求，或者说生产对消费变化的适应性和灵活性，使得我国供给能力和供给质量更好满足人民群众日益增长的美好生活需要，实现社会主义生产目的。另外，供给侧结构性改革没有忽视需求侧，也就是消费领域对生产领域发挥作用的最终目的是满足需求。在满足需求方面，研究需求导向、调节收入分配、发展消费经济，最终目的是满足需求。习近平总书记指出，供给和需求是市场经济内在关系的两个基本方面，是既对立又统一的辩证关系，二者你离不开我、我离不开你，相互依存、互为条件。没有需求，供给就无从实现，新的需求可以催生新的供给；没有供给，需求就无法满足，新的供给可以创造新的需求。

（二）遵循了社会总资本再生产理论的基本要求

马克思揭示了社会总产品的实现问题，即社会总产品的价值补偿和物质补偿问题。从物质形态看，社会总产品可分为生产资料和消费资料两大部类。与此相对应，整个社会生产也分为两大部类，即生产生产资料的部类（Ⅰ）和生产消费资料的部类（Ⅱ）。从价值形态看，社会总产品由三部分构成：不变资本C、可变资本V

和剩余价值 M。社会总产品的价值补偿问题，也就是把该卖的东西“卖出去”。社会总产品的物质补偿问题，也就是把该买的东西“买进来”。马克思指出，这个运动不仅是价值补偿，而且是物质补偿。因而，其既要受社会产品的价值组成部分相互之间的比例的制约，又要受它们的使用价值、它们的物质形态的制约。这里所说的价值补偿，实际上是使社会总产品在价值形态上得到实现；这里所说的物质补偿，是社会总产品在使用价值形态上得到实现。用一句话来概括社会总资本再生产理论的精髓，就是社会生产必须按比例发展。所谓按比例，也就是通过调整产业结构，使其不断合理化。两大部类为经济增长提供的生产资料和消费资料，只有在价值量和需要量实现平衡时，经济增长才得以持续进行。经济增长的持续进行，还取决于结构平衡。马克思从物质补偿角度提出了决定经济增长的结构平衡：两大部类之间的结构平衡；两大部类内部的结构平衡。也就是说，社会再生产必须按比例进行，实现总供给和总需求的平衡。

由于社会分工是不断变化的，因而社会生产的比例和产业结构也是不断变化的。就经济发展实践而言，一方面存在着部分产品生产过剩的情况，不能实现价值补偿；另一方面，部分需求在现实中不能得到有效满足，造成的问题是不能实现物质补偿。供给侧结构性改革，解决的就是社会生产比例和结构失衡问题，使供需实现动态平衡。

二、对马克思主义政治经济学的创新发展

（一）丰富和发展中国特色社会主义政治经济学

党的十八大以来，习近平总书记多次就坚持和发展马克思主义政治经济学做出重要论述。2015 年 11 月 23 日，习近平总书记

在主持中共中央政治局第二十八次集体学习时指出，学习马克思主义政治经济学，是为了更好指导我国经济发展实践，既要坚持其基本原理和方法论，更要同我国经济发展实际相结合，不断形成新的理论成果；在 2015 年 12 月 18 日至 21 日召开的中央经济工作会议上，习近平总书记指出，要坚持中国特色社会主义政治经济学的重大原则；在 2016 年 7 月 8 日经济形势专家座谈会上，习近平总书记指出，坚持和发展中国特色社会主义政治经济学，要以马克思主义政治经济学为指导，总结和提炼我国改革开放和社会主义现代化建设的伟大实践经验。习近平总书记关于供给侧结构性改革的系统论述，就是源于我国实践的理论认识成果。比如，供给侧结构性改革中坚持以人民为中心的发展思想，归根结底是要使我国供给能力更好满足人民日益增长的美好生活需要，从而实现社会主义生产目的。满足人民日益增长的美好生活需要，是我国经济社会发展的根本出发点和落脚点，这是马克思主义政治经济学的根本立场，体现了社会主义经济发展的根本目的，把增进人民福祉、促进人的全面发展、朝着共同富裕方向稳步前进作为改革的出发点和落脚点。供给侧结构性改革中关于根本任务是发展生产力的思想，这是唯物史观的根本观点，体现了社会主义制度的根本要求。供给侧结构性改革中的适应引领新常态、转变经济发展方式、调整优化经济结构、转换经济增长动力、提高经济质量效益，是当代中国改革开放的实践探索和规律性认识的总结和概括，开拓了中国特色社会主义政治经济学新境界。这些成果，既体现了马克思主义政治经济学的基本理论和基本原则，又体现了当代中国国情和时代特点，丰富和发展了中国特色社会主义政治经济学理论体系。

(二)对社会主义市场经济理论的重大创新

社会主义市场经济是与社会主义基本制度相结合的市场经济。社会主义与市场经济的结合不是无差别无条件的结合,而是“对立统一”的有机结合。利用市场经济,同时又超越市场经济,把公有制与市场经济结合起来,是社会主义市场经济的精髓。供给侧结构性改革,遵循了市场经济的一般规律,通过市场机制的供求、竞争和价格的波动,调节生产,配置资源。同时更好发挥政府作用,包括党领导经济的路线方针政策,实现市场在资源配置中起决定性作用和更好发挥政府作用的有机统一。这既反映了市场经济的一般规律,又体现了社会主义制度的特殊要求,反映了现阶段我国经济社会发展的内在要求。

供给侧结构性改革拓展了社会主义市场经济中的协调发展理论,强调调整市场运行中的各种结构和比例关系,针对的是结构不平衡,通过改革实现平衡发展。其包括两大部类的生产资料与消费资料保持平衡、供给和需求的平衡、产业结构的平衡、城乡发展的平衡、收入分配的平衡、实体经济与虚拟经济之间的平衡等,从而深化了社会主义市场经济的平衡增长理论。一方面,将经济的平衡增长拓展到了经济的平衡发展,着力于提高发展的协调性和平衡性;另一方面,将平衡增长理论进一步拓展到了经济建设、政治建设、文化建设、社会建设、生态文明建设的全面协调。供给侧结构性改革,既强调供给,又关注需求;既突出发展社会生产力,又注重完善生产关系,这是对社会主义市场经济理论的重大创新。这一理论成果,不同于以凯恩斯主义为代表的需求决定论,也不同于以萨伊定律为核心的供给经济学。萨伊用供给创造需求、总供给会与总需求相一致的观点来否认资本主义出现生产过剩的经济危机,进而为资本主义制度辩护。我国供给侧结构性改革,不同于里根和撒切尔主义的供给管理,他们主要强调低税收、松管制、低福利的经济政策,以供给管理取代需求管理,主张完全私有化、完全市场化。而我国供给侧结构性改革,是在"创新、协调、绿色、开放、共享"的新发展理念引领下进行的,是在继续关注总需求的前提下,着重加强供给侧改革,是更好满足人民群众的需求,促进共同富裕。这一理论成果,确立了我国进入新常态以后经济发展的着力点,明确了宏观经济管理的途径与方式,提供了有效处理供给和需求关系的手段,从而丰富和发展了社会主义市场经济理论。这表明,我们党对社会主义市场经济发展规律的认识达到了新高度。

第三节 实践路径

深化供给侧结构性改革,最终目的是满足需求,主攻方向是提高供给质量,根本途径是深化改革。随着供给侧结构性改革的不断推进,深化改革主要集中在以下方面。

一、推进要素市场化配置改革

深化供给侧结构性改革,必须校正要素配置的扭曲。推进供给侧结构性改革,就要完善市场在资源配置中起决定性作用的体制机制。为此,必须深化行政管理体制改革,打破垄断,健全要素市场,使价格机制真正引导资源配置。必须破除劳动力、土地、资金、能源等要素市场化配置的体制机制障碍,加快要素价格市场化改革。必须用改革的办法转变思路,推进结构调整,构建提高供给体系质量和效益的体制机制。

实现要素市场化配置,要以土地、劳动力、资本、技术的要素市场化配置改革为重点。作为供给方的土地、劳动力、资本、技术等资源要素，主要通过政府行政手段来配置，存在很大弊端。一方面，政府只对要素的初始分配进行干预，并不参与企业的生产流程。一旦企业占用了要素，政府很难对企业闲置或低效利用要素的行为进行干预，企业生产效率与其所占有的要素之间不匹配，造成资源配置效率下降。另一方面，长期由政府行政手段配置要素，导致要素价格扭曲，不能灵活反映要素市场供求关系的变化和资源稀缺程度，造成企业千方百计通过非市场化方式从政府手里获取各类要素。此外，还造成要素市场建设滞后，资金、土地、劳动力等要素价格远未市场化，严重制约和影响社会主义市场经济体制的完善。

推进要素市场化配置改革，解决资源要素配置扭曲、使用效率低下问题，关键是要最大限度地减少政府对资源的直接配置，放开要素价格，让要素价格真实反映要素市场的供求变化。要素价格只有在市场方式决定的条件下，要素价格机制才能充分发挥其在资源配置中的决定性作用。只有让各类生产要素能够作为商品进入市场，让每一类市场主体都拥有获得生产要素的机会，并根据市场规则、市场价格进行竞争，引导生产要素配置到效率最高的地区、部门和企业中去，才能提高资源配置效率，获得更高的经济效益。因此，激活生产要素，完善要素市场制度结构，健全要素定价机制，促进经济结构调整，成为深化供给侧结构性改革的核心和关键。

推进要素市场化配置改革，必须破除要素市场化配置障碍。第一，完善现代产权制度。健全归属清晰、权责明确、保护严格、流转顺畅的现代要素产权制度，推进产权保护法治化，依法保护各种所有制经济和各种要素主体的权益。第二，构建合理的要素价格体系，促进土地、资本和劳动力等要素资源的自由流动，提高要素配置效率。土地制度改革的核心在于确权和加速农地流转，从而提高土地使用效率；资本要素改革的核心在于降低企业成本、提升企业盈利；资源品价格改革聚焦于降低原材料成本，减税降费、加速折旧、降低财税成本；养老保险体系改革聚焦于降低人力成本。第三，加快完善要素市场体系。坚持农用地集体所有，实现土地规模经营；同时加快建立城乡统一的建设用地市场，推进农村集体经营性建设用地与国有建设用地同等入市、同权同价；推进金融、劳动力、技术等要素市场体系改革，提高要素供给弹性、流动性，提升全要素生产率。第四，加快相关体制机制改革，激发人才创新创造活力。加快破除一切妨碍人才流动和优化配置的体制机制，加快形成有利于人才成长的培养机制、有利于人尽其才的使用机制、有利于竞相成长各展其能的激励机制、有利于各类人才脱颖而出的竞争机制，从而实现人力资源、人才资源的充分有效配置，增强人力资源的内生动力。

二、正确认识和处理四个重大关系

2017 年 1 月，习近平总书记在主持中共中央政治局第三十八次集体学习时强调，推进供给侧结构性改革，要处理好政府和市场的关系、短期和长期的关系、减法和加法的关系、供给和需求的关系。“十四五”时期深化供给侧结构性改革，也必须正确认识和处理这四大关系。

（一）正确认识和处理政府和市场的关系

社会主义市场经济体制改革的核心问题是使市场在资源配置中起决定性作用和更好发挥政府作用。这是经济新常态下处理政府与市场关系的基本要求。深化供给侧结构性改革，就要运用好市场这只“无形之手”和政府这只“有形之手”。深化供给侧结构性改革，必须破除行政垄断，切实减少和消除经济体系中的扭曲，让市场在资源配置中起决定性作用，通过市场化价格引导资源向更富有效率的领域集中。在保证市场在资源配置中起决定性作用的同时，也要更好地发挥政府的作用。既要遵循市场规律，善用市场机制来解决问题，也要更好地发挥政府的作用。在尊重市场规律的基础上，用改革来激发市场活力，用政策来引导市场预期，用规划明确投资方向，用法治规范市场行为。

“去产能、去库存、去杠杆、降成本、补短板”五大任务的实施，离不开市场和政府之间的密切配合。例如去产能，我国的产能过剩或多或少与政府调控有关，要解决这一问题，必须有政府的介入。需要在运用市场力量实施破产清算、兼并重组的同时，政府做好完善市场制度环境、企业债务处理、失业人员安置、协助企业开拓新的投资渠道和销售渠道等工作。政府的这种行为，是在市场决定资源配置的基础上进行的，与市场配置资源的方向一致。从供给侧结构性改革的其他任务来看，也不同程度地需要政府发挥作用。需要指出的是，处理好政府和市场的关系，应避免采用行政命令的手段，而是善于运用市场机制解决问题。

（二）正确认识和处理短期和长期的关系

供给侧结构性改革作为我国经济发展的主线，意味着这一改革不可能一蹴而就，需要统筹近期任务和长期任务。我国经济结构中存在的矛盾和问题，尤其是深层次的结构性失衡问题，都是长期积累形成的。因此，深化供给侧结构性改革，需要长短兼顾、统筹结合。

“去产能、去库存、去杠杆、降成本、补短板”五大任务并非都是近期任务，有些需要付出长期努力。其中，去产能、去库存、去杠杆是近期需要完成的任务，或者说是有“去”的区间，不是一味地“去”下去；而降成本、补短板则不是短期能完成的，需要远近结合、统筹谋划。降成本，虽然在短期内可通过减税、企业挖潜、节约成本等见效，但从根本上看，我国一些产品的成本和价格远高于发达国家，是由于我国生产技术水平和劳动生产率低。生产技术水平低，产品的质量和档次就低；劳动生产率低，产品的成本和价格就高。要提高产品质量和档次，就需要科技创新、管理创新、制度创新，还需要不断提高职工的能力素质和操作水平。从补短板来说，开发高端产品，扩大高端产品生产能力是主要任务。这同样需要强化科技创新，需要政府、企业、科研机构相互配合、协同发力，这是一个需要持续推进、久久为功的过程。因此，深化供给侧结构性改革，既要立足当前，着力解决一些突出矛盾和问题，也要着眼于长远，从构建长效体制机制、重塑中长期经济增长动力入手，通过改革加快形成完善的体制机制。既要在战略上坚持持久战，又要在战术上打好歼灭战。战略上坚持稳中求进，搞好顶层设计，把握好节奏和力度，久久为功；战术上抓落实、干实事，注重实效。供给侧结构性改革中出现的短期阵痛是必然的，需要合理引导社会预期，尽量控制和减少阵痛，妥善处置企业债务，做好人员安置和社会托底工作，维护社会和谐稳定。同时，要在培育新的动力机制上做好文章、下足功夫，着力推进体制机制建设，激发市场主体内生动力和活力。

（三）正确认识和处理减法与加法的关系

在供给侧结构性改革中做减法，就是减少低端供给和无效供给，去产能、去库存、去杠杆，为经济发展留出新空间。做加法，就是扩大有效供给和中高端供给，补短板、惠民生，加快发展新技术、新产业、新产品，为经济增长培育新动力。

无论做减法，还是做加法，都需要用力得当，精准、有度。做减法不能“一刀切”，要减得准，着力去低端产能；做加法不能一拥而上，要避免“大水漫灌”，避免产生新的产能过剩和新的重复建设。要增加社会急需的公共产品和公共服务供给，缩小城乡、地区公共服务水平差距。实现调存量与优增量、推动传统产业改造升级与培育新兴产业的有机统一，振兴实体经济。要统筹部署创新链和产业链，全面提高创新能力，提升科技进步水平，提高全要素生产率。

（四）正确认识和处理供给和需求的关系

供给和需求是一对相辅相成的概念，是市场经济关系的两个基本方面。供给强调生产，需求强调消费。生产决定消费，消费是生产的目的。没有供给，需求无法实现；没有需求，供给无从谈起。供给和需求是既对立、又统一的辩证关系，二者是经济运行的内在动力。

供给必须以需求为目标，需求又必须依赖供给，二者相互依存、互为条件，缺一不可。这就决定了供给侧结构性改革不能脱离需求一方。二者要相互配合、协调推进。过去我们强调需求管理，着力发挥“三驾马车”的作用。现在，推进和深化供给侧结构性改革，是要在适度扩大总需求的同时，推进供给侧结构性改革。供给侧结构性改革并不是抛弃促进“三驾马车”发挥作用的需求管理，而是要求投资、消费、出口适应需求变化的结构性改革。因此，深化供给侧结构性改革，需要用好需求侧管理这个重要工具。一方面，供给侧结构性改革需要一定的有效需求作为前提；另一方面，需求在短期之内要适度扩张，要对经济有适当管控。供给侧改革和需求侧管理相辅相成、相得益彰，才能为供给侧结构性改革营造良好环境和条件。

三、推动高质量发展阶段的供需动态平衡

(一)全面贯彻新发展理念

高质量发展阶段深化供给侧结构性改革,需要全面贯彻新发展理念,把新发展理念贯穿发展的全过程和各领域。新发展理念是一个系统的理论体系,回答了关于发展的目的、动力、方式、路径等一系列理论和实践问题。创新发展解决发展动力问题,是引领发展的第一动力;协调发展解决发展不平衡问题,是持续健康发展的内在要求;绿色发展解决人与自然和谐问题,是永续发展的必要条件;开放发展解决发展内外联动问题,是国家繁荣发展的必由之路;共享发展解决社会公平正义问题,是中国特色社会主义的本质要求。新发展理念解决的五大问题,是我国发展的根本性、全局性、长远性问题。新发展理念和供给侧结构性改革,具有内在的高度一致性,二者都体现了全面提升发展质量的内在要求。

(二)突出创新的核心地位和作用

党的十九届五中全会提出,坚持创新在我国现代化建设全局中的核心地位,把科技自立自强作为国家发展的战略支撑。创新是推动供给增长的核心力量,创新通过加速前沿技术突破和现有技术的应用来提高全要素生产率。实践表明,创新的水平决定供给的能力。习近平总书记多次强调,创新是引领发展的第一动力。抓创新就是抓发展、谋创新就是谋未来。进入高质量发展阶段,深化供给侧结构性改革,根本要靠创新。无论是降低企业成本,促进产业转型升级,提升企业发展水平和素质,还是提高要素质量和配置效率,从根本上说,都必须大力推进以科技创新为核心的全面创新。只有大力推进创新创业,才能不断创造新的产业、创造新的就业机会,才能振兴实体经济、改变国际分工地位,才能破解资源环

境的约束、实现经济社会持续发展。推动科技创新，要体现四个面向：一是面向世界科技前沿，二是面向国家重大需求，三是面向经济主战场，四是面向人民生命健康。突出这四个面向，才能够在满足有效供给、释放有效需求、改善民生福祉、引致更多需求方面发挥强有力的促进和推动作用。

（三）加快构建新发展格局

2020年4月10日，习近平总书记首次提出构建新发展格局，此后多次强调要推动形成以国内大循环为主体、国内国际双循环相互促进的新发展格局。这是根据我国现阶段发展状况、环境、条件变化提出来的，是重塑我国国际合作和竞争新优势的战略抉择。党的十九届五中全会强调，构建新发展格局要“把实施扩大内需战略同深化供给侧结构性改革有机结合起来”[①]。加快构建新发展格局和深化供给侧结构性改革有内在联系。一方面，构建新发展格局要以畅通国民经济循环为主题。畅通国民经济循环就是畅通国民经济生产和再生产，以有效需求牵引供给，以优质供给创造需求，推动供求之间的动态均衡，提高供给与需求间的适配性，畅通国民经济生产、分配、流通和消费的再生产全过程，实现供给与需求之间的良性互动。因此，构建新发展格局必须解决供给侧结构性矛盾。另一方面，构建新发展格局要以深化供给侧结构性改革为主线。供给侧结构性改革直接影响生产者行为和经济结构，不是一般意义上的总量调控，而是需要优化市场制度和法治环境，切实保障生产者权利、责任、利益的独立性，切实发挥市场在资源配置中的决定性作用。因此，对市场化和法治化提出了更高标准和更迫切的需要，在市场化改革不断深入的同时，全面推进法治化进程。

---

① 《中共中央关于制定国民经济和社会发展第十四个五年规划和二〇三五年远景目标的建议》,《人民日报》2020年11月4日。

(四)促进供需高水平动态平衡

深化供给侧结构性改革,要通过调整现有供给结构、提高产品和服务质量,积极促进实物消费提档升级,推进服务消费提质扩容,从深层次上解决供给同需求错位问题。促进供需动态平衡,实际上是一个需求和供给双向互动的过程。这种双向互动的过程既需要发挥需求的牵引作用,也需要提高供给创造需求的能力。

就发挥需求的牵引作用看,一方面要补齐制约需求提升的短板。当前,制约需求提升的短板还有很多,比如,低收入者的收入水平还需要提升、市场容量还需要进一步的扩大等。在补齐短板方面,需要深化收入分配体制改革,进一步提高低收入者的收入,提升消费能力,继续扩大中等收入群体。另一方面,要适应买方市场的需要,紧盯市场需求信号变化。对于企业而言,要通过大数据收集、分析各类产业产品的市场需求变化信号,精准确定发展的战略目标,从而充分发挥需求的牵引作用。

从提高供给创造需求的能力看,增强供给结构对需求变化的适应性和灵活性。推动产业链再造和价值链提升,满足有效需求和潜在需求,实现供需匹配和动态均衡,进而改善市场预期,提振实体经济发展信心。目前,需要抓住产业数字化、数字产业化赋予的新机遇,加快5G网络等新型基础设施建设,抓紧布局数字经济、生命健康、新材料等战略性新兴产业、未来产业发展。一方面,重视持续性研发投入。一次性的研发投入只能实现某一周期的创新而不能实现持久创新,只有持续的研发投入才能不断满足消费者日益增加、日益改变的需求。另一方面,重视对需求体验的收集。从需求体验中去分析把握供给,以更好适应买方市场的需要。

第四章　大力发展实体经济

世界各国发展的实践经验表明，一个国家要强大，就必须注重实体经济发展。实体经济发展水平直接关系着一个国家和地区国民经济发展的质量与国际竞争力的状况。正如习近平总书记2017年3月7日参加辽宁代表团审议时指出，不论经济发展到什么时候，实体经济都是我国经济发展、在国际经济竞争中赢得主动的根基。[①]

第一节　基本概念

要正确把握并推动实体经济发展，首先要搞清楚实体经济和虚拟经济的关系，与之相关的还包括产业的概念及其分类、虚拟资本的概念等。

① 参见黄群惠：《中国制造业有能力创造新辉煌》，《人民日报》2017年3月13日。

一、实体经济

目前,学术界关于实体经济仍然缺乏一个统一和公认的定义。在现实生活中,不同的人对实体经济也有着不同的认识。比如,有的人认为,实体经济就是从事实物生产的经济活动,这种活动所形成的产品是看得见摸得着的,因此,把实体经济看成是农业生产和工业生产活动,或者是把实体经济看成是从事物质产品生产和经营的活动等。这些认识都是不全面的。

我们判断某种经济活动是否属于实体经济范畴,并不能以经济活动所提供的产品属性作为依据,更不能从是否提供实物产品的角度来做出判断,而应把价值创造和价值实现作为判断实体经济的根本依据。一切创造价值的经济活动,都属于实体经济范畴。同时,那些直接为实现价值服务的经济活动也属于实体经济范畴。

由上可见,所谓实体经济就是指物质和精神产品的生产、流通以及直接为此提供服务所形成的经济活动。因此,第一产业和第二产业的全部以及第三产业的绝大部分都属于实体经济范畴。

二、虚拟经济

实体经济是与虚拟经济相对应的概念。为了更好地理解实体经济范畴,我们还需要进一步弄清楚虚拟资本和虚拟经济范畴。

(一)虚拟资本含义及其发展

1.虚拟资本的含义

虚拟资本作为一个历史范畴,是生产力发展到一定历史阶段的产物。19 世纪 40 年代英国银行家威·里瑟姆(William Leatham)在《关于通货问题的通信》中最早提出了“虚拟资本”概念。他指出:“汇票没有别的办法加以控制,除非防止出现货币过剩,防止出现低利息率或低贴现率,这样可以避免产生一部分汇票,并不致使汇票过度膨胀。要判断汇票有多少是来自实际的营业,例如实际的买和卖,有多少是人为地制造的,只由空头汇票构成,这是不可能的。空头汇票,是指人们在一张流通的汇票到期以前又开出另一张代替它的汇票,这样,通过单纯流通手段的制造,就制造出虚拟资本。在货币过剩和便宜的时候,我知道,这个办法被人使用到惊人的程度。”①

马克思最早对虚拟资本进行了系统研究,并创立了虚拟资本理论。在《资本论》第3卷中讨论信用和虚拟资本问题时,马克思指出:“随着生息资本和信用制度的发展,一切资本好像都会增加一倍,有时甚至增加两倍,因为有各种方式使同一资本,甚至同一债权在不同的人手里以不同的形式出现。这种‘货币资本’的最大部分纯粹是虚拟的。”②可见,虚拟资本是在借贷资本和银行信用制度基础上产生的。

马克思将虚拟资本分为两种形态:一种是代表资本所有权的各种有价证券,如股票、债券等;另一种是由信用制度产生的各种信用票据,如商业汇票、银行汇票和银行券等。在马克思看来,虚拟资本产生的基础是“每一个确定的和有规则的货币收入都表现为资本的利息,而不论这种收入是不是由资本生出”,因而,“人们把虚拟资本的形成叫作资本化。人们把每一个有规则的会反复取得收入按平均利息率计算,把它算作是按这个利息率贷出的资本会提供的收入,这样就把这个收入资本化了”。③

① 转引自[德]马克思:《资本论》第3卷,北京:人民出版社,1975年,第451页。

② [德]马克思:《资本论》第3卷,北京:人民出版社,1975年,第533～534页。

③ [德]马克思:《资本论》第3卷,北京:人民出版社,1975年,第528～529页。

2.虚拟资本与实体资本的区别

虚拟资本之所以是虚拟的，是因为其与现实资本有着根本区别。马克思在《资本论》中把股票和国债券看作虚拟资本的典型形式。就股票和债券而言，它们反映着二重关系，一是以股票债券等形式筹集的资本进入工商企业，表现为投入生产过程的机器、厂房、原材料等现实资本，形成现实资本的运动；二是以投入企业资本的所有权凭证和债权凭证进入证券市场的虚拟资本，形成虚拟资本的运动。这里的股票和债券，只是“现实资本的纸质副本”，其本身并不具有价值。尽管虚拟资本代表着对现实资本的所有权，但持有者“不能去支配这个资本。这个资本是不能提取的。有了这种证书，只是在法律上有权索取这个资本应该获得的一部分剩余价值……现实资本存在于这种复本之外，并且不会由于这种复本的转手而改变所有者”[①]。虚拟资本与现实资本，不仅在运动上是相互独立的，而且在价值上也是彼此分离的。投入股票的资本价值不能有双重存在，即不能“一次是作为所有权证书即股票的资本价值，另一次是作为在这些企业中实际已经投入或将要投入的资本”[②]，资本的价值只能存在于后一种形式。正因为如此，作为所有权证书存在的股票才成为了虚拟资本。虚拟资本可以被当作特殊商品在市场上买卖，其价格的高低取决于人们对未来收益预期的高低，与它所代表的现实资本的价值变动完全无关。虚拟资本的运动体现着资本追逐利润的本质，虚拟资本的产生以现实资本为基础，所获得的利润也源自现实资本的生产，如果虚拟资本的规模超过了现实资本规模而无节制地发展就会引发资产泡沫。

① [德]马克思：《资本论》第3卷，北京：人民出版社，1975年，第540页。

② [德]马克思：《资本论》第3卷，北京：人民出版社，1975年，第529页。

3.虚拟资本的发展

随着信用制度的日益发展，当今时代的虚拟资本在虚拟性、虚拟程度、虚拟方式等方面已大大超越了马克思时代的虚拟资本范畴。虚拟资本的范围得到了空前扩展，收入可以资本化的不仅包括马克思当时所指出的债券、股票，还有外汇和金融衍生工具，如金融期货、股票指数、期权等。在现代经济中，由股票衍生出股指期货，由国债衍生出国债期货等金融衍生工具，可以说是虚拟资本的虚拟资本。除此之外，房地产市场上交易的房地产、外汇市场上交易的外汇，都可能成为虚拟资本形式。①

（二）虚拟经济

虚拟资本的持有和交易活动构成了虚拟经济。虚拟经济是资本价值形态的独立化运动，是以票据方式持有权益和交易权益所形成的经济活动。成思危曾经指出，虚拟经济是指与虚拟资本以金融系统为主要依托的循环运动有关的经济活动，货币资本不经过实体经济循环就可以取得盈利。简单地说，就是直接以钱生钱的活动。②

虚拟经济具有高流动性、高风险性、高投机性和不稳定性的特点。我们知道，实体经济是直接创造价值或者直接为实现价值服务的活动，是创造社会财富的活动。与此相反，尽管虚拟经济是现代经济的重要组成部分，而且适度发展虚拟经济有助于推动实体经济发展，但虚拟经济活动并不创造一个价值分子，也不会增加分毫的社会财富，而只是对现有社会财富进行重新分配。这是虚拟经济与实体经济最本质的区别。此外，还特别需要注意的是，虚拟经济的过度膨胀不仅会加剧社会贫富分化，而且还会引发严重的

---

① 参见洪银兴等:《〈资本论〉的现代解析》，北京:经济科学出版社，2005年，第305页。

② 参见钟瑛:《成思危经济思想对社会主义市场经济理论的贡献》，《中国经济时报》2015年7月31日。

经济泡沫。

三、产业

产业是社会生产力发展和社会分工的产物，是人类社会文明发展的重要组成部分，是构成实体经济的主体。在人类社会发展的漫长历史中，产业发展由简单到复杂，逐步形成了今天庞大而复杂的产业体系。无论是实体经济还是虚拟经济，都是由具体的产业构成的。

（一）产业的发展

在人类的童年时期，人们只能依靠采集和捕捞自然界现成的动植物来维持生存。大约在公元前8000年前，远古人类开始尝试通过自己的劳动，主动干预和积极参与动植物的生命过程，以获取维持生存的必要的食物。于是，出现了原始种植业、原始畜牧业。随着生产工具的改进，农业先后经历了古代农业、近代农业和现代农业三个阶段。

在人类发展的历史上，农业的出现具有十分重要的意义，它开辟了一个崭新的时代，改变了人与自然的关系。人类通过自己的劳动，改变了完全被动依赖于大自然直接恩赐的局面，托夫勒把它称为“第一次浪潮”。

原始人类为了从事采集和渔猎等生产活动开始制造简单工具，于是产生了原始手工业。在历经漫长的奴隶社会和封建社会手工业的发展后，随着18世纪中叶第一次科技革命的爆发，人类社会进入了近代工业阶段，第二次世界大战后进入了现代工业阶段。

（二）产业的概念及其构成

1.产业的概念

产业是指国民经济中生产和经营具有某些共同特征的产品

（或者劳务）的企业或者单位及其活动的集合。由于产业是一些具有相同生产技术或者产品特征的经济活动集合，是由诸多微观企业集合而成，因此，产业是国民经济的重要组成部分。

产业属于中观经济的范畴，是介于微观经济单元（企业和家庭消费者）和宏观经济单元（国民经济）之间一个集合。

2.产业的分类

从不同的研究目的和研究角度可以形成不同的产业划分标准和依据。主要分类方法有马克思的两大部类分类法、农轻重分类法、三次产业分类法、生产要素集约分类法等。

（1）两大部类分类法。马克思在《资本论》中，根据实物产品的最终用途，把社会生产部门分成两大部类，即生产生产资料的第Ⅰ部类和生产消费资料的第Ⅱ部类。同时，又从价值构成上把社会总产品分为不变资本C、可变资本V和剩余价值M三个部分。

（2）农轻重分类法。这种分类方法是根据物质生产的特点，把物质生产部门分为农业、轻工业、重工业三个门类。其中，农业主要包括种植业、畜牧业、渔业、林业；轻工业主要包括纺织、食品、服装、制革、造纸、印刷等；重工业主要包括煤炭、石油、冶金、化工等。这种分类方式对于从宏观上引导国民经济发展以及考察一个国家和地区的工业化进程具有重要意义，但其不足是忽视了非物质生产部门的发展。

（3）三次产业分类法。这种分类方法是根据产业发展的顺序，把全部经济活动分为第一产业、第二产业和第三产业。其中，第一产业，通常又称为农业，是直接从自然界获取物质产品的物质生产部门，包括农、林、牧、渔业（不含农、林、牧、渔服务业）。第二产业，通常又称为工业，是通过对自然物加工而获取物质产品的物质生产部门，主要包括采矿业（不含开采辅助活动），制造业

（不含金属制品、机械和设备修理业），电力、热力、燃气及水生产和供应业，建筑业。第三产业，也就是服务业，是提供非物质产品的非物质生产部门，是指除第一产业、第二产业以外的其他行业，主要包括批发和零售业，交通运输、仓储和邮政业，住宿和餐饮业，信息传输、软件和信息技术服务业，金融业，房地产业，租赁和商务服务业，科学研究和技术服务业，水利、环境和公共设施管理业，居民服务、修理和其他服务业，教育，卫生和社会工作，文化、体育和娱乐业，公共管理、社会保障和社会组织，国际组织，以及农、林、牧、渔业中的农、林、牧、渔服务业，采矿业中的开采辅助活动，制造业中的金属制品、机械和设备修理业等。从国民经济分析角度看，三次产业分类法简单明了、实用性强，目前普遍为世界各国所采用。

（4）生产要素集约度分类法。这种分类方法是根据产业在发展过程中对生产要素依赖程度的不同，也就是生产要素集约度的不同，把产业划分为资源密集型产业、劳动密集型产业、资本密集型产业、技术密集型产业、知识密集型产业等。资源密集型产业，亦称“土地密集型产业”，是指在生产中对自然资源投入依赖程度较大的产业，比如种植、采掘等产业。劳动密集型产业，是指在生产过程中对劳动力投入依赖程度较大的产业，比如传统种植、食品加工等产业。资本密集型产业，是指生产过程中对资本投入依赖程度较大的产业，比如钢铁、机械制造、化工等产业。技术密集型产业，是指在生产过程对技术投入依赖程度较大的产业，比如航空航天、电子信息、新材料等产业。知识密集型产业，是指在生产过程中对知识投入依赖程度较大的产业，比如科学研究、教育、创意等产业。

第二节　学理依循

实体经济是立国之本、强国之基。任何时候我们都不能忽视实体经济的发展。习近平总书记高度重视实体经济的发展。2013年8月，习近平总书记在辽宁考察时强调指出："实体经济是国家的本钱，要发展制造业尤其是先进制造业，加强技术创新，加快信息化、工业化融合。"2017年4月，习近平总书记在广西视察时指出："一个国家一定要有正确的战略选择，我国是个大国，必须发展实体经济，不断推进工业现代化、提高制造业水平，不能脱实向虚。"我们为什么要如此高度重视实体经济的发展呢？

一、马克思的唯物史观

马克思主义唯物史观认为，物质生产是人类社会存在和发展的基础。没有了物质生产，人类社会也就失去了发展的根基。

马克思恩格斯在《德意志意识形态》一文中指出："我们首先应当确定一切人类生存的第一个前提也就是一切历史的第一个前提，这个前提就是：人们为了能够'创造历史'，必须能够生活。但是为了生活，首先就需要衣、食、住以及其他东西。因此第一个历史活动就是生产满足这些需要的资料，即生产物质生活本身。"[①]恩格斯在《在马克思墓前的讲话》中指出："人们首先必须吃、喝、住、穿，然后才能从事政治、科学、艺术、宗教等等；所以，直接的物质的生活资料的生产，从而一个民族或一个时代的一定的经济发展阶段，便构成基础。"[②]由此可见，人类社会要生存和发展，就必须首先

① 《马克思恩格斯文集》第1卷，北京：人民出版社，2009年，第531页。

② 《马克思恩格斯文集》第3卷，北京：人民出版社，2009年，第601页。

解决物质生活资料的生产和供应问题，而这些离开了实体经济便无从谈起。

二、马克思的劳动价值论

经济力是综合国力的物质基础。然而，经济力的发展和提升必须牢固建立在实体经济的发展之上。英国经济学鼻祖亚当·斯密(Adam Smith)在其出版的《国民财富的性质和原因的研究》一书中指出："国民财富非由不可消费的货币财富构成，而由社会劳动每年所再生产的可消费的货物构成。"[①]孙中山先生曾经深刻认识到发展实体经济对于富国强民的重要性，他指出："实业之发展，不仅为政治进步之所必需，实亦为人道之根本。""国人苟能多一实业，则国家多一分之富矣。"[②]1921年其在《实业计划》一书中不仅完整提出了实业兴国思想，更是疾呼"发展实业，乃振兴中华之本"。

马克思的劳动价值论认为，劳动是价值的唯一源泉。只有发展实体经济才能不断创造出更加丰裕的社会财富，才能不断提升经济力。尽管虚拟经济的适度发展能够促进实体经济发展，但虚拟经济具有明显的寄生性。如果脱离实体经济，虚拟经济就成了无源之水、无本之木。而且，一旦虚拟经济过度膨胀，还会产生经济泡沫，损害实体经济发展甚至引发经济危机。因此，无论是全面建成小康社会，还是实现中华民族伟大复兴，都必须牢牢建立在实体经济发展基础之上。有鉴于此，习近平总书记反复强调，我们这么一个大国要强大，要靠实体经济，不能泡沫化。

---

① [英]亚当·斯密：《国民财富的性质和原因的研究》下卷，郭大力、王亚南译，北京：商务印书馆，1974年，第244页。

② 《孙中山全集》第3卷，北京：中华书局，1984年，第19、332页。

三、现代产业体系理论

国家强，经济体系必须强。建设现代化经济体系，是顺应我国社会主要矛盾转化和实现高质量发展的必然要求，是实现“两个一百年”奋斗目标的战略抉择。现代产业体系是现代化经济体系的基础和重要支撑，因此，建设现代产业体系是构建现代化经济体系的核心要义。只有全面建设现代化产业体系，才能更好顺应现代化发展潮流，才能使我国在国际竞争中真正赢得主动。党的十九大提出，要着力加快建设实体经济、科技创新、现代金融、人力资源协同发展的产业体系。把实体经济置于构成产业体系“四位”要素之首，凸显了实体经济在国民经济发展中的地位和作用。实体经济是国民经济的脊梁，是国家经济赖以存在的基础，是现代化经济体系的主体，关乎我国现代化经济体系建设的质量以及我国未来国际竞争力的状况。因此，无论任何时候，实体经济都是我国经济社会发展的根基，动摇不得。如果这个根基动摇了，那么我国经济就不可能行稳致远，也难以在激烈的国际竞争中赢得主动。为此，建设现代化经济体系，必须把实体经济放到更加突出的位置抓牢抓实抓好。

当前，尽管我国已经是全球制造业大国和世界第二大经济体，但近年来我国实体经济发展面临着发达国家和发展中国家的双重挤压，尤其是在主要发达国家重新聚焦实体经济，实施“再工业化”战略、“工业 4.0 计划”，吸引投资回流重振制造业优势，以及一些新兴经济体依托低成本优势及政策吸纳国际产业转移、建设新的“世界工厂”的大背景下，未来我国实体经济发展将面临更加激烈的市场竞争。重振以高端制造业为主体的实体经济成为当今世界各国各地区竞争的焦点，当然也必须是新时代建设现代化经济体系的着力点和主要支撑。我们必须坚定不移地把经济发展和现代化经济体系建设的着力点放在发展实体经济上，不断推动优质资源向实体经济集聚、政策举措向实体经济倾斜、工作力量向实体经济加强，不断开创我国实体经济高质量持续发展的新局面。

四、危机应对战略

2008 年世界金融危机爆发后，发达国家纷纷提出“再工业化”“实业再造”“重回制造业”等战略，开始向以制造业为主体的实体经济回归。以美国为首的发达国家制定再制造业化战略，源于金融危机，但并不限于应对危机，而是有着更加深刻复杂的背景。新一轮产业革命来势迅猛，以新一代信息技术、新能源、新材料、生物技术等为代表的新技术革命正在蓬勃兴起，主要国家正在为抢占新技术领域的制高点谋篇布局。

2009 年美国颁布了《美国创新战略：促进可持续增长和提供优良的工作机会》，将培育和发展新能源、新材料为代表的产业作为抢占新一轮国际竞争制高点的重要突破口。2010 年美国制定了《奥巴马——拜登新能源计划》，提出在今后 10 年内投资 1500 亿美元，重点发展混合动力型汽车、下一代生物燃料、洁净煤技术等，力争使美国成为世界新能源产业发展的领导者。2008 年法国政府宣布建立 200 亿欧元的战略投资基金，主要用于对能源、汽车、航空、防务等战略企业的投资与入股。2009 年日本提出了新增长战略，重点发展环保型汽车、电力汽车、医疗与护理、文化旅游和太阳能发电等产业。

新一轮产业革命与新技术突破，将重塑全球经济格局，对各国而言，均是机遇与挑战并存。发达国家试图借助实施再制造业化战略，谋求在未来全球新技术、新产业竞争中占据有利地位。面对严峻复杂的国际国内经济形势，我们应更加注重发展实体经济，鼓励资金、要素更多投向实体经济。在当前国际背景下，如果我们仍不重视实体经济发展，不仅我们在制造业领域的既有优势很容易失去，而且实现经济发展"稳中求进"的目标也会失去必要支撑。

实践充分证明，大国经济唯有建立在实体经济发展的坚实基础之上才能实现持续健康发展。经过改革开放 40 多年来的快速发展，我国经济总量已经稳居世界第二，并且成为世界制造业第一大国，但与发达国家的制造业水平相比，我国制造业在技术创新、质量效率、品牌服务、环境友好等方面还存在较大的差距，特别是在一些关键技术领域长期受制于人。面向未来，我们必须把提高供给质量作为主攻方向，推动质量变革、效率变革和动力变革，从追求数量、速度转向重视质量、效益，努力改造提升传统产业，加快培育壮大新兴产业，以推动实体经济高质量发展，为我国在国际经济竞争中赢得主动和长期平稳健康发展奠定坚实的基础。

第三节　实践路径

改革开放以来，我国实体经济发展取得了举世瞩目的成就。但与此同时，也产生和累积了一系列的矛盾和问题。要强化问题意识，坚持问题导向，明确发展方向和目标，着力破解发展难题，不断夯实实体经济发展基础。

一、实体经济发展的思路

针对我国经济整体发展质量不高的现实，必须把发展经济的着力点放在如何做强做优实体经济的竞争力上，把提高供给体系质量作为经济发展和改革的主攻方向。

(一)推动产业结构高级化

坚持转型升级,促进产业结构调整和优化,是提升产业核心竞争力、解决我国产业发展低端锁定和产能过剩的必然选择。一是在产业结构上,坚持协调发展。积极促进三次产业协调互动融合发展。二是在产业形态上,坚持高端发展。大力发展战略性新兴产业、先进制造业和现代服务业。三是在产业组织上,坚持集聚发展。立足实际,发挥优势,突出重点,积极培育壮大现代产业集群。为此,党的十八届五中全会提出推动我国产业迈向中高端水平。要坚持走新型工业化道路,形成以高新技术产业为先导、基础产业先进制造业为支撑、服务业全面发展的格局,加快产业转型升级,促进产业结构调整优化,培育和提升产业核心竞争力,构建现代产业体系。

(二)推动产业发展融合化

融合化是现代产业发展的重要特征。通过产业融合,不仅可以创造新产业新业态,还可以有效拓展产业发展空间,提升产业综合竞争力。推进产业融合,主要是促进"两个融合",即努力促进服务业与农业融合发展、促进服务业与制造业融合发展。在现代社会中,制造业的发展与服务业越来越密不可分。研究表明:一件工业品70%的附加值来自服务业。制造业与服务业融合通常有三种模式。一是结合型融合。一方面,制造业的发展需要大量服务产品投入,如市场调研、产品研发、员工培训、管理咨询和销售服务等;另一方面,服务业最终产品的提供需要大量制造业产品的支撑,如在移动通信、互联网、金融等服务提供过程中无不依赖于大量的制造业"硬件"投入。二是绑定型融合。越来越多的制造业产品必须与相应的服务业产品绑定在一起才能使用。三是延伸型融合。延伸型融合是指以体育文化产业、娱乐产业为代表的服务业引致周边衍生产品的生产需求，从而带动相关制造产业的共同发展。电影、动漫、体育赛事等能够带来大量的衍生品消费，包括服装、食品、玩具、装饰品、音像制品、工艺纪念品等实体产品。资料显示，美国电影票房一般只占到电影收入的1/3，其余则来自相关的电影衍生产品；在动漫游戏的庞大产业链中，有70%～80%的利润是依靠周边产品来实现的。

从我国经济发展实践看，制造业与服务业的融合发展还存在着明显不足，这主要表现在以下几个方面：一是制造业低端锁定对服务业"拉力"不足；二是生产性服务业发展滞后，对现代制造业"推力"不够；三是跨行业的复合型人才对服务业"支撑力"不够；四是产业融合发展的规划和政策对服务业发展"引导力"不足。

（三）推动产业高技术化

世界新一轮科技革命和产业革命正在兴起，高新技术领域的竞争日益加剧。谁掌握技术，谁就会在全球竞争中占据主动。改革开放以来，我国产业整体发展水平有了大幅度提升，但总的来看仍以中低端产业为主，技术含量普遍不高，尤其是缺少核心技术和自主知识产权，缺少核心零部件和关键装备，产业国际竞争力不强，产业附加值明显偏低，产业发展还缺乏强有力的技术支撑。目前，我国科技创新和技术进步虽然取得了举世瞩目的成效，但与发达国家相比还存在着较大差距，很多方面还亟待加强和改进。一是研发投入比重还不够高。2019年我国全社会的研发投入为2.17万亿元，占GDP的比重为2.19%，与北欧一些先进国家3%～3.5%的比重相比差距较大。从企业角度看，研发投入更加不足，我国规模以上企业研发投入占销售收入的比重为0.9%，而发达国家一般平均都在2%以上。二是科技成果转化不够，贡献率有待提升。我国在核心技术、关键技术上对外依存度高达50%，高端产品开发70%的技术要靠外援,重要的零部件80%需要进口,一些关键的芯片甚至是100%依赖进口,其花费远远超过原油进口的支出。[①]

二、实体经济发展的重点

调整优化产业结构是提升产业核心竞争力,解决中国产业发展低端锁定和产能过剩、提高实体经济发展质量和效益的必然选择。产业结构转型升级的路径和目标是:产业结构高度化、产业价值链高度化和产业加工度高度化。具体而言,推进产业结构转型升级,需要抓好以下几个方面。

(一)大力发展战略性新兴产业,引导实体经济发展的未来

战略性新兴产业是以重大技术突破和重大发展需求为基础,对经济社会全局和长远发展具有重大引领带动作用,知识技术密集、物质资源消耗少、成长潜力大、综合效益好的产业。当前要加快培育和发展节能环保、新一代信息技术、生物、高端装备制造、新能源、新材料和新能源汽车等。[②] 通过大力发展战略性新兴产业,不断培育新的经济增长点,打造新的竞争优势,抢占未来产业发展的制高点。

(二)大力发展先进制造业,促进中国实体经济由大变强

先进制造业是相对于传统制造业而言的,指制造业不断吸收电子信息、计算机、机械、材料以及现代管理技术等方面的高新技术成果,实现信息化、自动化、智能化、柔性化、生态化生产,取得良

---

① 参见刘璐璐:《专家:我国核心关键技术对外依存度高达50%》,《经济参考报》2015年12月22日。

② 参见《国务院关于加快培育和发展战略性新兴产业的决定》(国发〔2010〕32号),中华人民共和国中央人民政府网,2010年10月18日,http://www.gov.cn/zwgk/2010-10/18/content_1724848.htm。

好经济社会和市场效果的制造业总称。发展先进制造业尤其要重视装备制造业的发展。装备制造业号称“工厂的制造者”，特别是高端装备制造业，处于价值链高端和产业链的核心环节，决定着整个产业链的综合竞争力，是现代产业体系的脊梁，是推动工业转型升级的引擎，对于带动整个制造业转型升级具有战略意义。当前，在我国工业全部22个大类中，纺织品、电力装备、交通工具等七大类行业规模名列全球第一，我国已成为全球制造业第一大国，但我国制造业大而不强。2015年，我国政府工作报告提出实施“中国制造2025”，推动中国由制造业大国向制造业强国迈进。2015年5月8日，国务院公布了《中国制造2025》，这是中国版的“工业4.0”规划，提出要更多依靠中国装备、依托中国品牌，实现中国制造向中国创造的转变、中国速度向中国质量的转变、中国产品向中国品牌的转变，完成中国制造由大变强的战略任务。

（三）大力发展现代服务业，提升中国实体经济发展水平

现代服务业是指以现代科学技术特别是信息网络技术为主要支撑，建立在新的商业模式、服务方式和管理方法基础上的服务产业。它既包括随着技术发展而产生的新兴服务业态，也包括运用现代技术对传统服务业的改造和提升。现代服务业是促进产业转型升级的先导性和支撑性产业，特别是生产性服务业的发展，对于促进中国发展方式转变、优化产业结构、培植核心竞争力、提升整体经济发展水平，具有战略意义。当前，应重点关注金融保险业、现代物流业、信息服务业、商务服务业、科研技术服务业、文化体育和娱乐业、居民社区服务业等生产性服务业和新兴服务业的发展。

三、实体经济发展的实践举措

党的十八大报告提出，要牢牢把握发展实体经济这一坚实基

础,实行更加有利于实体经济发展的政策措施。为进一步夯实实体经济发展的基础,必须做到“六个坚持”。

(一)坚持把再造实业精神作为必要前提

全社会要牢固树立实业为本、实业立国的理念。虽然虚拟经济发展有助于实体经济发展,但只有实体经济才是本源性的,虚拟经济以实体经济为基础,它必须在实体经济发展所需要的限度内发展,并始终服务于实体经济的发展。如果虚拟经济过度膨胀,甚至脱离实体经济自我循环,那么,不仅不能带来社会财富的有效增加,反而还会助推资产泡沫,冲击实体经济的健康发展,甚至引发经济危机。由此可见,必须在全社会大力宣扬实业为本、实业立国理念,大力培育有利于实体经济发展的社会舆论环境,坚决遏制日益弥漫的浮躁之气、投机炒作之风,努力在全社会形成脚踏实地、勤劳创业、实业致富的社会氛围,切实尊重每一个劳动者的价值创造和创新潜能,大力褒扬每一位企业家坚守的品格和实业精神。

(二)坚持把提高质量和效益作为立足点

党的十九大报告指出,建设现代化经济体系,必须把发展经济的着力点放在实体经济上,把提高供给体系质量作为主攻方向,显著增强我国经济质量优势。做强做优做大实体经济、提高供给体系质量是解决中国经济当前关键短板的治本之策。2013 年 11 月,习近平总书记在湖南考察期间强调,要全面认识持续健康发展和生产总值增长的关系,防止把发展简单化为增加生产总值,一味以生产总值排名比高低、论英雄。转方式、调结构是我们发展历程必须迈过的坎,要转要调就要把速度控制在合理范围内,否则资源、资金、市场等各种关系都绷得很紧,就转不过来、调不过来。各级都要追求实实在在、没有水分的生产总值,追求有效益、有质量、可持续的经济发展。

1.深化供给侧结构性改革

提高实体经济发展质量和效益，要紧紧抓住供给侧结构性改革这个“牛鼻子”。2016 年，习近平总书记在中央经济工作会议上进一步明确，振兴实体经济是供给侧结构性改革的主要任务，供给侧结构性改革要向振兴实体经济发力、聚力。推进供给侧结构性改革，是一场硬仗。要把握好“加法”和“减法”、当前和长远、力度和节奏、主要矛盾和次要矛盾、政府和市场的关系，紧密结合我国实体经济发展质量不高的现状，特别是低端产能过剩、高端产能不足的现实，积极推进并不断深化供给侧结构性改革，通过深入实施“三去一降一补”，坚决去除低端低质低效过剩产能，大力发展战略性新兴产业，积极改造提升传统产业，补齐创新不足短板，不断提高供给体系质量和效率，使供给更好满足需求。

2.培育壮大现代产业集群

产业集群是现代经济的重要特征和区域竞争力的重要来源。国家竞争优势的获得，关键在于产业的竞争，而产业的发展往往取决于有竞争力的产业集群。美国哈佛大学的迈克尔·波特(Michael E. Porter)教授通过对 9 个经济发达国家具有国际竞争力的产业进行分析后认为，在国际市场上具有竞争优势的产品，来自一些特定地区，这些产业在该地区总是以集群方式存在着。比如，20 世纪 90 年代中期，美国 380 个地方产业群的产值达到全国总产值的 60%，印度约有 350 个中小企业集群，出口产品占印度全国的 60%。[①] 可见，推动我国实体经济发展，提升产业和国家竞争力，关键在于培育产业集群。通过产业集群化发展，发挥产业集聚效应和规模效应，提升产业发展效益和综合竞争力。就全国而言，

① 参见[美]迈克尔·波特：《国家竞争优势》，李明轩、邱如美译，北京：中信出版社，2007 年，第 775 页。

各地区发展实体经济，要立足实际，确立适合自己的发展思路，找准重点，充分发挥自身的资源、区位等禀赋优势，走专业化、规模化、品牌化发展的路子，培育重点企业，形成特色产业，发挥品牌效应，把比较优势转化为市场优势和经济优势。

（三）坚持把产业转型升级作为主攻方向

当前，我国产业大多仍处于世界产业链和价值链的低端，表现为：我国出口商品大多数是低技术含量、低单价、低附加值的“三低”产品，进口的则是高技术含量、高附加值和高价格的“三高”产品。比如，我国是世界第一钢铁生产大国，但高档钢材却高度依赖进口。我国产业发展水平低突出表现在四个方面。一是自主创新能力薄弱。关键共性技术缺失，企业技术创新仍主要处于跟随模仿阶段。二是基础配套能力不足。关键材料、核心零部件严重依赖进口。三是部分领域产品质量可靠性有待提升。缺少能与国外知名品牌相抗衡的自主品牌，世界装备制造业中90％的知名商标所有权掌握在发达国家手中。四是产业结构不合理。低端产能过剩、高端产能不足。

随着我国迈入经济高质量发展阶段，必须通过产业结构高级化破解我国产业发展低端锁定和产能过剩的问题。产业结构高级化，通常有四种路径。一是推进产业由价值链低端向中高端迈进。在产业的价值链条上，包括设计、原料采购、仓储运输、订单处理、批发经营、终端零售在内的非制造环节处于整个产业利润的高端，而生产制造环节处于产业链的最低端。二是产业高技术化。高技术产业具有知识技术密集、研发人员和研发投入比重高以及资源消耗少、环境污染少等特点，对社会和经济的发展具有极为重要的意义。高新技术产业主要包括信息技术、生物技术、新材料技术三大领域。三是产业高加工度化。通过对原材料的深加工和精深加工，拉长产业链，提升价值链。四是产业高集聚化。产业集群是现代经济的重要特征和区域竞争力的重要来源。发展实体经济，要立足本地实际，充分发挥自身的资源、区位等比较优势，培育特色产业集群，把比较优势转化为市场优势和经济优势。

（四）坚持把创新驱动作为根本动力

党的十八大报告指出，科技创新是提高社会生产力和综合国力的战略支撑，必须摆在国家发展全局的核心位置。习近平总书记反复强调，创新是引领发展的第一动力。抓创新就是抓发展，谋创新就是谋未来。不创新就要落后，创新慢了也要落后。与科技发达国家相比，中国还存在较大差距。必须把创新摆在发展全局的核心位置，塑造更多依靠创新驱动、更多发挥先发优势的引领型发展，加快建设创新型国家。要坚持走中国特色自主创新道路，以全球视野谋划和推动创新，提高原始创新、集成创新和引进消化吸收再创新能力，更加注重协同创新。要加快建设国家创新体系，着力构建以企业为主体、市场为导向、产学研相结合的技术创新体系。要加强关键核心技术和共性技术攻关，力争在高端装备、信息网络、系统软件、关键材料等重大领域取得突破。要着力增强创新驱动发展新动力，注重发挥企业家才能，加快科技创新，加强产品创新、品牌创新、产业组织创新、商业模式创新。坚持需求导向和产业化方向，强化基础研究和应用研究衔接融合，实施重大科技创新工程，着力突破制约产业发展的共性关键技术，研发具有自主知识产权的高端核心装备，推动“中国制造”向“中国创造”“中国智造”跃升。要强化创新人才支撑，牢固树立人才是第一资源理念，打好培养、吸引、留住、用好人才的组合拳，广聚天下英才，建设人才强国。总之，要紧紧依靠科技创新，不断培育新的产业，创造新的需求，开辟新的经济增长点，突破中国产业发展在全球价值链中的低端锁定。

(五)坚持把发展民营经济作为突破口

发展民营经济要重视中小微企业的发展。中小微企业主要集中在制造业、农业、服务业和高新技术产业等实体经济领域,其发展状况已经成为我国实体经济的晴雨表,扶持中小微企业发展是巩固和发展实体经济的重要内容。

民营经济是社会主义市场经济的重要组成部分。大力发展民营经济是富民之道,是活力之源,是发展社会主义市场经济的题中应有之义。正如习近平总书记2018年11月1日在民营企业座谈会上的讲话中所指出的:"改革开放40年来,我国民营经济从小到大、从弱到强,不断发展壮大。截至2017年底,我国民营企业数量超过2700万家,个体工商户超过6500万户,注册资本超过165万亿元。概括起来说,民营经济具有'五六七八九'的特征,即贡献了50%以上的税收,60%以上的国内生产总值,70%以上的技术创新成果,80%以上的城镇劳动就业,90%以上的企业数量。……我国民营经济已经成为推动我国发展不可或缺的力量,成为创业就业的主要领域、技术创新的重要主体、国家税收的重要来源,为我国社会主义市场经济发展、政府职能转变、农村富余劳动力转移、国际市场开拓等发挥了重要作用。……我国经济发展能够创造中国奇迹,民营经济功不可没!"[①]可见,我们必须毫不动摇地鼓励、支持、引导民营经济发展,保证民营经济依法平等使用生产要素、公平参与市场竞争、同等受到法律保护,不断优化民营经济发展环境,不断拓展民营经济发展空间。与此同时,由于民营企业以中小微企业为主,因此,发展民营经济要特别关注中小微企业的发展,

① 习近平:《在民营企业座谈会上的讲话》,新华网,2018年11月1日,http://www.xinhuanet.com/politics/2018-11/01/c_1123649488.htm。

把扶持中小微企业发展作为巩固和发展实体经济的重要内容。要实施中小微企业成长工程，增强企业创新能力，提高企业“专精特新”和集群发展水平，增强中小微企业生存能力、竞争能力和可持续发展能力。要落实好支持中小微企业发展的各项政策措施，扶持好中小微企业特别是科技型中小微企业的发展。

（六）坚持把优化环境作为基础保障

优化实体经济发展环境，首先，要提高政府行政效能。减少和调整行政审批事项，消除乱收费，杜绝寻租腐败，净化实体经济发展环境。其次，要完善政策支持体系。要深化财税金融体制等各项制度改革，不断优化财政支出结构，加大对实体经济支持力度；千方百计鼓励和引导金融信贷、社会资本重回实体经济。再次，要形成实体经济和虚拟经济协调发展机制。正确处理实体经济与虚拟经济的关系，引导虚拟经济围绕和服务于实体经济合理发展，抑制社会资源脱“实”向“虚”和资产泡沫过度膨胀，不断构建和优化有利于实体经济健康发展的环境。习近平总书记在2015年中央经济工作会议上指出，大量资金流向虚拟经济，使资产泡沫膨胀，金融风险逐步显现，社会再生产中的生产、流通、分配、消费整体循环不畅。这是一个绕不过去的历史关口。如果不能抓住时机进行战略性调整，不能破旧立新，就很难渡过这个关口，问题积重难返，就会影响整个战略目标的实现。

第五章 建设创新型国家

党的十九大报告强调,创新是引领发展的第一动力,是建设现代化经济体系的战略支撑,并把加快建设创新型国家作为建设现代化经济体系的一个重要方面。加快建设创新型国家,是我国进入新时代实现现代化强国目标的内在要求,是解决我国新时代社会主要矛盾的必然选择,是抢抓新科技革命和产业变革历史机遇、提高国际竞争力的战略举措。创新型国家建设的过程和成果都将进一步为实现第二个百年奋斗目标提供强大动能。

第一节 基本概念

一、创新型国家建设

(一)创新型国家的含义和特征

对什么是创新型国家,国际学术界做了如下界定:把科技创新作为基本战略,大幅度提高科技创新能力,形成日益强大的竞争优势。目前世界上公认的创新型国家有 20 个左右,包括美国、日本、芬兰、韩国等。这些国家的共同特征是:创新综合指数明显高于其他国家,科技进步贡献率在70%以上,研发投入占GDP的比重一般在2%以上,对外技术依存度指标一般在30%以下。此外,这些国家所获得的三方专利(美国、欧洲和日本授权的专利)数占世界专利的绝大多数。

一般认为,将科学技术创新作为国家发展基本战略,大幅度提高自主创新能力,主要依靠科技创新来驱动经济发展,以企业作为自主创新的主体,通过制度、组织和文化创新,积极发挥国家创新体系的作用,形成强大国际竞争优势的国家称为创新型国家。

(二)创新型国家战略的提出与发展

1.创新型国家战略的提出

当今世界,创新已经成为推动经济社会发展的核心驱动力。新中国成立以来,历代领导人都非常重视科技创新。党的十六大以来,我们党深刻认识到世界新科技革命带来的机遇和挑战,把创新作为推动经济社会发展的驱动力量。2006年,全国科技大会提出自主创新、建设创新型国家战略。党中央、国务院做出的建设创新型国家的决策,是在科学分析时代发展特征和我国基本国情、全面判断我国战略需求的基础上提出来的,是事关社会主义现代化建设全局的重大战略决策。根据有关研究报告,2004年我国科技创新能力在49个主要国家(占世界GDP的92%)中位居第24位,处于中等水平。“无论是从我国面临的资源约束增强和维护经济安全的形势看,还是从国际科技竞争加剧和知识产权保护强化的趋势看,我国已经到了更多必须依靠增强自主创新能力和提高劳动者素质推动经济发展的历史阶段。”[①]要把科技进步和创新作为

---

① 《胡锦涛在中央经济工作会议上的讲话》,人民网,2005年11月29日,http://www.people.com.cn/GB/jinji/222/2322/index.html。

经济社会发展的首要推动力量，把提高自主创新能力作为调整经济结构、转变增长方式、提高国家竞争力的中心环节，把建设创新型国家作为面向未来的重大战略。

2006年起开始实施的《国家中长期科学和技术发展规划纲要(2006～2020)》提出了建设创新型国家的战略目标，确定了我国建设创新型国家的标准：到2020年，全社会研究开发投入占国内生产总值的比重提高到2.5%以上，力争科技进步贡献率达到60%以上，对外技术依存度降低到30%以下，本国人发明专利年度授权量和国际科学论文被引用数均进入世界前5位。2007年10月15日，胡锦涛在党的十七大报告中明确指出："提高自主创新能力，建设创新型国家。这是国家发展战略的核心，是提高综合国力的关键。要坚持走中国特色自主创新道路，把增强自主创新能力贯彻到现代化建设各个方面。"[①]2012年7月2日，中共中央、国务院印发《关于深化科技体制改革加快国家创新体系建设的意见》，这是指导我国科技改革发展和创新型国家建设的又一个纲领性文件。2012年7月6日至7日，全国科技创新大会召开，党中央、国务院对深化科技体制改革，加快创新型国家建设进一步做出重要部署。

自2006年我国确立了建设创新型国家战略和我国新世纪第一个中长期科技发展规划的正式实施，标志着全党全社会对科技创新重要性的认识达到了一个新的高度，对我国未来科学技术的发展产生持续而深远的影响。"十一五"以来，我国的国家创新体系建设，特别是产学研结合的技术创新体系取得了显著成效。在这一时期，各项科技计划顺利实施，基础研究得到加强，高技术产业快速发展，科技投入持续增加，科技实力不断增强，我国已跻身

---

① 胡锦涛：《高举中国特色社会主义伟大旗帜 为夺取全面建设小康社会新胜利而奋斗——在中国共产党第十七次全国代表大会上的报告》，《人民日报》2007年10月25日。

世界科技大国之列。在这期间，我们取得了“嫦娥”卫星奔月、“神舟”七号载人飞行、“天河一号”超级计算机等一系列举世瞩目的成就，奏响了自主创新、建设创新型国家的时代强音。[①]

2.创新型国家战略的发展

党的十八大明确提出科技创新是提高社会生产力和综合国力的战略支撑，必须摆在国家发展全局的核心位置。强调要坚持走中国特色自主创新道路，实施创新驱动发展战略。2015 年 3 月 13 日出台了《中共中央 国务院关于深化体制机制改革加快实施创新驱动发展战略的若干意见》，该意见指出，到 2020 年，基本形成适应创新驱动发展要求的制度环境和政策法律体系，为进入创新型国家行列提供有力保障。同年我国还发布了《深化科技体制改革实施方案》。2016 年 5 月，中共中央、国务院发布了《国家创新驱动发展战略纲要》，提出了创新型国家建设的战略目标。第一步，到 2020 年，我国进入创新型国家行列，基本建成中国特色国家创新体系，有力支撑全面建成小康社会目标的实现。第二步，到 2030 年，我国跻身创新型国家前列，发展驱动力实现根本转换，经济社会发展水平和国际竞争力大幅提升，为建成经济强国和实现共同富裕奠定坚实基础。第三步，到 2050 年，我国建成世界科技创新强国，成为世界主要科学中心和创新高地，为我国建成富强民主文明和谐的社会主义现代化国家、实现中华民族伟大复兴的“中国梦”提供强大支撑。党的十九届五中全会提出，到 2035 年，我国进入创新型国家前列。

党的十八大以来，随着我国创新驱动发展战略大力实施，创新型国家建设成果丰硕。我国科技整体水平处于从量的积累向质的

① 参见《“十一五”经济社会发展成就系列报告之十五：科技发展成果丰硕》，国家统计局网，2011 年 3 月 11 日，http://www.stats.gov.cn/ztjc/ztfx/sywcj/201103/t20110311_71328.html。

飞跃、点的突破向系统能力提升的重要时期。中国研发经费投入强度持续提升，中国研发经费投入总量目前仅次于美国，居世界第二位。研发人员总量从2016年的387.8万人年，增长到2020年的509.2万人年，连续多年居世界第一。[①] 2019年，中国发表高质量国际论文59867篇，占世界份额的31.4%，世界排名第2位。截至2020年9月，中国高被引论文数为37170篇，占世界份额为23%，世界排名第2位。[②] 发明专利的申请量、授权量居世界第一位，有效专利数量居世界第三位；2019年，中国提交专利合作条约(PCT)国际专利申请量跃居世界第一；2020年科技进步贡献率超过60%。从这些指标来看，我国已经是名副其实的科技大国。国家创新能力在国际上的排名大幅度跃升，“2019年全球创新指数”和“2020年全球创新指数”中国排名均居第14位，2021年上升到第12位，已经成功跻身全球创新领导者行列。天宫、蛟龙、天问、九章、天眼、悟空、墨子、大飞机等重大科技成果相继问世，充分彰显中国创新能力的提升。

进入新时代，我国社会主要矛盾也发生了变化，已经由原来的人民群众日益增长的物质文化需要与落后的社会生产之间的矛盾转化为人民日益增长的美好生活需要和不平衡不充分的发展之间的矛盾。要解决这一主要矛盾，大力提升发展质量和效益，必须实施创新型国家发展战略。同时，随着新一轮技术革命和产业变革的兴起，科技在经济发展中具有越来越重要的地位，科技创新已经成为增强综合国力和国家核心竞争力的决定性因素，创新型国家

① 参见《研发人员规模世界第一！科研精神在新时代薪火相传》，中国科技信息，2021年8月28日，https://mp.weixin.qq.com/s/RofD5t0PhpKcGfNJpjwBBw。

② 参见《2020年中国科技论文统计结果在京发布》，中国日报网，2020年12月29日，https://baijiahao.baidu.com/s?id=1687398482114191660&wfr=spider&for=pc。

建设是全球竞争的大势所趋。2017 年 10 月 18 日,习近平总书记在党的十九大指出,加快建设创新型国家。党的十九届五中全会也提出,要坚持创新在我国现代化建设全局中的核心地位,把科技自立自强作为国家发展的战略支撑,加快建设科技强国。

二、创新型国家建设的相关概念

(一)创新

国际上对创新的研究起源于美籍奥地利经济学家熊彼特(J. Schumpeter)提出的创新理论,他于 1912 年在其著作《经济发展理论》中首次提出"创新"概念。熊彼特认为,创新是指改变一种生产函数,或者建立一种新的生产函数,即建立新的生产要素的组合比例或生产方法的新组合的过程。按照熊彼特的说法,创新包含了两个不可分割的基本过程:一是发明,二是把发明成果引入商业应用领域,形成一种新的生产能力。其中,后者比前者更重要。熊彼特认为创新包括五种情况:一是引入一种新的产品或者赋予产品一种新的特性;二是引入一种新的生产方法,它主要体现为生产过程中采用新的工艺或新的生产组织方式;三是开辟一个新的市场;四是获得原材料或半成品新的供应来源;五是实现一种新的工业组织。即把创新分为产品创新、工艺创新、市场创新、原材料创新、组织创新。熊彼特的创新概念包含的范围很广,既涉及技术性变化的创新又涉及非技术性变化的创新。后来人们又把创新划分为技术创新和制度创新两大类型,技术创新和制度创新都是从创新概念演化而来的,它们都是创新的一个重要组成部分。

美国学者曼斯菲尔德(E. Mansfield)认为,创新"就是一项发明的首次应用”[①]。美国管理学家德鲁克(Peter Drucker)认为,“创新的行为就是赋予资源以创造财富的新能力”[②]。中国科学技术部前部长朱丽兰指出:“创新不是‘创造新东西’的简单缩写,而是具有特定的经济内涵。……创新与发明和发现的不同之处在于它是一种具有经济社会目标导向的行为,一般来说,为了使一项发明带来利润就需要创新,但一项创新不一定要基于一项发明。”[③]

目前,在技术创新经济学文献中,人们对技术创新的界定并不完全一致。一般认为,技术创新是一个从新思想的产生,到产品计划、试制、生产、营销和市场化的一系列活动,也是知识的创造、流通和应用的过程。其实质是新技术的产生和商业应用,而管理、组织和服务的改善也在其中发挥着重要作用。[④]

制度(institution)通常被定义为一套行为规则。美国制度学派经济学家诺斯(D. North)和戴维斯(L. E. Davies)认为,制度创新指的是能够使创新者获得追加或额外利益的、对现存制度(指具体的政治经济制度,如金融组织、银行制度、公司制度、工会制度、税收制度、教育制度等)的变革。促成制度创新的因素有三种:市场规模的变化、生产技术的发展以及由此引起的一定社会集团或个人对自己收入预期的变化。制度创新基本上可分为两种类型:一种是诱致性制度变迁,另一种是强制性制度变迁。诱致性制度变迁指的是现行制度安排的变更或替代,由个人或一群(个)人,在响应获利机会时自发倡导、组织和实行。强制性制度变迁由政府

---

① 转引自李正风、曾国屏:《中国创新系统研究——技术、制度与知识》,济南:山东教育出版社,1999 年,第 24～25 页。

② [美]彼得·德鲁克:《创新和企业家精神》,《世界经济科技》周刊编辑室译,北京:企业管理出版社,1989 年,第 30 页。

③ 朱丽兰:《知识正在成为创新的核心》,《人民日报》1998 年 7 月 23 日。

④ 参见柳卸林:《21 世纪的中国技术创新系统》,北京:北京大学出版社,2000 年,第 5 页。

命令和法律引入和实行。

在党的十八届五中全会上，习近平总书记提出创新发展理念，创新的概念拓展为以科技创新为核心的全面创新，包括理论创新、技术创新、制度创新、管理创新、商业模式创新、文化创新等，其中最重要的是技术创新。随着经济的发展，人们对创新活动及其对经济社会的影响逐渐深入。创新成为推动经济增长、增强国家竞争力、提高人民生活水平的核心动力。创新成为引领发展的第一动力。

（二）创新体系

创新体系（innovation system）又称“创新系统”，所谓技术创新体系，指的是技术创新的多个主体之间具有互动作用，形成一个创新网络系统。国家创新体系的基本含义是指由公共和私有部门和机构组成的网络系统，强调系统中各行为主体的制度安排及相互作用。具体而言，国家技术创新体系包括引导层——以政府为核心的技术创新调控系统，核心层——以企业为主体、产学研相结合的技术生产应用系统和服务层——以科技中介机构为核心的技术创新服务系统。[①] 该网络系统中各个行为主体的活动及其相互作用旨在经济地创造、引入、改进和扩散新的知识和技术，使一国的技术创新取得更好的绩效。它是政府、企业、大学、研究院所、中介机构之间寻求一系列共同的社会和经济目标而建设性地相互作用，并将创新作为变革和发展的关键动力的系统。目前对于国家创新体系的研究和定义很多，有些地方还很不一致，但国家技术创新体系是其中最重要的组成部分，建立国家创新体系最主要和最关键的就是要建立国家技术创新体系。因此，我国《国家中长期科

① 参见李丹：《我国国家技术创新体系现存问题及对策分析》，《科技管理研究》2007 年第 5 期。

学和技术发展规划纲要》明确提出建设以企业为主体，产学研结合的技术创新体系。技术创新体系建设的成功，将在很大程度上决定该规划纲要的成功，决定自主创新的成功，决定建设创新型国家的成功。而国家技术创新体系建设的一个重要内容就是制度建设，即如何通过制度安排来推动创新。因此，创新型国家建设的主要任务就是建设国家技术创新体系。

（三）创新驱动

最早把创新驱动作为一个发展阶段提出来的是哈佛大学的迈克尔·波特。迈克尔·波特把经济发展划分为 4 个阶段：第一阶段是要素驱动阶段，第二阶段是投资驱动阶段，第三阶段是创新驱动阶段，第四阶段是财富驱动阶段。驱动特指经济增长的驱动力。[①] 创新驱动阶段的主要动力是创新能力和创新水平，这是一个国家最具有竞争力的阶段。与其他阶段相区别，不是说创新驱动不需要要素和投资，而是说要素和投资由创新来带动。[②]

总部设在瑞士日内瓦的世界经济论坛每年发布的《全球竞争力报告》将经济发展阶段划分为：要素驱动（人均 GDP 低于 2000 美元）、效率驱动（人均 GDP 为 2000～9000 美元）、创新驱动（人均 GDP 高于 17000 美元）。还有一个指标是矿产商品占总出口的比例，如果高于 70％则认为这个国家的经济发展处于要素驱动阶段。

本书认为，所谓创新驱动，就是指创新成为推动经济增长的主动力，经济增长主要通过技术进步、人力资本（劳动者素质提高）、管理创新等因素推动，而不是主要靠劳动、资本等生产要素数量投

---

① 参见[美]迈克尔·波特：《国家竞争优势》，李明轩、邱如美译，北京：华夏出版社，2002年，第 531 页。

② 参见洪银兴：《关于创新驱动和协同创新的若干重要概念》，《经济理论与经济管理》2013年第 5 期。

入推动。创新驱动经济发展主要具有以下五个特征：一是经济增长主要依靠生产率提高推动；二是研发投入占国内生产总值、产业销售收入的比重较高；三是知识技术密集型产业占较大比重；四是拥有一批具有国际影响力的创新型大企业，产业附加值高；五是经济增长资源消耗较低，经济效益较好。国际上评价创新驱动经济的绩效主要用全要素生产率（TFP）增长对经济增长的贡献率，在我国也称为科技进步贡献率指标。

第二节 学理依循

一、马克思的创新理论

马克思的创新思想散见在他对资本主义生产方式及与之相适应的生产关系的研究成果之中。熊彼特对马克思的创新理论给予了比较高的评价："从这种看来无足轻重的源泉，产生了——正如我们将要看到的——经济过程的一个新概念，它会克服一系列的根本困难，并从而证明我们在正文中对这一问题的陈述是正确的。这个问题的新陈述同马克思的陈述更加接近。因为根据马克思的论述，有一种内部的经济发展，而不只是经济生活要与变化着的情况相适应。但是我的结构只包括他研究领域的一小部分。"①

在马克思主义政治经济学中，技术与技术创新属于生产力的范畴。他在不同场合使用不同的词，如以"发明""机器""技术""科学技术"等表达技术的意思，以"机器为基础的生产方式的变革""劳动资料的革命""劳动条件的革命""技术变革""资本有机构成

① ［美］约瑟夫·熊彼特：《经济发展理论》，何畏等译，北京：商务印书馆，2000年，第68页。

的变化”表示现代经济学意义上的“技术创新”，用“劳动生产率”的变化与“资本有机构成”的变化来衡量技术创新的进步程度。创新主体是多元的，包括资本家、工人、职业创新者或科技人员、国家等。

马克思认为，创新的内在动力是资本家追求剩余价值的内在动机；资本主义竞争是创新的外在压力，以新技术为手段的竞争是市场竞争的重要内容，进而使市场需求成为创新的外在牵引力；劳资对立的阶级关系则从生产关系和基本制度层面提供了创新的制度压力。马克思从消费者同生产者对立统一的关系中进一步分析，得出消费同样既是创新的目的，也是其源泉的结论。[①] 对创新所需要的条件，马克思强调经济制度、政治制度、文化制度的制约与决定作用，而且关注国家创新政策和创新战略的重要作用，同时还分析了金融与信用制度对创新的支持作用。

马克思主义政治经济学虽然没有明确使用技术创新与制度创新的概念，但他所提出的生产力与生产关系的辩证关系理论却为研究者认识技术创新与制度创新的相互关系提供了思路。按照对马克思主义政治经济学基本原理的理解，技术创新应该属于生产力范畴，制度创新应该属于生产关系范畴。在生产力和生产关系的相互关系上，生产力决定生产关系，生产关系对生产力具有反作用。因而技术创新是第一性的，制度创新是第二性的，技术创新决定着制度创新的空间和方向，制度创新又反过来影响着技术创新的发展。技术创新和制度创新是一种相互依存、相互促进的互动关系，频繁、高效和规模适度的技术创新能够引发制度创新和降低制度创新的成本；科学适宜的制度创新则会为技术创新创造条件，

① 参见宋宇：《马克思经济学与西方经济学的创新理论比较》，《经济纵横》2009年第4期。

并使技术创新的直接收益得到保障。

汪澄清曾对马克思与熊彼特的创新思想做了比较，认为“马克思是创新理论的源头，而熊彼特是20世纪初起重要作用的思想家。熊彼特提出了比较具体的创新理论，在某些方面发挥了马克思的创新思想。但从总体上，从哲学高度上，马克思的理论空间更广阔，思维更深刻。当代创新，我们要借鉴熊彼特，更要开掘马克思的源头活水”[①]。

二、西方创新理论

（一）熊彼特的创新理论

熊彼特在1912年出版的《经济发展理论》中提出了创新理论，又于20世纪30～40年代，相继在《经济周期》和《资本主义、社会主义和民主主义》两书中加以运用和发挥，形成了以“创新理论”为基础的独特的理论体系。

熊彼特在1912年提出五种创新模式，包括新产品、新生产方式、新市场、新材料及其来源和新组织形式。创新活动是由特定的人群——企业家所执行的。与发明不同，创新是一个商业化的概念，大部分产生于企业中。企业家活动的动力是对垄断利润或超额利润的追逐，其目的是实现新组合或创新。发明者不一定是创新者，只有企业家才有能力把生产要素和生产条件的新组合引入生产体系，实现创新。同样，股东或资本家也不同于企业家。在熊彼特看来，企业家应具备三个条件：眼光（能看到市场潜在的商业利润），能力、胆略（敢承担经营风险），经营能力（善于动员和组织社会资源）。企业家创新活动是经济兴起和发展的主要原因。经

① 汪澄清：《马克思与熊彼特创新思想之比较》，《马克思主义与现实》2001年第3期。

济发展的动力是利润和企业家精神。[①] 创新是企业家的特殊功能，是企业家的“灵魂”所在。

熊彼特认为，经济增长由创新而来，并呈现周期性。创新的过程是一个创造性的破坏过程，在创新的持续过程中，具有创新能力和活力的企业蓬勃发展。一批批企业在创新浪潮中被淘汰，同时一批批企业在崛起，促使生产要素实现优化组合推动经济不断发展，经济就会不断往前发展。经济发展的逻辑就是持续创新，持续破坏，持续优化，持续发展。

（二）技术创新理论的发展

20 世纪 50 年代以后，以微电子技术为核心的世界新一轮科技革命的兴起，极大地推动了技术创新和经济的增长，西方经济学理论界重新对熊彼特的创新经济学理论进行认识，开始对技术进步与经济增长的关系产生兴趣，从而使技术创新理论得以发展，构建了完整的创新理论体系，主要包括：新熊彼特主义，即技术创新学派；制度创新理论，即制度学派；国家创新体系理论等。

1.技术创新理论

技术创新理论是在熊彼特创新理论基础上发展起来的，其研究主要有以下方面。

（1）以技术进步为变量解释经济增长。主要是使用统计分析方法，运用经济数据对技术进步对经济增长的贡献率进行测算。1957 年，美国经济学家索罗（Robert M. Solow）首先将技术进步引入经济增长模型，认为对美国经济增长贡献最大的就是技术进步。美国经济学家丹尼森（E. F. Denison）和肯德里克（John Kendrick）也对美国经济增长进行了测算，肯德里克提出了“全要素生产率”

---

① 参见王蕾、曹希敬：《熊彼特之创新理论的发展演变》，《科技与产业》2012 年第 6 期。

的概念。20 世纪 80 年代以美国经济学家罗默(Paul Romer)、卢卡斯(Robert Lucas)等人为代表的内生经济增长理论则把技术进步作为经济增长的内生变量,提出科技进步是经济增长的源泉。技术与其他商品一样存在公共商品、创新收益的非独占性、外部性等市场失灵,适当的政府干预将极大地促进技术创新。

(2)对新技术推广、技术创新与市场结构的关系、企业规模与技术创新的关系等进行了系统研究。曼斯菲尔德对新技术的推广问题进行了深入的研究。曼斯菲尔德认为,在一定时期内,影响新技术推广速度的基本因素有:模仿比例、模仿的相对盈利率、采用新技术所要求的投资额、旧设备还可使用的年限、该项技术初次被采用的时间在经济周期中所处的阶段等。曼斯菲尔德得出以下结论:模仿比例与模仿率成正比;"模仿"与"守成"相比的相对盈利率与"模仿率"成正比;采用新技术所要求的投资额越大,资本供给来源越困难,所要求的投资额占企业资产总额之比与"模仿率"成反比。卡曼、施瓦茨等人从垄断与竞争的角度对技术创新的过程进行了研究,把市场竞争强度、企业规模和垄断强度三个因素综合于市场结构之中来考察,探讨了技术创新与市场结构的关系。他们认为最有利于创新的市场结构是介于垄断和完全竞争之间的所谓"中等程度竞争的市场结构"。

2.制度创新理论

以美国经济学家兰斯·戴维斯(Lance E. Davis)和道格拉斯·诺斯(Douglass C. North)等人为代表的经济学家们认为制度创新非常重要,好的制度选择会促进技术创新,不好的制度选择会将技术创新引离经济发展的轨道,或抑制技术创新。

新制度经济学通过重新解读历史,充分论证了制度创新对技术创新的决定作用。诺斯认为:"有效率的经济组织是经济增长的关键:一个有效率的经济组织在西欧的发展正是西方兴起的原因所在。”[①]而要保持经济组织的效率,需要在制度上做出安排和确定产权,以便形成一种激励,将个人的经济努力变成私人收益率接近社会收益率的活动。改进技术的持续努力只有通过建立一个能持续激励人们创新的产权制度以提高私人收益时才会出现。不言而喻,“制度”才是一国兴衰的决定性因素。

制度创新学派并不否认技术创新对制度创新的影响,他们认为技术创新对改变制度安排的收益和成本都有较大的影响。技术创新不仅可以增加制度安排的收益,并且可以降低某些制度安排的交易成本,从而使建立更为复杂的经济组织和股份公司变得有利可图。制度创新的具体形式包括股份公司、社会保障制度、工会体系以及国有企业制度的建立。制度创新往往是通过组织或管理形式方面的创新来体现的。

3.国家创新体系理论

创新体系(innovation system)又称“创新系统”,关于创新系统的提法最早见于英国著名技术创新研究专家弗里曼(C. Freeman),他于 1987 年提出国家创新体系(national innovation system)理论。后来,许多学者开始关注国家创新系统理论。他们认为技术创新不仅仅是企业家的功劳,也不是企业的孤立行为,而是由国家创新体系推动的。国家创新体系是参与和影响创新资源的配置及其利用效率的行为主体、关系网络和运行机制的综合体系,在这个系统中,企业和其他组织等创新主体,通过国家制度的安排及其相互作用,推动知识的创新、引进、扩散和应用,使整个国家的技术创新取得更好绩效。“创新体系”的理论核心仍然是创新,它的目的是促

---

① [美]道格拉斯·诺斯、[美]罗伯特·托马斯:《西方世界的兴起》,厉以平、蔡磊译,北京:华夏出版社,1989 年,第 1 页。

进人们用系统的观点看待创新。国家创新体系理论侧重分析技术创新与国家经济发展实绩的关系,强调国家专有因素对技术创新的影响,并认为国家创新体系是政府、企业、大学研究机构、中介机构等为寻求一系列共同的社会经济目标而建立起来的,将创新作为国家变革和发展的关键动力系统。①

第三节 实践路径

要加快建设创新型国家,实现科技强国目标,为社会主义现代化强国建设提供有力支撑,必须深入实施创新驱动发展战略。创新驱动发展战略关系我国经济社会发展全局。党的十八大确立了实施创新驱动发展战略,取得了显著的成就,有力推动了我国经济转型升级。党的十九大报告提出坚定实施创新驱动发展战略,表明我们党把实施这一战略作为一项重大而长期的任务,摆在国家发展全局的核心位置。

一、着力提升自主创新能力,为社会主义现代化强国建设提供有力科技支撑

创新型国家、科技强国的一个特点就是自主创新能力强,对外技术依存度低。我国建设创新型国家的一个重要思路就是着眼于提高自主创新能力,提高原始创新能力,提高核心关键技术创新能力,为我国现代化强国建设提供有力科技支撑,这是我国加快建设创新型国家的战略重点。

① 参见张磊、王森:《西方技术创新理论的产生与发展综述》,《科技与经济》2008 年第 2 期。

（一）加强面向世界科技前沿的基础研究，提高原始创新能力

加强面向世界科技前沿和国家战略需求的基础前沿研究，实施脑科学、量子计算与量子通信、纳米科学、基因组学等大科学计划，提升前沿领域关键科学研究能力。要加大对涉及长远发展和国家安全领域的重大基础研究攻关。支持多学科、跨领域技术交叉与融合，推动网络数据科学、量子信息学、生物医学、纳米科学与技术、生物信息学等学科发展，前瞻性开辟科技创新新领域、新方向，力争在更多领域引领世界科学研究方向和技术创新。[①]

（二）加强应用基础研究，突破基础核心技术

优化基础研究布局，准确把握科技产业革命发展趋势，加大对新一代信息、材料、生物、能源等世界前沿科技的前瞻部署。面向2035年，重点突破5G技术、大数据分析、高性能计算、3D打印、石墨烯材料、智能机器人等一批关键共性技术和核心技术，培育新兴先导产业和支柱产业。面向2050年，加强脑科学与人工智能、量子通信与量子计算、合成生物学、纳米材料等的前瞻布局和科技攻关，力争取得一批具有全球影响力的重大基础研究成果，引领国际产业发展方向。围绕改善民生和促进可持续发展的迫切需求，进一步加强资源环境、人口健康、新型城镇化、公共安全等领域基础科学研究。聚焦未来可能产生变革性技术的基础科学领域，强化重大原创性研究和前沿交叉研究。[②]

（三）加大基础研究和应用基础研究投入力度

多渠道多方式支持和引导企业加强基础研究，加快形成政府、

---

① 参见路红艳：《加快构建新型科技创新体系推进创新型国家建设》，《中国经贸导刊》2017年第24期。

② 参见杨舒：《夯实建设世界科技强国的基石——多角度解读〈关于全面加强基础科学研究的若干意见〉》，《光明日报》2018年2月12日。

企业、社会的基础研究多元化投入机制。当前,重视和加强基础研究已成为各国科技发展的战略重点。总体来看,创新型国家基础研究经费投入呈稳步上升趋势。2018 年,美国基础研究经费占科学研究与试验发展(research and development,R&D)经费的比例约为 16.6%,韩国为 14.2%,英国为 18.3%,日本为 13.1%,法国为 22.7%,而我国只有 6%,明显低于当前创新型国家 15%~25% 的水平。[①] 我国的基础研究费用支出绝大部分来自高校和政府属研究机构,企业的投入明显偏低。因此,我们必须优化基础研究经费来源结构,加大基础研究投入力度,继续发挥中央财政的主体作用,引导企业加大投入力度,带动地方财政重视基础研究投入,提升高等学校研发活动中基础研究的比例。

二、加强国家创新体系建设

国家创新体系是决定国家发展水平的基础,战略科技力量是国家创新体系的中坚力量,国际竞争很大程度上就是科技创新能力体系的比拼。因此,加快创新型国家建设,必须要加强国家创新体系建设。

(一)强化企业在技术创新中的主体地位

在技术创新体系中,企业是创新的主体。世界科技研发投资的 80%、技术创新的 71%,均由世界 500 强企业所创造和拥有,62%的技术转让在 500 强企业间进行。近百年世界产业发展的历史表明,真正起巨大推动作用的技术几乎都来自企业。企业的创新能力直接决定了产业、区域的创新能力和竞争力。党的十九大报告指出,建立以企业为主体、市场为导向、产学研深度融合的技

① 参见朱迎春:《创新型国家基础研究经费配置模式研究》,《中国科技论坛》2018 年第 2 期。

术创新体系，加强对中小企业创新的支持。

1.加强创新型企业建设，努力培养一批龙头企业

要进一步加强创新型企业建设，努力培养一批龙头企业，促使大中型企业建立技术研发机构，使企业成为创新决策、研发投入、科研攻关、成果转化的主体，提升企业的核心竞争力。龙头企业对区域创新能力的提升和经济发展起着至关重要的作用。应培育一批工程化条件好、系统集成能力强的龙头骨干企业，壮大一批研发能力较强，拥有核心技术、自主知识产权和自主品牌的科技创新型大企业大集团，使其在重大技术研发、成果转化和产业化投入中发挥支撑和示范作用。

2.不断推动中小企业创新

中小企业是创新体系的重要组成部分。一些创新型国家如美国、日本等，中小企业是技术创新的重要驱动力，在推动科技创新成果产业化、推动新兴产业形成、传统产业升级等方面发挥着重要作用。统计资料显示，从 20 世纪初到 20 世纪 70 年代，美国中小企业完成的科技发展项目占美国全国的 55%，80 年代后，这一比例上升到 70%左右，中小企业的人均创新发明是大企业的两倍。中小企业不仅有很强的发明创造力，而且科技成果推出快，科技投资回收期比大企业短约 1/4，其发展新技术、新产品的效率高于大企业。目前，微软、IBM、谷歌、苹果、惠普等世界知名企业都是从最初的科技型中小企业发展起来的。我们可以借鉴美国、日本等创新型国家支持中小企业发展的一些政策和做法，对成长性较好、有自主知识产权的创新型中小企业在财政政策上给予扶持，如财政资助、加大普惠性政策支持、政府采购中小企业创新产品等，积极推动科技型中小企业创新发展，培育自主创新生力军。提升中小企业技术服务层次，设立高质量的共性技术服务机构，并在各机构

间逐步建立互联互通机制。成立行(产)业研究中心,实行开放式的研究平台,实现信息共享、协同创新。借鉴美国、日本等的小企业创新研究计划(small business innovation research,SBIR)和小企业技术转移计划(small business technology transfer research program,STTR)政策,制定中小企业创新发展的全生命周期扶持政策。

(二)深化科技体制改革,营造良好的创新生态环境

创新是第一动力,高质量发展的核心是创新驱动。创新是一个系统工程,创新链、产业链、资金链、政策链相互交织、相互支撑,改革只在一个环节或几个环节搞是不够的,必须全面部署,并坚定不移推进。科技创新、制度创新要协同发挥作用,两个轮子一起转。[①] 实施创新驱动发展战略,加快建设创新型国家,就是要使市场在资源配置中起决定性作用和更好地发挥政府的作用,破除一切制约创新的思想障碍和制度藩篱,激发全社会创新活力和创造潜能,营造大众创业、万众创新的良好生态。

1.继续推进政府的“放管服”改革

在国家创新体系建设中,政府主要实施宏观调控,为创新主体营造一个良好的创新生态。进一步推进政府的“放管服”改革,简政放权,简化审批手续,营造良好的营商环境。政府进一步转变政府职能,加强服务型政府建设,做好创新的“乘法”工作,实现政府权力机构各项工作清单的“瘦身”以及责任工作清单的“强身”,为创新创业活动保驾护航。[②] 推进项目评审、人才评价、机构评估改革,激发科技人员积极性。完善国家技术转移体系,培育一批专业化水平高、服务能力强的国家技术转移机构,建立完善区域性、行

① 参见《习近平在全国科技创新大会、两院院士大会、中国科协第九次全国代表大会上的讲话》,《人民日报》2016 年 5 月 30 日。

② 参见张蕴:《优化创新生态:建设创新型国家的当务之急》,《人民论坛》2018 年第 16 期。

业性技术市场，打造连接国内外技术、资本、人才等创新资源的技术转移网络。

2.完善鼓励创业创新的政策体系

纵观世界上发达国家的创新发展历程，政府在其中都发挥了重要作用。优化创新生态需要切实优化和完善创新创业政策体系，避免对创新创业活动的过度干预，为创新发展营造相对开放、自由的环境。一是政府完善支持企业创新的普惠性政策体系，加大研发费用加计扣除、高新技术企业税收优惠、固定资产加速折旧等政策的落实力度。加大对科技型中小企业的支持，针对中小微企业可设立人才引进补贴等。采取适当的财税政策，鼓励企业加大研发投入。二是营造公平、开放、透明的市场环境，进一步完善鼓励创新的符合国际规则的政府采购制度，扩大创新产品和服务的市场空间。三是完善创业创新的金融支持机制，建立健全创业投资机制，发挥创业风险投资基金的启动和保障作用。发展风险投资，为创业企业家进行研发活动提供资金支持，实现大众创业、万众创新。

3.搭建创新平台，培育壮大新型研发机构

国家一方面根据战略需要在全国布局和建设国家实验室、战略科技创新基地、重大科技基础设施、综合性科学中心等一流创新平台，并推动科技资源共享。另一方面，要培育壮大新型研发机构，加快建设一批集科学发现、技术发明与产业发展“三发”一体化的新型研发机构。这些新型研究机构打通了产学研和资本的全链条通道，能有效集成各方创新要素，瞄准科技前沿和产业高端，连接基础研究与产业化，迅速突破关键技术，大大提升创新能力和转化效率。近年来这类新型研发机构在广东、江苏、上海等地发展很快，在这些新型研发机构的助力下，这些省市实现了创新链、产业链、资金链的紧密融合;新型研发机构在国际上的发展也很快,要采取支持政策统筹推进。鼓励各地创办协同创新研究院、工业研究院、产业技术研究院、军民融合产业研究院等,鼓励央企和大院大所中从事应用研究和产业共性技术研发的研究机构独立出来,鼓励一批科研事业单位进行企业化改制,财政给予一定支持。[①]

4.倡导创新文化

文化在推动社会文明进步、推进科技创新中发挥着不可替代的作用。营造良好的创新文化环境,是优化创新生态、建设创新型国家的关键。现在应做的就是在全社会创造一种鼓励创新、容忍失败的政策环境和文化氛围,促进社会形成包容创新、崇尚创新的共同价值观念,让创新在全社会蔚然成风。一方面要鼓励创新人员增强社会责任感和历史使命感,力戒急功近利;另一方面要改革人事制度和教育、科研体制,创造一个公平、竞争、合作的创新环境。

(三)构建一流的知识创新体系

高校和科研院所是重要的创新主体,加快中国特色现代大学制度建设,加快一流大学和一流学科建设,实现高等教育内涵式发展。健全现代科研院所管理制度,围绕国家重大战略任务,科学整合优势科研资源,建设世界一流科研院所。

(四)构建开放的国家创新体系

习近平总书记指出,科学技术是世界性、时代性的,发展科学技术必须具有全球视野、把握时代脉搏。我们建设的国家创新体系是开放的,不是封闭的,要全方位提升科技创新的国际化水平,打造"一带一路"协同创新共同体,积极牵头或参与国际大科学计

① 参见陈敬全、庞鹏沙、谷敏、王莹:《立足新时代大力推进融通创新加快建设创新型国家的思考》,《北京交通大学学报》(社会科学版)2018 年第 2 期。

划和工程。[1] 我们必须要抓住新一轮科技革命和产业革命的契机，积极谋划、主动布局，利用国际创新资源，拓展创新发展空间。支持企业走出去，在海外设立研发中心，参与国际标准制定。促进跨国企业和研究机构创新合作，实现优势互补，提升我国科技产业发展的国际主导权和话语权。全面融入和布局全球创新网络，深度融入全球创新体系。

三、强化知识产权创造、保护、运用

在知识经济时代，国家的繁荣富强和持续发展主要取决于国家创新能力的培育和积累。知识产权作为支撑经济社会可持续发展的一项战略性资源，是构建国家创新体系、承载国家创新能力的重要支柱，是衬托国家创新面貌的核心要素。知识产权保护力度及制度建设水平，已经成为国际国内的相关权威机构用来衡量国家创新能力和综合发展实力的重要尺度。党的十八大报告首次提出“加强知识产权保护”，党的十九大报告提出“强化知识产权创造、保护和运用”，从“加强”到“强化”，说明中央对知识产权保护的一贯重视，也对新时代知识产权保护工作提出了新要求。

(一)完善知识产权法律制度框架

我国已经有了基本完善的创新型国家建设有关的法律制度框架，但为了落实党的十九大报告提出的加快建设创新型国家，未来需要制定或修订一系列科技创新法律。特别是在知识产权保护法律领域，需要一部全面系统、科学完备、统领知识产权各领域单行法的基本法律，解决该领域权力交叉问题、疑难问题与新型技术发展引发的问题等。首先，顺应科技发展的新趋势，完善知识产权制

① 参见王志刚:《加快建设创新型国家》,《人民日报》2017 年 12 月 7 日。

度。对于大数据、人工智能、“互联网+”、物联网、生物技术、基因工程、金融科技、新商业模式等高新技术和新经济业态带给知识产权保护的新问题，立法层面应当及早予以回应。针对保护创新的另一重要制度利器——商业秘密保护，也应尽快实现单独立法，使之与专利等制度协调配合，形成保护创新的制度合力。其次，知识产权制度发展要具备国际视野，国内知识产权法律制度的健全和完善，不仅要继续学习发达国家的先进经验，还应当深入考察发展中国家(尤其是“一带一路”沿线国家)的实践做法，吸收其有益成分。[①]

(二)要加大知识产权支持和保护力度

政府应加大企业申报国际知识产权的支持力度，鼓励企业在海外布局知识产权，健全企业海外知识产权维权援助体系。要强化知识产权保护执法，推进知识产权民事、刑事、行政案件审判“三审合一”，加强知识产权行政执法与刑事司法的衔接，加大知识产权司法保护力度。要通过事后维权和重罚加大知识产权侵权成本，打击侵权行为。加大知识产权侵权行为惩治力度，提高知识产权侵权法定赔偿上限，对情节严重的恶意侵权行为实施惩罚性赔偿，提高知识产权侵权成本。新时代背景下，我国现行知识产权保护制度不仅需要在立法和管理体制上逐步完备，还需要努力破除运行机制上的障碍，包括：需要进一步完善知识产权民事、行政、刑事程序的内在运行机理以及相互之间的合理衔接机制，强化不同诉讼程序之间的协调与配合；需要进一步完善知识产权行政保护与司法保护之间的衔接机制、实现二者的优势互补；等等。构建起科学、合理的知识产权综合保护的机制，发挥知识产权制度的创新

---

① 参见孙智：《新时代创新型国家建设与知识产权制度回应——基于国家创新力相关指标的分析》，《贵州师范大学学报》(社会科学版)2017年第6期。

激励效能。

四、完善人才的培养、引进和使用机制，为创新型国家建设提供人才支撑

创新是第一动力，人才是第一资源，创新驱动实质上是人才驱动。一国或地区人才存量和结构将直接影响该国或该区域技术创新和技术进步。相比人才总量，人才的质量和结构对影响科技竞争力和创新能力更为重要。技术创新和技术进步与人才之间存在很强的依存关系。技术创新从“灵感”的火花到付之行动，再到走向市场，都离不开人的活动。谁拥有人才上的优势，谁就会拥有创新实力上的优势。

我国人才总量世界第一，但在创新型人才结构方面还存在突出的问题，如世界级科技大师缺乏、领军人才和尖子人才不足，工程技术人才培养同生产和创新实践脱节等问题。为此，党的十九大报告指出，培养造就一大批具有国际水平的战略科技人才、科技领军人才、青年科技人才和高水平创新团队。一是要培养造就具有国际水平的战略科技人才和科技领军人才。把握国际发展机遇，围绕国家重大需求，创新人才培养、引进、使用机制，突出“高精尖缺”导向，更大力度推进实施国家“千人计划”“万人计划”等高层次人才引进和培养计划，多方引才引智，广聚天下英才。二是瞄准世界科技前沿和战略性新兴产业，支持和培养具有发展潜力的中青年科技创新领军人才，为青年人才开辟特殊支持渠道。三是培养造就一大批具有全球战略眼光、创新能力和社会责任感的企业家人才队伍。四是要加快改革现行教育体制，创新教育模式，提升全社会创新意识和创新能力，加强产业应用型、技能型、知识型人才培养，跨界拓展知识技能，提高技能人才的动手能力、

知识创造能力和信息技术运用能力。造就规模宏大、富有创新精神、敢于承担风险的创新创业人才队伍。五是完善创新创业激励机制,用好科学家、科技人员、企业家,激发他们的创新激情。建立健全人才流动机制,鼓励人才在高校、科研院所和企业之间合理流动。

第六章　实施乡村振兴战略

习近平总书记指出，实施乡村振兴战略，是党的十九大做出的重大决策部署，是关系全面建设社会主义现代化国家的全局性、历史性任务，是全面建设社会主义现代化国家的重大历史任务，是新时代做好“三农”工作的总抓手。要始终把解决好“三农”问题作为全党工作的重中之重，明确思路，深化认识，切实把工作做好，促进农业全面升级、农村全面进步、农民全面发展。农业强不强、农村美不美、农民富不富决定着全面建设社会主义现代化的质量。要深刻认识实施乡村振兴战略的重要性和必要性，扎扎实实把乡村振兴战略实施好。

第一节　基本概念

乡村振兴不是特定的单一方面的振兴，而是包括经济、生态、文化、社会治理等多方面全方位的振兴。乡村振兴战略是对新农村建设和美丽乡村建设的升华，是脱贫攻坚的升级版，是全面振兴的综合理念。习近平总书记在十九届中央政治局第八次集体学习时的讲话中指出，农业农村现代化是实施乡村振兴战略的总目标，坚持农业农村优先发展是总方针，产业兴旺、生态宜居、乡风文明、治理有效、生活富裕是总要求，建立健全城乡融合发展体制机制和政策体系是制度保障。

一、乡村振兴战略的总目标

2017 年 12 月，中央农村工作会议确定了实施乡村振兴战略的时间点和目标，那就是：到 2020 年，乡村振兴取得重要进展，制度框架和政策体系基本形成；到 2035 年，乡村振兴取得决定性进展，农业农村现代化基本实现；到 2050 年，乡村全面振兴，农业强、农村美、农民富全面实现。可见，实现农业农村现代化是乡村振兴战略的总目标。习近平总书记指出，要坚持农业现代化和农村现代化一体设计、一并推进，实现农业大国向农业强国跨越。要在资金投入、要素配置、公共服务、干部配备等方面采取有力举措，加快补齐农业农村发展短板，不断缩小城乡差距，让农业成为有奔头的产业，让农民成为有吸引力的职业，让农村成为安居乐业的家园。

没有农业农村现代化，就没有国家的现代化。农业现代化是我国“四化”之一，与工业化、城镇化、信息化的关系十分密切。“四化”是一个整体系统，工业化创造供给，城镇化创造需求，工业化、城镇化可以带动农业现代化，农业现代化则为工业化、城镇化提供支撑和保障，而信息化能有力地推进其他“三化”。[①] “四化”同步是科学发展和跨越式发展的根本路径，要实现“四化”同步，当前一个突出的难题就是农业现代化仍然落后于工业化、城镇化和信息化，需要加快推进农业现代化，以先进的现代农业生产加工技术为支

① 参见瞿长福：《“四化”同步惠“三农”》，《经济日报》2012 年 11 月 14 日。

撑，深度挖掘农业农村资源，充分调动金融、信息等生产要素和手段，促进一二三产业融合，推动传统产业优化升级。农村现代化是党的十九大报告首次提出的，在建设过程中要以绿色发展引领生态振兴，提高农村绿色生态产品和服务供给水平，将乡村的“绿水青山”转化成“金山银山”，同时与农业产业融合发展，实现农业现代化和农村现代化互相促进。农村现代化是对农村实现经济建设、政治建设、文化建设、社会建设、生态文明建设“五位一体”的现代化的全面要求，不断提升农村生态环境、精神文明、社会治理、农民生活等各个方面，全面实现农业强、农村美、农民富。

农业现代化是农村现代化的基础，农村现代化是农业现代化的依托。加快推进农业农村现代化能够为解决长期困扰我国的“三农”问题提供有力保障。农业现代化和农村现代化同步推进、相得益彰，让亿万农民能够共同参与现代化进程、共同分享现代化成果，实现我国从农业大国向农业强国的跨越。

二、乡村振兴战略的总方针

习近平总书记指出，坚持农业农村优先发展的总方针，就是要始终把解决好“三农”问题作为全党工作的重中之重。要抓住实施乡村振兴战略的重大机遇，坚持农业农村优先发展，夯实农业基础地位，深化农村改革。要加快高标准农田建设，强化农业科技和装备支撑，深化农业供给侧结构性改革，加快发展绿色农业，推进农村三产融合。坚持农业农村优先发展的总方针，要从资金、政策、人才等各方面强化对“三农”工作的支持，加快补齐农业农村发展短板，着力巩固脱贫攻坚成果，防止返贫和产生新的贫困，确保农村同步实现全面小康。

做好新时代“三农”工作，实施好乡村振兴战略，要认真学习领会坚持农业农村优先发展的重大意义，准确把握其丰富内涵，采取超常规的政策举措，加快推动农业全面升级、农村全面进步、农民全面发展。坚持农业农村优先发展，要巩固和完善农村基本经营制度，保持土地承包关系稳定并长久不变。加快创新农业经营体系，实施新型经营主体培育工程；大力推进农业科技创新与体制改革，重点研发节本增效、优质安全、绿色环保技术，优化现代农业产业技术体系结构与布局；创新完善农业支持保护制度，开展农业绿色发展、经营风险分担、金融支农、农民培训等方面工作。确保国家粮食安全，把中国人的饭碗牢牢端在自己手中。加强农村基层基础工作，注重培养造就一支懂农业、爱农村、爱农民的“三农”工作队伍。

在我国全面建成社会主义现代化强国的新征程中，这一总方针的提出，具有强烈的现实针对性。必须采取超常规举措，付出超常规努力，坚决把农业农村优先发展落到实处。必须强化制度性供给，推动资金、管理、技术、人才等要素更多配置到农村去，让人“流”入乡、留在乡，让钱“流”进村，让地“活”起来，为乡村发展强筋健骨、输血造血。通过改革、制度创新和政策完善，把束缚生产力发展的体制、机制、政策，逐步地清理出去，保留行之有效、未来还要继续坚持的政策。必须增强补短板意识，在人居环境、社会保障、基础设施等方面优先安排，构建起城乡一体的公共服务体系，让农民更好更多享受到国家发展红利。要优先考虑党的“三农”事业大局需要，在干部配备和使用上树立“优秀干部到农业农村战线去，优秀干部从农业农村战场来”这个风向标，引导八方人才投身乡村振兴。[①] 坚持农业农村优先发展，要充分尊重产业发展规律，

① 参见本刊编辑部：《做好乡村振兴这篇大文章》，《求是》2019 年第 11 期。

发挥市场在资源配置中的决定性作用，释放各类新型农业经营主体的积极性和创造性。

三、乡村振兴战略的总要求

2018 年中央 1 号文件全面部署实施乡村振兴战略，从“生产发展、生活宽裕、乡风文明、村容整洁、管理民主”的社会主义新农村建设总要求，发展为“产业兴旺、生态宜居、乡风文明、治理有效、生活富裕”的乡村振兴总要求，同样是二十字的总要求，反映出我们党对农业农村发展的历史定位随着经济社会的发展发生了阶段性的变化，系统概括了新时代乡村振兴的丰富内涵，充分体现发展为人民的根本宗旨，回答了“谁来振兴，为谁振兴”的问题。

（一）乡村振兴，产业兴旺是重点

必须坚持质量兴农、绿色兴农，以农业供给侧结构性改革为主线，加快构建现代农业产业体系、生产体系、经营体系，提高农业创新力、竞争力和全要素生产率，加快实现由农业大国向农业强国转变。具体来说，要夯实农业生产能力基础，实施质量兴农战略，构建农村一二三产业融合发展体系，构建农业对外开放新格局，促进小农户和现代农业发展有机衔接。

实现乡村的产业兴旺，就是要形成现代农业生产体系、运转体系、产业体系，让农业实现规模化、集约化、产业化、组织化，成为富有竞争力和人才吸引力的产业。要促进乡村一二三产业融合发展、全面发展，把深化农业供给侧结构性改革往实里做、往深里做、往细里做，因地制宜发展特色农业、现代农产品生产加工业等农特产业，积极发展休闲农业、乡村旅游、森林康养产业、创意文化产业、农村电子商务、农产品冷链物流业、农村服务业等新产业新业态新模式，为乡村产业注入强大活力，实现乡村产业兴旺，促进农民就业增收。只有发展好乡村产业，才能从根本上解决乡村劳动力流失问题，推动乡村经济持续健康发展。

（二）乡村振兴，生态宜居是关键

良好生态环境是农村最大优势和宝贵财富。必须尊重自然、顺应自然、保护自然，推动乡村自然资本加快增值，实现百姓富、生态美的统一。具体来说，要统筹山水林田湖草系统治理，加强农村突出环境问题综合治理，建立市场化多元化生态补偿机制，增加农业生态产品和服务供给。

实现乡村的生态宜居，就是要加强农村资源环境保护，大力改善水、电、路、气、通信等基础设施，统筹推进山水林田湖草保护和建设，推进农村土壤重金属污染处理、生活垃圾污水治理、厕所革命和畜禽养殖废弃物资源化利用，加快改善农村人居环境，实施村庄清洁行动，基本建成生态宜居的美丽村落，保护好绿水青山和清新清净的田园风光。关注从外在村容整洁到内在生态的修复，着力构建乡村生态宜人的人居环境，合理利用乡村生态资源，实现自然资本有效增值，推动生态和经济良性循环，提升村容村貌，建设生态宜居美丽乡村。

（三）乡村振兴，乡风文明是保障

必须坚持物质文明和精神文明一起抓，提升农民精神风貌，培育文明乡风、良好家风、淳朴民风，不断提高乡村社会文明程度。具体来说，要加强农村思想道德建设，传承发展提升农村优秀传统文化，加强农村公共文化建设，开展移风易俗行动。

实现乡村的乡风文明，就是要通过大力发展农村文化、教育、医疗、卫生等社会公共事业，推进乡村移风易俗，弘扬农耕文明和优良传统，使农民的综合素质和思想道德品质不断提升，农村文明程度显著提高。在农村大力弘扬社会主义核心价值观，促进传统文明与现代文明融合发展。丰富和完善符合乡村村民需要的公共文化场所,合理利用现有的文化展示交流平台,通过举办丰富多样的文艺体育活动,提高乡村社会文明水平。保护乡村本体各类文化遗产,特别是村里的人文资源(古迹遗迹、古村镇、历史事件发生地)和传统产业、非遗传承等资源禀赋,注重对农、林、牧、渔文明的保护,注重乡村优秀传统文化习俗的传承与保护,实现乡村传统文化的创造性、创新性转化发展。

(四)乡村振兴,治理有效是基础

必须把夯实基层基础作为固本之策,建立健全党委领导、政府负责、社会协同、公众参与、法治保障的现代乡村社会治理体制,坚持自治、法治、德治相结合,确保乡村社会充满活力、和谐有序。具体来说,要加强农村基层党组织建设,深化村民自治实践,建设法治乡村,提升乡村德治水平,建设平安乡村。

实现乡村的治理有效,就是要基本构建起自治、德治、法制相统一的乡村治理体系,基层党组织的组织力、带领力、战斗力全面增强。建立健全村民自治制度,村民的民主自治能力显著提高,发挥村民在乡村治理中的积极作用。不断完善农村法律法规制度建设,带领广大农民群众自发遵守法律、运用法律,需要的时候能够拿起法律武器更好地维护自身的合法权益。推进乡村精神文明建设,不断提高乡村社会文明程度,促进乡村社会充满活力、和谐有序发展。强化乡村的根本政治保障是坚持党的领导,党在农村的执政基础和农村的治理水平呈正相关关系。要在坚持党对农村事业全面领导的前提下,形成自治、德治、法治相结合的乡村治理体系。

(五)乡村振兴,生活富裕是根本

要坚持人人尽责、人人享有,按照抓重点、补短板、强弱项的要求，围绕农民群众最关心、最直接、最现实的利益问题，一件事情接着一件事情办，一年接着一年干，把乡村建设成为幸福美丽新家园。具体来说，要优先发展农村教育事业，促进农村劳动力转移就业和农民增收，推动农村基础设施提档升级，加强农村社会保障体系建设，推进健康乡村建设，持续改善农村人居环境。

实现乡村的生活富裕，就是要不断拓宽农民增收渠道，促进农民更加充分地就业创业，农民收入水平不断提高，农村生活经济宽裕、衣食无忧，提高农民生活质量，逐步缩小城乡区域发展差距和居民生活水平差距，增强农民获得感、幸福感、安全感。完善乡村的基础设施建设，立足于乡村的实际情况，遵循乡村振兴的发展规律，通过科学规划、合理设计推动乡村建设。强化乡村公共卫生服务，完善基本公共卫生医疗服务体系建设，加强对老人、留守人员、残疾人等重点群体健康服务体系建设。健全完善农村社会保障体系，加大城乡统筹力度，扩大农村的社会保障覆盖面，让农民生产生活得到更好保障。通过深化改革，运用市场化手段激活各类资源要素，增强农村内生发展能力，形成强大的自我造血机制。

四、乡村振兴战略的制度保障

2019年3月8日上午，习近平总书记在参加十三届全国人大二次会议河南代表团审议时指出，实施乡村振兴战略的制度保障是建立健全城乡融合发展体制机制和政策体系。习近平总书记指出，要把乡村振兴战略这篇大文章做好，必须走城乡融合发展之路。我们一开始就没有提城市化，而是提城镇化，目的就是促进城乡融合。要向改革要动力，加快建立健全城乡融合发展体制机制和政策体系。

城乡融合发展要跳出乡村来看乡村，不能只靠乡村自身积累，更要推动各类资源要素对乡村强力反哺。建立健全城乡融合发展体制机制和政策体系，重点在健全多元投入保障机制、建立健全城乡基本公共服务均等化的体制机制、深化户籍制度改革上下功夫。增加对农业农村的基础设施建设投入，优化城乡基本服务的供给模式，大力促进城乡基础设施和公共服务趋向均等化，健全全民覆盖、普惠共享、城乡一体的基本公共服务体系，让农民也能享受到丰富多元的公共服务。推动“人、地、钱”等关键要素在城乡间自由流动和平等交换，消除阻碍城乡要素双向流动的体制机制缺陷，从而加速激活城乡间主体、要素和市场，促进城乡公共资源均衡配置，建立健全城乡融合发展体制机制和制度支撑体系。推动形成一二三产业优势互补、相互促进的发展态势，逐步建立城乡各取所长、相互补充、共同繁荣的新型城乡关系。城乡融合发展，既要有力有序有效推进农业转移人口市民化，畅通有意愿有能力在城镇稳定就业和生活的农村人口进城落户，促进农民放心进城；又要维护进城落户农民的土地承包权、宅基地使用权、集体收益分配权等多方面合法权益，促进农民留乡安心，实现进城和留乡各得其所，留给农民充分的选择权。

第二节 学理依循

乡村振兴战略是新时代我们党基于对乡村发展规律的科学认识，在马克思恩格斯乡村发展理论、列宁农村建设理论、中国共产党历届领导集体的乡村发展思想的基础上，结合我国新的实际，围绕解决“三农”问题、解决城乡矛盾，提出的新时代中国特色社会主义乡村建设新战略，具有深厚的理论基础和坚实的现实基础。

一、乡村振兴战略的理论基础

马克思和恩格斯从唯物辩证法的视角分析和解释农村的发展问题和发展路径，明确了城乡之间一体化到城乡分离、对立再到城乡融合的发展过程，并提出了振兴乡村的途径。

（一）马克思恩格斯乡村发展理论

1.马克思恩格斯的农业发展思想

马克思在《资本论》中提出："农业劳动是其他一切劳动得以独立存在的自然基础和前提。"[①]马克思认为从人类社会发展的角度来看，农业是任何时期都不能忽视和放松的重要产业，应当正确认识农业是国民经济的基础，对国民生产和经济社会发展具有基础性的作用。在农业生产中，要重视粮食生产的作用。马克思认为，占有和生产粮食是一切社会劳动的首要目的，因为食物是人类赖以生存和发展的先决条件。农业能够为人类提供食物，是人类社会生存和发展的基础，也是人类社会从事其他生产活动的前提。

农业与工业相互影响，相互促进。工业的发展建立在农业发展的基础上，恩格斯指出："一切工业劳动者都要靠农业、畜牧业、狩猎业和渔业的产品维持生活这一早已尽人皆知的经济事实。"[②]因此要大力发展农业，实现各部门生产资料的不断积累和社会生产力的不断提高，以此促进工业的发展，提高工业化水平。同时，工业的发展又会反过来促进农业劳动生产率的提高，推动农业生产方式的改进和农业生产技术的进步，带动自给自足的小农经济向社会化大生产发展。这是农业发展过程中实现农业现代化、增加农民收入的必经之路。马克思指出，小农经济的发展模式无法

① ［德］马克思：《资本论》第3卷，北京：人民出版社，1975年，第53页。

② 《马克思恩格斯全集》第35卷，北京：人民出版社，1971年，第130页。

形成规模效应，难以进行资本积累，也就难以实现扩大再生产，因此未来的农业发展趋势是走合作发展的道路。恩格斯认为，在建立了无产阶级专政的国家政权之后，要尊重农民的想法，不能采取暴力手段剥夺小农甚至消灭小农，应该注重维护小农的利益，通过合作社的形式发挥带头示范作用和采用社会救助的方法，将小农引导到合作化的道路，以此发展适度规模经营。

2.马克思恩格斯的城乡关系思想

马克思恩格斯指出："要把农业和工业结合，促使城乡对立逐步消灭。"[①]马克思恩格斯批判地继承了早期社会主义城乡发展的观点，从辩证唯物主义、历史唯物主义的视角分析城乡关系的演变，认为城乡关系大致会经历从城乡一体化，到城乡分离、相互对立，再到城乡融合的发展过程。马克思在《资本论》中指出："一切发达的、以商品交换为媒介的分工的基础，都是城乡的分离。"[②]随着社会生产力的不断发展和社会大分工的不断深化，城市开始形成，城乡关系逐步出现。生产资源在城市的集中使得人口和工业也在城市集中，资源要素流动在城乡之间受到阻滞。马克思恩格斯在《德意志意识形态》中提道："一个民族内部的分工，首先引起工商业劳动同农业劳动的分离，从而也引起城乡的分离和城乡利益的对立。"[③]城乡分离导致了城乡的对立状态，主要表现为城乡之间的差距。城乡之间的要素不能自由流动，阻碍城乡之间的互通发展，由此产生了社会公平等问题。马克思认为，要消除城乡对立，就要大力发展生产力，为实现城乡融合提供丰富的物质储备，

① [德]马克思、恩格斯：《共产党宣言》，北京：人民出版社，1997年，第49页。

② 《马克思恩格斯文集》第5卷，北京：人民出版社，2009年，第408页。

③ 《马克思恩格斯文集》第1卷，北京：人民出版社，2009年，第520页。

并促进农村地区发展工业，优化工农产业结构，推动工农产业融合发展，从而减少城乡之间的差距，促进城乡融合发展，实现城乡之间优势互补，通过城乡一体化发展改变社会面貌。

3.马克思恩格斯的生态环境保护思想

恩格斯曾说："不要过分陶醉于我们对自然界的胜利。对于每一次这样的胜利，自然界都报复了我们。"①这强调了人们在改造自然的同时伴随着对自然的破坏。人类是自然界的一部分，其生存和发展必须依赖自然界，自然界为人类的生存发展提供了无可替代的必要条件，是人类生存和发展的前提和基础。人类应当保护自然界的生态环境，在自然界的承受范围内生存和发展，否则会受到自然界的惩罚。要树立生态文明观念，注重生态环境保护，正确认识、理解并遵循自然规律，提高农业科技水平，走绿色生态的农业农村发展道路。

（二）新中国成立至十八大中国共产党人的"三农"思想

自中国共产党成立以来，"三农"问题始终是我们党和国家关注的重要问题之一。我国历届领导人在马克思主义乡村发展理论基础上，根据经济社会发展实际，结合我国特殊国情，经过漫长的理论探索和实践发展，形成了具有中国特色的"三农"思想。

1.以毛泽东同志为主要代表的中国共产党人的"三农"思想

以毛泽东同志为主要代表的中国共产党人非常重视粮食生产和经济恢复发展。新中国建立在落后的农业国的基础上，农业生产要解决好粮食问题。毛泽东同志指出，农业向人民提供生活必需品，能够改善人民生活水平；农业生产为军队提供物资储备，是国防安全巩固的重要物质基础；农业与工业发展密切相关，农业为

① 《马克思恩格斯全集》第3卷，北京：人民出版社，1995年，第517页。

工业提供市场、资金、劳动力等多种要素。要恢复经济、促进国民经济健康发展，就要正确把握农业和工业的关系，深入贯彻“以农业为基础、以工业为主导”的国民经济发展总方针，把农业发展放在首要位置，坚决把工业部门的工作转到以农业为基础的轨道上来。

针对当时我国经济落后、工业基础薄弱的现实情况，毛泽东同志认为：“个体生产，农民难以增收，改善这种状况的途径就是经过合作社，走集体化道路。”[①]他提出“先合作化，后机械化”的农村合作思想，以合作化和集体化的方法将农民组织起来，引导农民成立互助组织，后来发展为合作社，实现了社会主义改造任务，促进了农业生产力的发展。农业机械化是实现农业现代化的重要途径，是农业发展的根本出路，要依靠科技提高农业生产水平。

2.以邓小平同志为主要代表的中国共产党人的“三农”思想

党的十一届三中全会拉开了改革开放的大幕，以邓小平同志为主要代表的中国共产党人始终把解决“三农”问题作为国民经济发展的重要战略，改革首先是从农村开始的。邓小平同志在深刻总结以往经验的基础上，紧密结合改革开放和现代化建设的实际，首先在农村地区进行改革，提出了农村发展道路上的“两个飞跃”战略构想。第一个飞跃是废除人民公社，实行家庭联产承包责任制，极大激发了农民的生产积极性，充分发挥了农民的主体作用，有力促进了农业生产和农村经济的发展。第二个飞跃是发展适度规模经营，壮大集体经济，适应科学种田和合作化生产的要求，发展农业土地适度规模经营，转变传统低效的一家一户生产模式，实现农业集体化发展。

---

① 《毛泽东选集》第 3 卷，北京：人民出版社，1991 年，第 361 页。

在工农业关系的认识上，强调二者要相互促进。农业是国民经济的基石，农业的稳定是国家平稳运行和国民经济发展的前提和保障，工业的发展在一定程度上受到农业发展的影响；同时，工业不发展，农业也难以快速发展，工业发展的重大任务是促进农业现代化。在工农业发展方面，要推动农业与工业相互促进，在工农业协调发展的过程中处理好城乡关系问题。邓小平同志指出："实现四个现代化，关键是农业现代化。"[①]这就既突出了农业在国家现代化发展中的地位和作用，又指出了农业现代化是"四化"中发展较为滞后的短板。在解决"三农"问题上，要重视乡镇企业的发展，乡镇企业不仅能够吸收农村剩余劳动力，促进农民增收致富、提高农民生活水平，还能推进农村经济的繁荣发展，提高农业生产率，推动农村工业化和城镇化的进程，是国民经济的重要组成部分。

3.以江泽民同志为主要代表的中国共产党人的"三农"思想

以江泽民同志为主要代表的中国共产党人始终重视"三农"问题，我国继续深化改革开放、推进社会主义现代化进程都与"三农"密切相关，农村稳定至关重要，农业发展是解决民生问题的基本保障，"三农"的稳定关系到我们党执政地位的稳固和国家的安定。要始终坚持农业的根本地位，以此推进农业现代化，发展城镇化，为全面建设小康社会奠定基础。

江泽民同志提出"走出一条建设有中国特色的社会主义新农村的路子"的战略构想，指出"现在农业和农村的问题仅靠自身是解决不了的，必须靠城乡一体、城乡统一市场来解决"。[②] 强调解决"三农"问题要坚持以市场为导向，根据市场调整和优化产业结构，

---

① 《邓小平文选》第1卷，北京：人民出版社，1994年，第402页。

② 参见陆学艺：《"三农"论——当代中国农业、农村、农民研究》，北京：社会科学文献出版社，2002年，第184页。

发展优质高效农业。发展农业产业化经营道路，将农产品生产、加工、销售等多个环节进行有机结合，逐步形成工农贸一体化的农业产业化经营模式，促进现代化农业发展。要大力发展乡镇企业，以小城镇建设推动城镇化进程，通过小城镇建设更好统筹城乡发展。

4.以胡锦涛同志为主要代表的中国共产党人的“三农”思想

以胡锦涛同志为主要代表的中国共产党人深刻认识并高度重视“三农”发展，强调农业是安天下、稳民心的战略产业，把解决好“三农”问题作为全党工作的重中之重，将“三农”发展上升到一个新的战略高度。坚持统筹城乡经济社会发展的基本方针，提出建设社会主义新农村的战略任务，明确了“生产发展、生活宽裕、乡风文明、村容整洁、管理民主”的新农村建设要求，这一要求为乡村振兴战略的提出和内容的丰富提供了重要的理论依据和坚实的实践基础。

在发展农业产业化经营的基础上，坚持农村基本经营制度，建立农民合作组织，引导农业产业化经营向更加专业化、现代化的方向发展。通过一系列强农惠农政策，包括 2006 年全面取消农业税，让利于农民，激发农民生产积极性。建立农村最低生活保障制度和新型农村社会养老保险，建立农民就业服务体系，培育新型农民，通过多种方式增加农民收入，提高农民的生活水平，切实保障农民权益。针对工农关系、城乡关系，胡锦涛同志提出“两个趋向”重要论断，即历史规律表明，在一个国家的工业化初始阶段，以农业支持工业发展、为工业提供积累，这是带有普遍性的趋向；在工业化到达相当程度以后，工业反哺农业、城市支持农村，逐步实现工业与农业、城市与农村协调发展，也带有普遍性的趋向。

二、乡村振兴战略的现实基础

乡村振兴战略的提出不仅有深厚的理论基础，还具有深刻的时代背景和坚实的现实基础。乡村振兴战略在继承党的“三农”发展思想和工作经验的基础上，提出了全新的理念，系统回答了农村“为何振兴、怎么振兴、谁来振兴、为谁振兴”的问题。党的十八大以来，我国的“三农”发展取得了显著成效，粮食产量保持稳定，城乡收入差距逐年缩小，脱贫攻坚战全面打赢。我国经济社会发展进入了新时代，乡村振兴迎来了难得的发展机遇。2021 年 7 月 1 日在庆祝中国共产党成立 100 周年大会上，习近平总书记庄严宣告：“经过全党全国各族人民持续奋斗，我们实现了第一个百年奋斗目标，在中华大地上全面建成了小康社会，历史性地解决了绝对贫困问题。”这意味着乡村振兴取得了重大成果，为实现共同富裕提供了必要前提。

（一）党的领导为乡村振兴提供坚强的政治保障

《中共中央　国务院关于实施乡村振兴战略的意见》（2018 年 1 月 2 日）明确指出，党的领导是中国特色社会主义最本质的特征，是中国特色社会主义最大的优势。新时代我国乡村振兴必须坚持党管农村工作。改革开放以来，我国农村经济快速发展，农村各项改革成效显著，从根本上源于党对农村工作的正确领导。尤其是党的十八大以来，以习近平同志为核心的党中央更加重视“三农”工作，深化农村供给侧结构性改革，调整优化农业发展方式，加快农业现代化步伐，始终将保障农民权益摆在重要位置，向着农业强、农村美、农民富的目标不断迈进。只有加强党对农业农村工作的全面领导，才能为实施乡村振兴战略提供强大的政治保障。

(二)经济发展为乡村振兴奠定坚实的物质基础

实现乡村振兴,需要强大的经济实力和坚实的物质基础。经过长期努力,我国的经济建设取得了举世瞩目的成就。我国建立起了相对独立完整的国民经济体系,社会生产力和综合国力迈上了新台阶,国内生产总值稳居世界第二;我国已经进入中等偏上收入国家行列,居民的恩格尔系数已经连续4年低于30%,处于富足区间,人民生活水平和生活质量不断提高。

党的十八大以来,我国以五大发展理念为指引,调整优化经济结构,推动经济高质量发展。我国的产业结构不断优化,第一产业在国民经济中的比重呈下降趋势,第二产业在国民经济中的比重稳步下降,第三产业增加值占GDP的比重超过50%,经济社会发展表现出强大的增长后劲。农业供给侧结构性改革取得显著成效,农产品质量不断提高,农产品生产成本下降,绿色生态农业快速发展,农村生态环境持续向好。以大数据、云计算、物联网为代表的新一代信息技术持续高速发展,加速新旧动能转换,为传统农业改造提升带来科技支撑,并不断催生出新产业新业态新模式,为农业农村发展创造新动能。

通过发展农村合作社,把农民变成合作社的股东,以流转土地、集体经营、吸收农村剩余劳动力务工、提供农民技能培训、合作社经营分红等多种方式促进农民增收致富。建设美丽宜居乡村,大力改善农村基础设施条件,水、电、路、信息等基础设施的覆盖率大幅提升,通过垃圾处理、厕所革命等措施进一步改善农村的人居环境,提高乡村的吸引力。

第三节 实践路径

乡村振兴战略的实施是一个长期过程，具有复杂性和阶段性，要持之以恒，久久为功。要以建立健全城乡融合发展的体制机制为核心，激活主体、要素和市场，全面推动乡村振兴。[①] 2018 年 3 月 8 日上午，习近平总书记参加十三届全国人大一次会议山东代表团审议时，对乡村振兴战略进行了深入全面的阐述。他提出乡村振兴要实现"五大振兴"，即产业振兴、人才振兴、文化振兴、生态振兴和组织振兴，涵盖经济、政治、文化、社会、生态文明等方面，与实施乡村振兴战略的产业兴旺、生态宜居、乡风文明、治理有效、生活富裕总要求一脉相承。推动乡村"五大振兴"，是"五位一体"总体布局和"四个全面"战略布局在农业农村领域的具体体现，是乡村振兴战略的核心内容和主要抓手，是加快推进乡村治理体系和治理能力现代化、加快推进农业农村现代化的重大举措。[②]

一、推动乡村产业振兴

产业振兴是乡村振兴最重要的物质基础，直接关系到乡村就业机会的提供和农民增收渠道的拓宽。习近平总书记指出，紧紧围绕发展现代农业，围绕农村一二三产业融合发展，构建乡村产业体系，实现产业兴旺，把产业发展落到促进农民增收上来，全力以赴消除农村贫困，推动乡村生活富裕。推动乡村振兴，必须实现农业经营有效益，让农业成为有奔头的产业；实现农民增收致富，让

① 参见洪银兴、刘伟、高培勇、金碚、闫坤、高世楫、李佐军：《"习近平新时代中国特色社会主义经济思想"笔谈》，《中国社会科学》2018 年第 9 期。

② 参见韩俊：《谱写新时代农业农村现代化新篇章》，《人民日报》2018 年 11 月 5 日。

农民成为有吸引力的职业;实现农村留得住人,让农村成为安居乐业的美丽家园。农村的主导产业是农业,农业发展是农村发展的先决条件。大力发展现代农业,打破传统农业“高物耗、高能耗、高污染、低效益”的粗放增长路径,向现代高效农业转型升级。进一步提高国家粮食安全保障水平,牢牢把握国家粮食安全主动权。以农业供给侧结构性改革为主线,推动农业从增产导向转向提质导向,更加注重经济效益、社会效益、生态效益的统一,增强我国农业创新力和竞争力,为补齐农业现代化短板、建设现代化经济体系奠定坚实基础。

推动乡村产业振兴,要坚持质量兴农、绿色兴农,大力发展现代种植业和现代养殖业,推进农产品就地加工转化,提高农副产品附加值,发展乡村现代服务业,促进农村一二三产业深度融合,加快构建现代农业产业体系、生产体系、经营体系。构建现代农业生产体系,夯实农业生产能力基础,优化农业生产力布局,推进农业结构调整,壮大特色优势产业,保障农产品产量质量安全,更好地应对农产品进口冲击和国际农产品市场波动等不利影响,更好地满足居民食物消费升级需要。构建新型农业产业体系,紧紧围绕农村一二三产业融合发展,促进农业内部融合、延伸农业产业链、农业和工业服务业深度融合、相互促进,发展乡村新产业新业态新模式,壮大乡村产业,扩大农民持续较快增收渠道。构建新型农业经营体系,既要培育新型农业经营主体,给予技术、资金、人才等要素支持,又要充分调动农户的生产经营积极性,发展家庭经营、集体经营、合作经营和企业经营等多种经营模式。

二、推动乡村人才振兴

人才振兴是乡村振兴的关键所在。推动乡村振兴,必须培养造就一支强大的人才队伍，切实解决农村缺人手、缺人才、留不住人等问题，凝聚乡村发展人气。习近平总书记在参加山东代表团审议时强调，要推动乡村人才振兴，把人力资本开发放在首要位置，强化乡村振兴人才支撑，加快培育新型农业经营主体，让愿意留在乡村、建设家乡的人留得安心，让愿意上山下乡、回报乡村的人更有信心，激励各类人才在农村广阔天地大施所能、大展才华、大显身手，打造一支强大的乡村振兴人才队伍，在乡村形成人才、土地、资金、产业汇聚的良性循环。

推动乡村人才振兴，要适应建设现代农业新要求，注重培育新型职业农民，加强农村专业人才队伍建设，培育一大批种田能手、农机作业能手、农业科技带头人、农产品营销人才、农村电商人才、农业经营管理人才，为发展现代农业提供人才支撑。鼓励社会各界投身乡村振兴事业，鼓励一部分农村优秀人才驻乡，吸引一部分外出人才回乡，鼓励支持一部分社会人才下乡，以乡情乡愁为纽带，培养造就一支懂农业、爱农村、爱农民的“三农”工作队伍，千方百计吸引人才、留住人才，汇聚各方人才推动乡村振兴，为乡村振兴提供内生发展动能。

着眼本土人才优势，挖掘本土人才资源潜力，积极留住本土优秀人才。切实提高乡土人才发展能力和技术水平，持续激发乡土人才内生动力。在加快培养本土人才的同时，也要通过常态化的挂职锻炼等方式引进人才，保证乡村振兴不断有新鲜血液注入。[①]通过激活主体、要素和市场，畅通要素在城乡间的自由流动，改变人才由农村向城市单向流动的局面，积极吸引外出务工创业人才把在城市里积累的先进经验、技术、创新思维以及资金带回家乡。

---

① 参见胡五清：《乡村振兴，先要留住人》，《人民日报》2020年5月21日。

积极营造良好的返乡就业创业氛围，清除阻碍要素下乡的各种障碍，解决返乡创业过程中面临的融资、用地、公共服务、风险应对等难题，调动外出人员返乡就业创业积极性，推动人才回乡、资金回流、项目回迁，为农业现代化建设和农业持续健康发展提供坚实人力基础和保障。

三、推动乡村文化振兴

文化振兴是乡村振兴的重要基石。推动乡村振兴，必须坚持既要“富口袋”又要“富脑袋”，大力挖掘乡村文化功能，提升乡村文化价值，增强乡村文化吸引力，不断提升乡村社会文明程度。习近平总书记在参加山东代表团审议时强调，要推动乡村文化振兴，加强农村思想道德建设和公共文化建设，以社会主义核心价值观为引领，深入挖掘优秀传统农耕文化蕴含的思想观念、人文精神、道德规范，培育挖掘乡土文化人才，弘扬主旋律和社会正气，培育文明乡风、良好家风、淳朴民风，改善农民精神风貌，提高乡村社会文明程度，焕发乡村文明新气象。

推动乡村文化振兴，要进一步加强乡村公共文化建设，充分整合现有公共空间，为村民提供多元化公共文化场所。中华文化根植于农耕文明，自古就有寻根溯源的人文情怀和乡村情结，具有深厚的文化土壤。以乡村公共文化服务体系建设为载体，以高度的文化自觉和自信守护优秀的乡土文化根基，持续发挥乡土文化的凝聚力，深度发掘乡土文化的创造力。依据时代发展的新变化新趋势，创新村民休闲娱乐方式，举办富有特色的乡村公共文化活动，丰富乡村公共文化，激发村民参与乡村公共文化活动的积极性和创造性，激发他们基于农村实际生活进行文化艺术创造，为现代农村文化增添新的活力和生机。

教育引导群众革除陈规陋习，弘扬公序良俗，大力宣传培育文明乡风，是乡村文化治理的重要内容，也是实现村民文化脱贫的必由之路。传统乡村是礼治社会，村民依据村规民约、风土民俗等礼治制度安排日常生产生活。在乡村文化治理过程中，一方面，要坚决摒弃村庄传统风俗和传统道德习惯中的违法违规内容，确保村庄礼治规范符合法治要求。另一方面，要对传统礼治中不合时宜的规范进行扬弃，营造良好的乡村风俗。在传统礼治文化中，“面子”和“人情”这两条主线在乡村社会交往过程中具有重要作用，但随着经济社会发展和生活水平的提高，这两条主线逐渐演变为红白事甚至各种理由的大操大办，讲究排场、相互攀比、铺张浪费等陋习形成恶性循环，使得“面子”成为沉重的负担，“人情”转变为“人情债”。[①] 针对这些异化了的礼治风俗，要在采取扬弃的态度、肯定这些规范内在价值诉求的同时，对不恰当、不合理的演变形式进行批判制止，还原礼治规范的本质，培育新时代文明乡风淳朴民风，促进乡村文明建设。

四、推动乡村生态振兴

生态振兴是乡村振兴的内在要求。推动乡村振兴，必须推进乡村自然资源加快增值，构建人与自然和谐共生的乡村发展新格局。习近平总书记在参加山东代表团审议时强调，要推动乡村生态振兴，坚持绿色发展，加强农村突出环境问题综合治理，扎实实施农村人居环境整治三年行动计划，推进农村“厕所革命”，完善农村生活设施，打造农民安居乐业的美丽家园，让良好生态成为乡村振兴支撑点。2020 年 6 月，生态环境部办公厅联合农业农村部办

① 参见刘昂：《加强乡村文化建设　推动乡村振兴》，《经济日报》2020 年 7 月 10 日。

公厅和国务院扶贫办综合司下发《关于以生态振兴巩固脱贫攻坚成果 进一步推进乡村振兴的指导意见(2020～2022年)》,提出要“以美丽乡村建设为导向提升生态宜居水平,以产业生态化和生态产业化为重点促进产业兴旺,以生态文化培育为基础增进乡风文明,以生态环境共建共治共享为目标推动取得治理实效,更好满足人民群众日益增长的美好生活需要”。

推动乡村生态振兴,要以绿色发展为引领,转变传统粗放式的农业增长模式,严守生态保护红线,推进农业农村绿色发展,加快改善农村人居环境,完善农村生活设施,加强农村污水、垃圾等突出环境问题综合治理,补齐农村生态环境建设短板,让良好生态成为乡村振兴的支撑点,打造农民安居乐业的美丽家园。

从“村容整洁”到“生态宜居”,乡村振兴战略对农村生态环境建设提出了更高的要求。乡村是生态资源的重要涵养区,不能只利用不保护,要坚持底线思维,把山水林田湖草作为一个生命共同体,进行统一保护、统一修复;如果只是简单守住绿水青山,不会科学利用,不善永续利用,绿水青山也难以成为金山银山。要强化规划引领,坚持系统思维,抓好统筹谋划,促进人与自然和谐共生。[①]要培育生态资源优势,发展乡村生态经济,推动乡村产业生态化,有序推进乡村生态产业化,完善乡村环境基础设施。弘扬乡村生态文化,加强生态文化宣传,倡导绿色低碳生活方式。及时抓住居民休闲娱乐的新变化新趋势,增加生态产品供给和优化生态增值服务,加快发展森林草原旅游、河湖湿地观光、冰雪海上运动、野生动物驯养观赏等休闲旅游产业,积极开发观光农业、休闲度假、健康养生、文化传承、科普教育等服务,实现经济效益与生态效益双

---

① 参见徐明辉:《绿色发展,引领乡村生态振兴》,《人民日报》2018年3月27日。

增长，将绿水青山变成金山银山。

五、推动乡村组织振兴

组织振兴是乡村振兴的根本保障。推动乡村振兴，必须加强农村基层党组织建设，通过基层党组织把广大农民群众凝聚起来，形成强大合力。习近平总书记指出，办好农村的事情，实现乡村振兴，基层党组织必须坚强，党员队伍必须过硬。要不忘初心、牢记使命，传承好红色基因，发挥好党组织战斗堡垒作用和党员先锋模范作用。

推动乡村组织振兴，要加强农村基层党组织建设，建设过硬的农村基层党组织带头人队伍，加强农村基层党组织对乡村振兴的领导。强化农村基层党组织的领导核心地位，创新思路加强农村基层党组织建设，促进党组织体系更加健全、支部领导更加有力。促进基层党组织管理制度化、科学化、规范化，引导基层党组织创先争优、比学赶超，切实提升基层组织力，筑牢基层战斗堡垒。加强党员队伍建设，创新基层党组织设置和党支部活动方式，持续整顿软弱涣散村党组织，严把党员入口、严把发展程序、严格责任追究，着力提升党员发展质量，引导农村党员发挥先锋模范作用，积极投身改革发展主战场、民生保障最基层、脱贫攻坚第一线，带动乡村形成万众一心聚焦乡村振兴的生动局面。发展农民合作经济组织，打造合作经济组织平台，促进农户和现代农业发展有机连接，培育各类专业化市场化服务组织，推进农业生产的社会化服务，帮助农民节本增效，促进农民增收致富。发展多样化的联合与合作，提升小农户组织化程度，把分散的农业市场主体组织起来。

通过党建引领，完善村民自治制度，健全以党组织为核心的基层组织体系，确保按照党的意志和精神实施基层治理，动员组织广大农民积极参与到乡村振兴中来。健全乡村治理体系，提高乡村的自我管理和自我服务能力，进一步规范民主选举程序，健全村民议事、办事和监事等体系，推进乡村民主法治建设。建立健全党委领导、政府负责、社会协同、公众参与、法治保障的现代乡村社会治理体制，促进乡村治理过程中自治、法治、德治有机结合，让乡村社会既充满活力，又和谐有序。

加强基层党组织建设，要建立科学有效的容错纠错机制，坚持问题导向、目标导向、民意导向，宽容干部在改革创新中的失误错误，切实为敢于担当的干部撑腰鼓劲，激发干部“撸起袖子加油干”的创业热情。要建立高效完善的干部激励机制，大力激发基层干部的干事积极性，为想干事、能干事、干成事的干部畅通晋升通道，打破基层“天花板”。

第七章　实施区域协调发展战略

党的十九大报告指出,“实施区域协调发展战略”,“建立更加有效的区域协调发展新机制”。坚持区域协调发展是习近平新时代中国特色社会主义经济思想的有机组成部分,是新时代解决人民日益增长的美好生活需要和不平衡不充分的发展之间矛盾的重要途径。新时代区域协调发展被赋予了新的内涵和新的历史使命,是践行新发展理念,构建新发展格局,统筹推进“五位一体”总体布局、协调推进“四个全面”战略布局的重要抓手,对于顺利实现第二个百年奋斗目标,促进我国经济社会持续健康发展具有重大战略意义。

第一节　基本概念

区域经济是我国国民经济和社会发展的重要组成部分。党的十八大以来,我国城乡区域发展取得明显成效,新型城镇化稳步推进,区域协调性不断增强,国家重大区域性战略引领作用持续显现,主体功能区制度建设日趋完善。区域协调发展是建设现代化经济体系的重要内容，是保持经济平稳运行和高质量发展的重要支撑，是全面建设社会主义现代化国家的重要抓手。

一、区域协调发展战略的新内涵

区域发展是我国现代化进程中必须始终面对的重大历史性课题。区域发展战略是指以不同尺度和类型区域为主体的战略布局安排，既包括经济区和行政区发展战略，也包括点线面、轴带、城市群、流域、湾区等不同形态区域发展战略，往往在国家区域发展格局中承担不同的功能定位。

新中国成立初期，我国妥善处理了当时面临的沿海地区与内陆地区发展问题，为西部地区发展奠定了坚实的现代工业文明基础。改革开放之后，在改革开放总设计师邓小平“两个大局”的“第一个大局”思想指导下，逐步形成了东、中、西部三大地带区域发展战略。自 20 世纪末开始，解决“两个大局”的“第二个大局”时机成熟，中国明确提出了区域协调发展战略，自提出这一战略以来，区域发展关注的着重点逐步调整完善。进入 21 世纪以来，形成了东部率先发展、西部大开发、东北等老工业基地振兴、中部崛起的区域发展总体战略。

我国区域发展战略始终贯彻着区域协调发展的思想。党的十五大报告首次提出促进地区经济合理布局和协调发展；党的十六大报告提出积极推进西部大开发，促进区域经济协调发展；党的十七大报告提出推动区域协调发展，优化国土开发格局；党的十八大报告提出继续实施区域发展总体战略，充分发挥各地区比较优势，在总体战略的基础上进一步强调生态文明，提出了主体功能区战略。党的十九大报告进一步提出实施区域协调发展战略，首次阐述了区域协调发展是建设现代化经济体系的重要内容、空间载体和重要抓手，并在两个国家区域战略（区域发展总体战略和主体功能区战略）的基础上突出强调对内对外全方位“一体化”推进。党的十九届五中全会提出坚持实施区域重大战略、区域协调发展战略、主体功能区战略，健全区域协调发展体制机制，完善新型城镇化战略，构建高质量发展的国土空间布局和支撑体系，促进城乡区域发展协调性显著增强。

（一）新格局

区域协调发展是习近平新时代中国特色社会主义经济思想的有机组成部分，在党的十九届五中全会提出的实施区域重大战略、区域协调发展战略、主体功能区战略引领下，赋予了区域协调发展战略一个全新格局。区域协调发展不仅包括区域经济发展差距的缩小，还包括区域之间按比较优势形成分工协作格局、生产要素跨区域自由有序流动，国内国外两个市场一体化，以及跨区域人与自然的和谐共生、生态环境的区域协同治理。具体来讲应体现以下五个方面：一是各地区的比较优势和特殊功能都能得到科学、有效的发挥，形成体现因地制宜、分工合理、优势互补、共同发展的特色区域经济；二是各地区之间人流、物流、资金流、信息流能够实现畅通和便利化，形成建立在公正公开公平竞争秩序基础上的全国统一市场；三是各地区城乡居民可支配收入及享受基本公共产品和服务的人均差距能够限定在合理范围之内，形成走向共同富裕的社会主义的空间发展格局；四是各地区之间基于市场经济导向的经济技术合作能够实现全方位、宽领域和新水平的目标，形成各区域、各民族之间全面团结和互助合作的新型区域经济关系；五是各地区国土资源的开发、利用、整治和保护，能够实现统筹规划和互动协调，形成经济增长与人口资源环境之间协调、和谐的区域发展模式。

(二)新目标

均等、平衡是区域协调发展追求的目标和方向。发展不平衡、不充分是我国的基本国情,这是新时代需要解决的重大课题。习近平总书记在2018年中央经济工作会议上提出:“要实现基本公共服务均等化,基础设施通达程度比较均衡,人民生活水平大体相当。”[①]近年来,各地区紧紧围绕习近平总书记提出的这一指示精神,推进区域协调发展。具体来讲,就是要培育新的区域经济增长极,形成沿海沿江沿线经济带为主的纵向横向经济轴带,加快城市群建设发展,培育和形成规模不等的区域经济增长极,促进生产要素自由流动,提高资源要素的空间配置效率;区域经济发展必须加快实现质量变革、效率变革、动力变革,提高国民经济运行效率,转变主要靠资源要素大规模投入的传统经济发展方式,促进经济高质量发展;增进社会公平,推动各区域缩小基本公共服务差距,实现基本公共服务均等化,防止区域之间发展差距过大;建设美丽中国,各地发展必须与其资源环境承载力相适应,不能超越生态系统的许可限度;提升区域间互联互通,推动区域互动、城乡联动、陆海统筹;依据主体功能定位发展,充分发挥比较优势,推动各区域加快转变发展方式、优化经济结构和转换增长动力,进而实现更高质量、更有效率、更加公平、更可持续的发展。

(三)新遵循

建设现代化经济体系是区域协调发展在新时代面临的全新课题,必须在遵循新发展理念和构建新发展格局的前提下去推进。一是创新发展。实施创新驱动战略,特别是中西部地区,要进一步强化创新驱动,加快形成有利于创新发展的体制机制、技术创新系

---

① 《中央经济工作会议在北京举行　习近平李克强作重要讲话》,人民网,2017年12月20日,http://cpc.people.com.cn/n1/2017/1220/c64094-29719664.html。

统,加快培育形成新的经济增长极和增长带,东部地区继续发挥创新引领作用,并带动中西部地区实现创新发展。二是协调发展。促进区域协调发展,不仅全国各大区域要协调发展,区域内部也要实现协调发展,要针对薄弱环节补齐发展短板,通过改革实现要素在区域内有序流动,基本公共服务趋于均等。三是绿色发展。践行"绿水青山就是金山银山"理念,实现有质量的发展,绿色低碳发展,特别是中西部地区,在加快经济发展的过程中,应形成有利于保护自然生态的绿色低碳循环发展产业体系,推动黄河流域生态保护和高质量发展。四是开放发展。坚持打开国门搞建设,东、中、西三大区域之间应实现资源、要素合理流动,特别是促使东部优质资源更多地向中、西部地区流动,形成深度融合、互利合作发展的区域发展格局,同时积极推动"一带一路"沿线各国实现经济政策协调,开展更大范围、更高水平、更深层次的区域合作,共同打造开放、包容、均衡、普惠的区域经济合作架构。五是共享发展。要使全国各区域人民共享经济、社会发展成果,特别是要缩小过大的区域发展差距,补齐农村发展短板,加快革命老区、民族地区、边疆地区和困难地区的发展,让全国各地区、各族人民都能更好地共享发展成果。尤其是加强黄河治理保护,推动黄河流域高质量发展,积极支持流域省区在打赢脱贫攻坚战的基础上,努力解决好流域人民群众特别是少数民族群众关心的防洪安全、饮水安全、生态安全等问题,对维护社会稳定、促进民族团结具有重要意义。当前,面对严峻复杂的形势,要更好推动"长三角"一体化发展,深刻认识"长三角"区域在国家经济社会发展中的地位和作用。

二、区域协调发展战略的时代特征

实施区域协调发展战略必须准确把握我国经济社会发展进入

新时代的基本国情和城乡区域发展实际,正确认识区域协调发展战略的内涵特征,充分发挥先进地区优势,挖掘后进地区潜力,为国民经济发展培育新增长极、提供新动能、再造新优势,实现我国经济高质量发展。

(一)坚持以人民为中心

实施区域协调发展战略,要改变过去对区域协调发展的认识偏差,不能简单地认为区域协调发展就是要缩小区域之间、地方之间 GDP 总量、增长速度的差距。区域协调发展首先要紧扣"人民"这一核心,坚持以人民为中心,实现基本公共服务均等化,基础设施通达程度比较均衡,人民生活水平大体相当应成为基本标准。我国幅员辽阔,不同地区的自然条件差异很大,增长速度和 GDP 总量不可能一样,收入水平也不可能完全一样。各地区应该根据不同区域的主体功能定位来发展,把推动基础设施均衡发展放在重要位置,不断完善基础设施网络,尤其要在公共教育、医疗卫生及社会服务等方面,加快解决地区间的不均衡问题,努力实现基本公共服务均等化。

(二)进一步增强区域协调性

区域发展总体战略有序实施,逐步形成以东部率先发展、西部大开发、东北振兴、中部崛起为主体的区域发展新格局,"四大板块"实施差异化发展战略,促进了地区间比较优势发挥和分工协作。东部地区继续发挥改革开放排头兵的示范带动作用,国际竞争力大幅度提升,国际经济贸易和金融的影响力明显增强,在自由贸易试验区、全面创新改革试验区、战略性新兴产业发展等方面成效显著。中部地区不断强化交通区位优势和重大基础设施建设,承接东部沿海产业转移能力不断加强,在物流基地建设、城市群培育、粮食生产等方面成效显著。西部地区着力增强自我发展能力和发挥沿边开放优势，产业配套能力和市场化机制水平不断提高，在生态屏障建设、特色优势产业培育等方面取得明显成效。东北地区积极应对经济快速下行压力和破解体制性结构性约束，重点推进老工业基地振兴和资源枯竭型城市转型，在生态旅游、绿色食品、现代装备等优势产业发展方面取得积极成效。以人为核心的新型城镇化进程稳步推进，质量不断提高，为扩大投资和消费需求、缩小城乡发展差距、提高居民收入水平和生活质量提供有力支撑，农业转移人口市民化规模不断扩大。

（三）凸显“重大战略”引领辐射作用

党的十八大以来，为了应对经济全球化和国内区域经济一体化的新形势，引导我国地区经济合理布局协调发展，国家先后制定实施“一带一路”倡议、京津冀协同发展战略、长江经济带战略、黄河流域生态保护和高质量发展战略等国家区域性重大战略部署，进一步促进形成了全方位对外开放、跨行政区经济合作、重点轴带引领地区协作的新格局。推动“四大板块”与“重大战略”相结合，是实现区域全面协调可持续发展的重大战略举措，将产生多重效应，能打通板块之间的联系，激发区域发展的内生活力。特别是在“一带一路”建设方面，着眼于沿线国家能源供给和市场拓展的战略需求，发布《推动共建丝绸之路经济带和21世纪海上丝绸之路的愿景与行动》，推动设立丝路基金，成功举办“一带一路”国际合作高峰论坛。我国与“一带一路”沿线国家的进出口贸易、双向投资保持稳步增长，“一带一路”建设成为我国全面提升开放型经济水平、构建新型国际关系和构建人类命运共同体的重要支撑。

（四）稳步推进主体功能区和国家公园建设

生态文明建设上升到“五位一体”战略高度，涵盖制度建设、理念转变、规划配套、政策落实等各方面。主体功能区建设作为国土空间差异化开发管控的重大规划、战略和制度创新,国家公园作为国际通行的特殊类型国土空间保护举措和抓手,都为可持续发展和生态文明建设提供有力支撑。党的十八大以来,国家加强生态环境保护的力度之大前所未有,在相关的规划制定、政策设计、资金投入、体制改革等领域密集推出一系列举措,有力促进了绿色发展、生态文明制度的建立完善。国家公园建设方面,以三江源作为我国首个国家公园体制试点,相继在东、中、西和东北"四大板块"启动了总共 10 个国家公园体制试点。

(五)完善城市群健康发展协调机制

一般地讲,在一定空间尺度范围内,区域协调发展问题实际上就是城市群的健康发展问题,要通过城市群的健康发展来促进区域协调发展。城市群是中国经济发展的重要增长极,也是最具创新活力的板块。提高城市群的质量,重点是推进大中小城市网络化建设,增强对农业转移人口的吸引力和承载力,加快户籍制度改革落地步伐。要强化大城市对中小城市的辐射和带动作用,逐步形成横向错位发展、纵向分工协作的发展格局。完善城市群协调机制,推动城市间产业分工、基础设施、生态保护、环境治理等协调联动,促进形成大中小城市和小城镇协调发展的城镇格局。同时,农业转移人口市民化是推进新型城镇化的关键,要加快农业转移人口市民化,深化户籍制度改革,降低落户门槛,拓宽落户通道。同时,也要科学规划粤港澳大湾区建设,进一步引导特色小镇健康发展。

(六)新一轮产业革命的信息、技术等基础条件支撑强劲

当前,新一轮科技革命和产业变革加速演进,必将对我国包括区域协调在内的全方位发展产生重要影响。我国应积极把握新产业革命发展进程,注重利用新一轮产业革命的物质、信息和技术成

果加快推进区域协调发展。根据我国区域协调发展的新形势和要求，进一步划分出某些特殊类型的落后地区，制定更加具体和有针对性的对策，促进这些地区发展。

第二节　学理依循

协调发展是五大发展理念之一。推动区域协调发展是协调发展的重要内容。特别是像中国这样人口众多、资源多样、幅员辽阔的大国，如何根据各区域的资源禀赋特征和社会经济基础，组织有效而又合理的分工协作，促进区域经济协调发展，实现国民经济的良性循环，是一个非常重要的经济和政治问题。进入 21 世纪以来，区域经济发展和区际关系协调已成为我国政府和理论学界关注的核心问题。

以习近平同志为核心的党中央，立足新时代的历史方位，坚持以马克思主义政治经济学为指导，借鉴现代区域经济学的基本理论观点，结合新中国成立以来我国区域发展的丰富实践，特别是对毛泽东同志《论十大关系》和邓小平同志“两个大局”的继承和发展，以新发展理念为引领，对区域协调发展问题做出了一系列新的论述，确立了京津冀协同发展、长江经济带发展、粤港澳大湾区建设、长三角一体化发展、黄河流域生态保护和高质量发展等重大战略，健全区域协调发展体制机制，完善新型城镇化战略，构建高质量发展的国土空间布局和支撑体系，妥善应对国内外各种风险挑战，不断提高区域治理体系和治理能力现代化水平。

区域协调发展，在指导思想上以“生产力决定论”为特征，在理论结构上以协同发展和区域分工为支柱，在实际工作中突出体现了梯度推移理论和辐射理论。

一、区域发展梯度推移理论

梯度推移理论在不平衡发展理论中最具有代表性。20世纪70年代末80年代初，梯度推移理论被引入我国生产力总体布局与区域经济研究中，主要是针对我国经济发展的不平衡性，运用这个理论来探讨区域开发重点的空间转移和调整空间结构的途径。

（一）梯度推移理论的基本概念

1.区域发展的梯度概念

区域发展的梯度概念一般是用来表达地区间经济发展水平的差别，以及由低水平地区向高水平地区过渡的空间变化历程。当前，世界各国，尤其是发展中国家普遍遇到的一个问题是地区间经济发展不平衡。为了解决这个问题，就需要绘制地区经济发展梯度图，表明在国家或地区范围内经济发展水平由高到低的梯度变化状况。编制这类地图的最简单办法是在每个基层行政单位（例如县）中心附近，标出该县人均国民收入数，然后把数值相同的点连接成线。从这种外表与地形图近似的梯度图上可以清楚地看到，从高收入地区到低收入地区，明显存在着几个梯度。

2.梯度推移理论的基本观点

区域经济学引入工业生产生命循环阶段论，创造了区域经济梯度推移论，主要观点有以下三点。第一，区域经济的盛衰主要取决于它的产业结构优劣。而产业结构的优劣又取决于地区经济部门，特别是主导专业化部门在工业生命循环中所处的阶段。如果一个区域的主导专业化部门主要是由处在创新阶段的兴旺部门所组成，则不但说明其经济发展实力雄厚，而且说明其在今后一个时期内仍然可以保持发展的势头，这种地区因此被列入高梯度地区。如果一个地区的主导专业化部门都是由那些处在成熟阶段后期或衰老阶段的衰退部门所组成，则经济必然会呈现出增长缓慢、失业率上升、人均收入下降等现象，或已陷入严重危机之中。这种地区属于低梯度地区。第二，创新活动包括新产业部门、新产品、新技术、新的生产管理与组织方法等大都发源于高梯度地区，然后随着时间的推移，生命循环阶段的变化，按顺序逐步由高梯度地区向低梯度地区转移。第三，梯度转移主要通过多层次城市系统扩展开来。这种多层次城市系统扩展包括局部扩展和大范围扩展两种形式。局部扩展指的是创新活动由发源地大致按距离远近向经济联系比较密切的邻近城市转移。这种转移是因为创新多发源于城市密集带的中心城市，而当社会对新产品的需求增大，创新地区已经没有能力单独把生产发展到能够充分满足需要的水平时，邻近的城市就会凭借近水楼台之便，凭借与创新地之间业已建立起的密切关系，把这种产品的生产承接过来。大范围的扩展则是指创新活动由发源地向全国行政区域城市系统顺序地扩展。这时决定转移去向的就不是距离远近，而是接受新产品能力的强弱，而梯度划分正是这种能力差别的反映。只有处在第二梯度的城市才有能力很快接受并消化发源于第一梯度的创新产业部门或创新产品，才有能力把这些产品更广泛、深入地销售到它们各自控制的市场之中。同理，以后随着产品生命的成熟与老化，它们的生产还会顺序向第三梯度、第四梯度的城市转移，甚至还会由城市向乡镇、农村转移。

总之，区域经济发展梯度论，充分说明在世界和国家范围内工业布局与经济发展水平的变化与推移模式。例如，在产业创新方面，先进技术与大部分生产能力首先是在欧美国家发展，再转移到中国香港、新加坡、韩国、巴西等地区，进而向中国内地转移。所以，根据梯度转移理论，每个国家与地区都处在一定的经济发展梯度上。世界上每出现一种新行业、新产品、新技术,其都会随着时间的推移,由处在高梯度的地区向处在低梯度的地区一级一级地传递下去。但一个区域究竟是处在什么梯度,不是由它的地理位置来决定,而是由它的经济发展水平特别是创新能力决定的。

(二)不同梯度的区域发展战略

1.高梯度的区域发展战略

这些区域之所以能攀登上经济发展的高峰,主要是因为它们占有了技术与经济上的优势,建立了一个以技术密集型产业和第三产业为主体的经济结构。但问题是,无论什么样的产业都经历着由创新到衰退、由技术密集型到相对劳动密集型的自然发展过程。一个地区,不管它的产业结构过去多么优越,也会随着岁月的消逝而逐渐老化。到那时,这些地区就会失去自己的优势,而工资高、原材料价格高、地租高等不利条件则会突显出来。预防结构老化的唯一行之有效的办法就是不断创新,建立新行业、新企业,创造新产品,保持技术上的领先地位。同时,要果断地、有计划地逐步淘汰那些已经进入成熟与衰退阶段的老产业,集中优势力量来发展与创建新产业部门。如果片面采用保护、补贴政策,力图保持住这块过去好不容易争得的地盘,其结果只会使地区丧失创新势头,技术日益老化,设备陈旧,竞争力下降。所以,对新生事物、萌芽中的新产业要进行保护。

目前,发达国家为了保持其优势地位,普遍采用的一个重要战略就是集中全国的精英建立起一批新产业开发中心,把科研、开发与生产结合成整体以加速创新的进程。在这方面,行之有效的办法就是仿效美国建设硅谷的经验,由政府或资本家选择在经济发展水平高、技术力量雄厚的城市附近,围绕一些著名的大学与科研中心,建立新技术创业者中心。对已经取得某项重大专利或确有发明创造能力并有志于创造新企业的人，提供收费低廉的临时厂房与必要的技术服务，帮助他们建立各种必要的协作关系，从而给创新企业创造一个良好的生长环境。

2.处在中等梯度的区域发展战略

对原先经济发达，但由于没能适应时代潮流及时调整产业结构，以致陷入危机之中的地区，唯一切实可行的发展策略是通过大力创建新部门、改造旧部门来改变地区产业结构。对那些确实没有可能通过扶植、改造推出创新产品的传统工业部门，则帮助它们关厂、转产或外迁，政府必须尽可能做好善后工作。如对迁出的工人进行补助、对留下的工人进行培训使之能转入新兴部门工作、对没有接受培训条件的人则加以妥善安排等。

3.处在低梯度的区域发展战略

在这种类型的国家与地区经济结构中，占主导地位的是初级产业与一些衰退部门，扩展效应给它们带来的主要是一些发达地区淘汰或外溢的产业。如果顺其自然地发展，则永无出头之日。低梯度地区为了缓解这种处境，就必须采取一系列策略，集中力量实现经济起飞。按照缪达尔的说法，一个已经坠入恶性循环的落后地区单靠其本身力量是不可能实现经济起飞的。发达国家内部的落后地区为了实现经济起飞，可以主要依靠国家的财政支持；而一个落后国家在其发展早期必须大力引进、善于运用国外资本与技术，并且要采用一系列的政策，使得在实现经济起飞以后能够逐步摆脱对外国的依赖。

二、区域发展辐射理论

（一）区域发展的辐射概念

辐射是一个物理学概念，是指能量高的物体和能量低的物体通过一定媒介互相传送能量的过程。经济发展与现代化进程中的辐射，是指经济发展水平和现代化程度相对较高的地区与经济发展水平和现代化程度相对较低的地区进行资本、人才、技术、市场信息等的流动和思想观念、思维方式、生活习惯等方面的传播。通过流动和传播，进一步提高经济资源配置的效率，以现代化的思想观念、思维方式、生活习惯取代与现代化相悖的旧的习惯势力。辐射的媒介是交通条件、信息传播手段和人员的流动等。

区域经济发展辐射理论把经济发展水平和现代化程度相对较高的地区称为辐射源。从地图上来看，中心城市是一个点，沿海、大江大河以及大湖沿边和铁路干线是一条线，长江三角洲、珠江三角洲等现代化水平和经济发展水平相对较高的发达地区是一个面，这些都可以看成是现代化水平和经济发展水平相对较高的辐射源。我们可以把由这些地区参与的辐射分别称为点辐射、线辐射和面辐射。辐射理论反映了经济发展和现代化进程中的普遍规律性，揭示了经济发展和现代化进程中影响因素的传导问题。

1.点辐射

点辐射一般以大中城市为中心向周边地区推开。从静态的角度来看，中心城市的现代化进程和经济发展水平相对较高，技术、人才、资金相对比较充裕，居民思想观念、思维方式和生活习惯相对也比周边地区先进，但自然资源和劳动力很可能比较缺乏。而周边落后地区的自然资源和劳动力很可能比较充裕，但资本积累和技术进步的速度可能相对较慢。这样，如果周边地区和中心城市能够很好地实现优势互补，则可以大大加快以中心城市为核心的地区现代化和经济发展速度。

2.线辐射

一般以交通干线和沿海地带为辐射的带状源，向两翼地区或上下游地区推开。这里，我们把铁路干线、公路干线、大江大河以及大湖沿边航道和濒临沿海的陆地带称为辐射干线。和点辐射的分析一样，通常，辐射干线上的城市或地区的经济发展水平和现代化程度相对较高，辐射干线两翼的经济发展水平和现代化程度相对较低。于是，辐射干线上的城市或地区的资本、技术、人才和先进的思想观念、思维方式以及生活方式就会向两翼落后地区传播，传播的结果可能会使两者之间实现优势互补，从而在整体上推动整个地区的经济发展和现代化进程。

线辐射理论分析的重点是辐射干线上下游的辐射问题。在辐射干线上，由于历史及其他原因，尽管上下游城市和地区的经济发展水平和现代化程度相对于两翼而言是比较高的，但在上下游之间也表现出相应的差距。例如，处于辐射干线上的中心城市的经济发展水平和现代化进程，通常比辐射干线上的其他中小城市和地区的经济发展水平和现代化进程快，这就决定了它们之间也有相应的辐射现象存在。在辐射干线上，最大的特点是上下游之间交通方便，人员流动频繁，经济交易中的交易成本比较小，经济资源周转快，信息也相对更加畅通，因此辐射的效率更高。于是，辐射干线上经济发展水平和现代化进程较高的城市或地区在向两翼辐射的同时必然更加容易向上下游辐射。

从运输的角度来看，在铁路干线、公路干线和濒临沿海的陆地带上，自然资源的流动没有上下游方向的区别，因为上下游方向运输的成本基本相同。但在大江大河干线上，由于水流的方向问题，自然资源由上游向下游的流动成本比反方向低，因此，自然资源从富裕的城市或地区向下游输出是比较经济的，反之，则是不经济的。从实践上来看，在世界各国经济发展和现代化进程的初期，大江大河沿边下游的经济发展速度通常比上游快，因此下游地区往往先行一步，现代化程度相对较高。

3.面辐射

点辐射和线辐射大大加快了辐射区域的经济发展速度和现代化进程，其结果就会形成以中心城市或辐射干线为核心的经济发展水平和现代化程度相对较高的区域。这些地区的中心城市和小城市连成一片，形成了具有较强辐射能力的辐射源，并进一步和周边落后地区进行相互辐射。由于在地图上这些地区表现为一个面，因此，称这样的辐射为面辐射。

根据辐射的特点，面辐射可以分为两类：一类是摊饼式辐射，另一类是跳跃式辐射。摊饼式辐射是指经济发展水平和现代化程度相对较高的地区逐渐与周边地区进行资本、技术、人才、市场信息的交流，使后者发展速度进一步加快，并逐渐向外推移。这样的辐射导致的发展时间上是渐进的，从空间上来看是连续的，先进地区和落后地区之间没有出现盲区。跳跃式辐射是各经济发展水平和现代化程度相对较高的地区跨过一些地区直接与落后地区进行资本、技术、人才、市场信息的交流和传播，使后者的发展速度进一步加快。这种辐射从空间上来看是跳跃式的，先进地区、落后地区之间出现一个盲区。

(二)辐射理论的实践意义

辐射理论反映了经济发展和现代化进程中的普遍规律性，揭示了现代化进程中社会经济发展不平衡问题的实践意义。

辐射理论认为，任何辐射都是双向的，只不过在辐射中流动和传播的要素不同，先进地区向落后地区流动的要素主要是资本、技术、人才、市场信息，落后地区向先进地区流动的要素主要是劳动力、自然资源、农产品。在这样的双向辐射中，双方可以合理分工，实现优势互补，从而在总体上提高经济的运行效率和现代化建设的速度。

辐射理论更加强调市场机制在经济发展和现代化进程中的决定性作用。从根本上来看,经济发展和现代化进程必须依托市场对资源配置的决定性作用的充分发挥。解决经济发展中存在的问题,最终将归结为经济资源配置效率的提高,以此带动经济的快速发展,进一步推动现代化进程。辐射理论的基本思想是通过点辐射、线辐射、面辐射,把巨大的辐射网络,即中心城市、小城市、小城镇和相关地区联系起来,各自发挥自身在辐射体系中的作用。在市场机制的作用下,以经济利益为最终驱动力,加快各自的经济发展和现代化进程。

辐射理论认为,要更好地发挥政府作用,进一步打破市场分割的局面,逐步建立全国一体化的市场体系,有效减少辐射过程中的交易成本,为辐射的有效进行创造条件。综合制定全国的经济发展和现代化建设的总体战略。根据全国或一个地区的辐射网络的分布情况,根据中心地区辐射媒介的基本状况划分出相应的区域,采取进一步的措施,发挥地区的综合优势,从整体上加快全局的现代化进程。不断制定和完善法律法规,为各个辐射主体的经济发展和现代化进程提供高质量的环境,这是经济发展和现代化建设的必然要求和基本条件。

辐射理论高度重视事物之间的联系性和依赖性。辐射理论的最大特点就是把现代化进程和经济发展放在整个国家范围内的辐射体系中加以考虑。处于同样一个国家、同样一个市场的地区在经济发展和现代化进程中存在着广泛的联系,相互的影响也比较深刻。地区之间也必须进行协调,在共同发展的基础上步入现代化行列。辐射理论正是非常明确地强调这一点,通过点辐射、线辐射和面辐射,把任何一个城市或地区都纳入更大的辐射体系内,和其他辐射网络形成多重相互影响的关系。这既是落后地区摆脱落后的外在条件,也是先进地区进一步发展的有利条件。

第三节 实践路径

区域协调发展是新时代建设现代经济体系的重大战略部署之一,是解决新时代人民日益增长的美好生活需要和不平衡不充分的发展之间的矛盾的关键环节。

一、实施区域协调发展战略的主要任务

党的十九大报告根据我国社会主要矛盾的变化,立足我国区域差异大、发展不平衡的基本国情,统筹内外、放眼全局,提出了今后一个时期实施区域协调发展战略的主要任务和战略取向。

(一)支持革命老区、民族地区加快发展

老少边穷地区是我国特殊类型困难地区。党的十九大报告进一步将老少边穷地区放在区域协调发展战略的优先位置,体现了党中央加快老少边穷地区发展的决心。全面建成了小康社会,解决了区域性整体贫困之后,仍要加大力度支持老少边地区改善基础设施条件,提高基本公共服务能力,培育发展优势产业和特色经济,加强生态环境建设,真正为老少边地区加快发展创造条件。

(二)继续实施区域发展总体战略

党的十九大报告指出,要强化举措推进西部大开发形成新格局,深化改革加快东北等老工业基地振兴,发挥优势推动中部地区崛起,创新引领率先实现东部地区优化发展,建立更加有效的区域协调发展新机制。20 世纪末以来,我国逐步形成西部开发、东北振兴、中部崛起、东部率先的区域发展总体战略。

(三)以城市群为主体构建大中小城市和小城镇协调发展的城镇格局

党的十九大报告强调,以城市群为主体构建大中小城市和小城镇协调发展的城镇格局,这是党中央遵循城市化和城市空间布局规律,进一步强化城市群在我国城镇化战略格局中的主体地位。通过城市群的科学规划、合理布局,更好发挥城市群内部不同城市和小城镇相对密集分布、规模经济和范围经济显著、分工协作关系紧密的优势,形成大中小城市和小城镇协调发展的城镇格局。

(四)以疏解北京非首都功能为“牛鼻子”推动京津冀协同发展

党的十九大报告提出,以疏解北京非首都功能为“牛鼻子”推动京津冀协同发展,高起点规划、高标准建设雄安新区。推动京津冀协同发展,核心是疏解北京非首都功能,根本途径是要健全区域协调发展新机制,走出一条中国特色解决“大城市病”的路子。同时,要加快推进农业转移人口市民化、畅通农业转移人口市民化通道,并以都市圈通勤圈为抓手,通过三四线城市与城市基础设施互联互通,社会事业共建共享,提高三四线城市对人口的吸引力,疏解城市人口压力。

(五)以共抓大保护、不搞大开发为导向推动长江经济带发展

长江经济带横贯东西、辐射南北、通江达海,是我国人口、经济、产业最为密集的经济轴带,沿长江经济轴的11省市经济总量占全国比重超45%,人口比重逾40%,优势独特。[①] 近年来,随着开发强度增大,长江经济带生态环境形势日趋严峻。2016年1月5日,习近平总书记在重庆召开推动长江经济带发展座谈会时指出:“长江是中华民族的母亲河,也是中华民族发展的重要支撑。

① 参见王一鸣:《实施区域协调发展战略》,《经济日报》2017年11月16日。

推动长江经济带发展必须从中华民族长远利益考虑，走生态优先、绿色发展之路，使绿水青山产生巨大生态效益、经济效益、社会效益，使母亲河永葆生机活力。”同时又强调：“当前和今后相当长一个时期，要把修复长江生态环境摆在压倒性位置，共抓大保护，不搞大开发。”①

（六）支持资源型地区经济转型发展

党的十九大报告明确提出支持资源型地区经济转型发展，这充分体现了以习近平同志为核心的党中央对资源型地区的关怀，同时也对资源型地区平衡和处理好经济高质量发展和生态环境高水平保护之间关系，提出了新要求。2019 年 9 月 18 日，习近平总书记在黄河流域生态保护和高质量发展座谈会上指出，要推进黄河流域生态保护和高质量发展。

（七）坚持陆海统筹，加快建设海洋强国

党的十九大提出，要坚持陆海统筹，加快建设海洋强国。2018 年 3 月 8 日，习近平总书记在参加十三届全国人大一次会议山东代表团审议时，对经略海洋提出了新要求，即海洋是高质量发展战略要地。加快新旧动能转换实现高质量发展，必须进一步提升经略海洋的能力，加快构建完善的现代海洋产业体系，推动海洋经济实现质量变革、效率变革、动力变革。

二、促进区域协调发展的战略举措

党的十九大报告提出了区域协调发展的顶层设计和精准施策的具体路径，形成了区域发展全面性、整体化的战略规划。就是要

---

① 参见《习近平在推动长江经济带发展座谈会上强调：走生态优先绿色发展之路　让中华民族母亲河永葆生机活力》，新华网，2016 年 1 月 7 日，http://www.xinhuanet.com/politics/2016-01/07/c_1117704361.htm。

在“创新、协调、绿色、开放、共享”的新发展理念指引下，加快培育区域增长新动能，进一步增强区域发展的协调性和协同性。

(一)统筹推进“实施区域重大战略、区域协调发展战略、主体功能区战略”

进入21世纪以来，我国逐步形成西部开发、东北振兴、中部崛起、东部率先的区域发展总体战略和“一带一路”建设、京津冀协同发展、长江经济带发展战略、黄河流域生态保护和高质量发展战略等重大战略，推动形成东西南北纵横联动发展新格局。统筹推进“实施区域重大战略、区域协调发展战略、主体功能区战略”发展，将经济板块与经济轴带相结合，将重点发展和协同发展相结合，推进主体功能区战略在县(市)区精准落地。这是我国经济发展在空间格局上的重大创新，顶层设计逐渐落实为具体行动。

“四大板块”是在全国范围划分为四个互不重叠的区域，根据不同区域资源和要素特点以及发展面临的问题制定不同的区域发展战略，核心是在国土全覆盖的情况下解决如何实现区域经济的协调发展问题，但这种仅仅以地理位置并考虑行政区划的划分，一定程度上也割裂了区域之间的经济联系。“重大战略”是我国经济进入新常态背景下，针对重点区域或特定区域制定的发展战略，旨在打破地域界线，促进跨区域经济合作和深化对外开放，培育形成新的经济增长极，重点实施“一带一路”建设、京津冀协同发展和长江经济带战略。“四大板块”着眼于区域内部之间的经济联系，而“重大战略”则为各板块的连接提供了战略通道，形成了横跨东中西、连接南北方并沟通国际的重要经济轴带。

(二)积极探索人口经济密集地区优化发展新途径

促进区域协调，必须注重处理好城市群内部的协同和一体化发展问题。设立雄安新区是以习近平同志为核心的党中央深入推进京津冀协同发展、集中疏解北京非首都功能而做出的一项重大历史性战略决策。以雄安新区为样板探索人口经济密集地区优化发展新模式,具有重大的现实意义和理论意义。作为继深圳经济特区和上海浦东新区之后具有全国意义的新区,雄安新区规划建设层次更加先进高端,城市建设突出绿色、智慧,产业发展面向高端高新产业,体制机制改革更加突出市场决定、政府推动,全方位打造开放新高地和对外合作新平台。要用新发展理念和高标准的要求,把雄安新区打造成标杆工程、城市建设典范。

(三)构建以城市群为引领的现代化城乡体系

城市化是现代化的必由之路,是解决"三农"问题的重要途径和促进社会全面进步的必然要求。打造以城市群引领的现代化城乡体系,突出大城市群、特色小城镇、美丽乡村建设。一般地讲,大城市群都是一国或地区的经济核心区,聚集了高端产业和高端人才;特色小镇是新型的创新创业平台,有其独特的生产、生活和生态空间;美丽乡村是乡村振兴的重要途径,有其独特的田园风光、农业生产和村民社会治理结构,是我国现代化的重要组成部分。

打造以城市群引领的现代化城乡体系,一方面是加快形成以城市群为主体形态的经济发展新趋势,另一方面是强化城市群在我国城镇化战略格局中的主体地位。通过城市群的科学规划、合理布局,更好发挥城市群内部不同城市和小城镇相对密集分布、规模经济和范围经济显著、分工协作关系紧密的优势,形成大中小城市和小城镇协调发展的城镇格局。

(四)深化改革推动新一轮东北老工业基地振兴

东北等老工业基地发展虽然有过相对较快的高增长,但进入21世纪的第二个十年以来,经济增长持续下滑,陷入了前所未有的经济困局。东北地区的发展困境直接影响到我国区域经济的协调发展,影响到第二个百年奋斗目标的实现,必须在体制改革、科技创新、对外开放等方面进行全方位改革,推动新一轮东北老工业基地振兴。坚决破除体制机制弊端,为加快东北等老工业基地振兴提供根本保障。党的十九大报告指出:"蹄疾步稳推进全面深化改革,坚决破除各方面体制机制弊端。"[①]贯彻《中共中央 国务院关于完善产权保护制度依法保护产权的意见》(2016 年 11 月 4 日)不打折扣,向企业放权,保护和倡导企业家精神,凡是企业自己能完成的事,交给企业自己去完成。坚持"两个毫不动摇""两个不可侵犯",激发民营经济活力。[②]

(五)用先进理念推动长江经济带发展

改革开放 40 多年来,中国经济发展取得了巨大成就,但生态环境也遭到了巨大的破坏,加强生态文明建设势在必行。习近平总书记在中央财经领导小组第十二次会议上指出:"推动长江经济带发展,理念要先进,坚持生态优先、绿色发展,把生态环境保护摆上优先地位,涉及长江的一切经济活动都要以不破坏生态环境为前提,共抓大保护,不搞大开发。"[③]这些重要指示,确定了长江经济带发展新基调,真正扭转了长期以来形成的以经济开发为主导的长江发展理念和发展思路,把修复长江生态环境摆在了压倒性位置。

不搞大开发不等于不发展,而是要用先进理念推动长江经济

---

① 习近平:《决胜全面建成小康社会 夺取新时代中国特色社会主义伟大胜利——在中国共产党第十九次全国代表大会上的报告》,《人民日报》2017 年 10 月 28 日。

② 参见《中共中央 国务院关于完善产权保护制度依法保护产权的意见》(2016 年 11 月 4 日),中华人民共和国中央人民政府网,2016 年 11 月 27 日,http://www.gov.cn/zhengce/2016-11/27/content_5138533.htm。

③ 《推动长江经济带发展要坚持生态优先》,央广网,2016 年 1 月 27 日,http://finance.cnr.cn/jjpl/20160127/t20160127_521252852.shtml。

带发展，实现科学、绿色、可持续的开发和发展。从大开发到大保护，这是我国资源开发和经济发展领域发展观的一次大转变和大提升，其意义不仅限于长江经济带，它也会成为我国其他自然生态系统开发利用的重要遵循。在这个指导思想下形成完善的法律框架和决策程序，切实做到在保护基础上开发，在开发中坚持保护，这是长江经济带共抓大保护、不搞大开发战略定位的重大历史性贡献。

（六）推动资源转型地区实现高质量发展

进入新时代，加快建设现代化经济体系，扎实推动高质量发展，是资源型地区转型发展需要深入思考和突破的重大课题。资源型地区必须牢固树立和全面贯彻新发展理念，立足资源型地区发展实际，以供给侧结构性改革为主线，推动经济发展质量变革、效率变革、动力变革。以创新引领发展，加快提高全要素生产率，加快培育发展新动能。资源型地区要紧紧抓住“新一轮科技革命和产业变革给产业新旧动能转换带来科技支撑，消费结构升级为产业新旧动能转换提供巨大市场空间，改革深化为产业新旧动能转换创新制度供给，建设现代化经济体系为产业新旧动能转换创造良好宏观环境”[①]的历史机遇，不断在科技创新、需求变化、制度变革上下足功夫，通过要素质量提升和优化组合，培育壮大新产业新产能，改造提升传统产业激活传统动能，做优质量、做强品牌。坚持绿色引领，不断提高资源型地区发展质量和效益，让绿色发展成为资源型地区转型发展的常态。

（七）实施长三角一体化发展战略

实施长三角一体化发展战略，以一体化的思路和举措打破行

---

① 《我国产业新旧动能转换仍然面临诸多障碍》，中国经济网，2018年6月22日，http://www.ce.cn/xwzx/gnsz/gdxw/201806/22/t20180622_29502467.shtml。

政壁垒、提高政策协同，让要素在更大范围畅通流动，有利于发挥各地区比较优势，实现更合理分工，凝聚更强大合力，促进高质量发展。长三角一体化发展要在抓好常态化疫情防控的前提下，落实好党中央出台的各项政策，在扎实做好“六稳”工作、全面落实“六保”任务上走在全国前列。要集合科技力量，聚焦集成电路、生物医药、人工智能等重点领域和关键环节，尽早取得突破。要支持一批中小微科技型企业创新发展。要注意保护好历史文化和城市风貌，避免“千城一面、万楼一貌”。要坚决防止借机炒作房地产，毫不动摇坚持房子是用来住的、不是用来炒的定位，落实长效机制，确保房地产市场平稳健康发展。要针对欠发达地区出台实施更精准的举措，推动这些地区跟上长三角一体化高质量发展步伐。支持浦东在改革系统集成协同高效、高水平制度型开放、增强配置全球资源能力、提升城市现代化治理水平等方面先行先试、积极探索、创造经验。要把保护修复长江生态环境摆在突出位置，狠抓生态环境突出问题整改，推进城镇污水垃圾处理，加强化工污染、农业面源污染、船舶污染和尾矿库治理。要结合这次新冠肺炎疫情防控的经验，利用长三角地区合作机制，建立公共卫生等重大突发事件应急体系，强化医疗卫生物资储备。

（八）积极推进黄河流域生态保护和高质量发展

治理黄河，重在保护，要在治理。要坚持山水林田湖草沙综合治理、系统治理、源头治理，统筹推进各项工作，加强协同配合，推动黄河流域高质量发展。要坚持绿水青山就是金山银山的理念，坚持生态优先、绿色发展，以水而定、量水而行，因地制宜、分类施策，上下游、干支流、左右岸统筹谋划，共同抓好大保护，协同推进大治理，着力加强生态保护治理，保障黄河长治久安，促进全流域高质量发展，改善人民群众生活，保护传承弘扬黄河文化，让黄河成为造福人民的幸福河。第一，黄河生态系统是一个有机整体，要充分考虑上中下游的差异，加强生态环境保护。第二，要保障黄河长久安澜，必须紧紧抓住水沙关系调节这个“牛鼻子”。第三，推进水资源节约集约利用，搞生态建设要用水，发展经济、吃饭过日子也离不开水，不能把水当作无限供给的资源。“有多少汤泡多少馍。”要坚持以水定城、以水定地、以水定人、以水定产，把水资源作为最大的刚性约束。第四，推动黄河流域高质量发展，沿黄河各地区要从实际出发，宜水则水、宜山则山，宜粮则粮、宜农则农，宜工则工、宜商则商，积极探索富有地域特色的高质量发展新路子。第五，保护、传承、弘扬黄河文化，深入挖掘黄河文化蕴含的时代价值，讲好“黄河故事”，延续历史文脉，坚定文化自信，为实现中华民族伟大复兴的“中国梦”凝聚精神力量。

（九）建立更加有效的区域协调发展新机制

党的十九大报告强调：“全面深化改革总目标是完善和发展中国特色社会主义制度、推进国家治理体系和治理能力现代化。”[①]区域治理是国家治理的重要组成部分，实现区域协调发展是国家治理能力现代化的必然要求，要建立更加有效的区域协调发展新机制，促进区域协调发展，增强区域发展的协同性、联动性、整体性。要清理废除妨碍统一市场和公平竞争的各种规定和做法，促进生产要素跨区域有序自由流动，提高资源配置效率和公平性，加快建立全国统一开放、竞争有序的市场体系；完善发达地区对欠发达地区的对口支援制度，增强欠发达地区自身发展能力；建立健全流域上中下游生态保护补偿机制，依托重点生态功能区开展生态补偿示范区建设，健全资源开采地区与资源利用地

① 习近平：《决胜全面建成小康社会 夺取新时代中国特色社会主义伟大胜利——在中国共产党第十九次全国代表大会上的报告》，《人民日报》2017 年 10 月 28 日。

区之间的利益补偿机制，加大对农产品主产区和重点生态功能区的转移支付力度，促进区际利益协调平衡；支持开展多层次、多形式、多领域的区域合作，支持产业跨区域转移和共建产业园区等合作平台，鼓励创新区域合作的组织形式，实现点、线、带、面间的连接互动，把重点引领和协调推动有机结合起来，促进更广地域、更多领域的协调发展。

第八章　加快完善社会主义市场经济体制

社会主义市场经济体制是中国特色社会主义的重大理论和实践创新，是社会主义基本经济制度的重要组成部分。改革开放以来，我国坚持全面深化改革，不断完善社会主义市场经济体制，极大调动了亿万人民的积极性，极大促进了生产力发展，极大增强了党和国家的生机活力，创造了世所罕见的经济发展奇迹。党的十九届四中全会将社会主义市场经济体制上升为我国的基本经济制度，是对社会主义和中国化马克思主义理论的新贡献。从社会主义与市场经济的对立到二者在理论上的统一，再到使市场在资源配置中起决定性作用和更好发挥政府作用的经济体制和基本经济制度，体现了中国特色社会主义随实践发展而与时俱进的马克思主义理论品质。

第一节　基本概念

一、市场经济的相关概念

这里涉及两方面的概念及关系：一是与“市场经济”相关的概念及相互关系，即如何界定“市场经济”“市场经济体制”“市场经济制度”的概念，理解它们之间的相互关系和异同。二是与“制度”相关的概念及相互关系，社会主义初级阶段的三大基本经济制度——社会主义市场经济体制、生产资料社会主义所有制制度、收入分配制度的相互关系和异同。[①]

（一）市场经济、市场经济体制、市场经济制度的概念及关系

市场经济是与自然经济、计划经济相对应的一种经济形式、经济方式或者经济类型，它的发展演变经历了原始市场经济、古典市场经济和现代市场经济三个阶段。原始市场经济主要以个体私有制的手工业为基础，古典市场经济以机器大工业生产为基础，现代市场经济是二战之后的市场经济，既重视市场在资源配置中的作用，又强调政府宏观调控职能的经济形式。[②]

市场经济体制实质是促进市场经济发展的一种机制、一种制度，但经济制度、经济体制、经济机制之间既相互区别又相互联系。从区别来看，三者在本质和变化的时间长短上有区别。经济制度是一个社会占统治地位的生产关系的总和，体现生产关系的一般性和经济关系的本质，在一定社会形态下只能存在同一类性质的

① 参见白永秀：《中共十九届四中全会对社会主义市场经济体制理论的创新及其重大意义》，《社会科学辑刊》2020 年第 4 期。

② 参见周文、刘少阳：《全面理解和不断深化认识市场经济》，《上海经济研究》2020 年第 21 期。

经济制度，相对而言是最稳定的因素；而经济体制反映了生产关系的多样性，是一个国家在较长时期存在的、从国家体制层面采取的经济制度的实现方式、方法和形式，也是比较稳定的因素；而经济机制则是一个国家在短期内、从国家政策层面采取的经济制度实现的方式、方法。从联系来看，经济制度、经济体制、经济机制都是为促进市场经济健康发展而采取的手段或方式、方法，即我们常说的广义的“制度安排”。从广义上说，市场经济制度、市场经济体制、市场经济机制在一定场合是可以互相通用的，三者共同构成一个完整的市场经济制度体系。

（二）市场经济体制、所有制制度、收入分配制度的概念及关系

市场经济体制是促进市场经济发展的机制或者制度。生产资料所有制制度又称财产所有权制度，是指生产资料所有人依法对自己的财产所享有的占有、支配、使用、收益、处置等权利规定。我国实行生产资料社会主义公有制，采取“公有制为主体、多种所有制经济共同发展”的实现方式，这是由我国处于社会主义初级阶段的现实国情所决定的。收入分配制度是劳动产品在社会主体中如何分割、配给的制度总称。目前我国实行“按劳分配为主体、多种分配方式并存”的分配制度。党的十九届四中全会对分配制度的完善主要体现在：一是坚持多劳多得，保护劳动所得并提高其在初次收入分配中的比重；二是健全各生产要素由市场评价贡献、按贡献决定报酬的机制；三是丰富完善再分配调节机制的手段，重视发挥三次分配的作用；四是协调不同收入群体的关系。[①] 可见，社会主义市场经济体制、所有制制度、收入分配制度都是制度层面的概

① 参见《中共中央关于坚持和完善中国特色社会主义制度 推进国家治理体系和治理能力现代化若干重大问题的决定》，中华人民共和国中央人民政府网，2019 年 11 月 5 日，http://www.gov.cn/zhengce/2019-11/05/content_5449023.htm。

念，都属于社会主义初级阶段的基本经济制度。其中，生产资料所有制制度决定收入分配制度，市场经济体制是生产资料所有制制度和收入分配制度得以实现的前提条件。现阶段，由于我国确立的是社会主义市场经济体制，与此相适应采取了“公有制为主体、多种所有制经济共同发展”的生产资料所有制和“按劳分配为主体、多种分配方式并存”的分配制度，这也是社会主义和市场经济深度结合的必然产物。

二、社会主义市场经济

（一）社会主义市场经济的含义

社会主义市场经济是和社会主义基本制度结合在一起，使市场机制在国家宏观调控下对资源配置起决定性作用的一种经济方式。它有以下两层含义。

第一，社会主义和市场经济是不同序列的概念。一是资本主义和社会主义是与奴隶社会、封建社会相对应的，属于社会制度的范畴；市场经济是与计划经济相对应的，是一定社会制度下资源配置的方式，属于不带有社会制度属性的经济运行方式。二是市场经济本身没有社会制度的属性。一个社会的性质是由社会中占主体地位的生产资料所有制的性质和国家的阶级性质所决定的。资源配置方式和社会属性没有关系。

第二，社会主义市场经济是与社会主义基本制度结合在一起的市场经济。社会主义制度规定了社会主义市场经济发展的目的和方向，能够使市场经济服从和服务于社会主义基本制度和社会主义本质的要求。因此，社会主义市场经济的内涵有双重属性，既有资源配置方式的一般属性，同时还有受社会主义制度制约的特殊属性。它是一般属性与特殊属性的统一，是经济运行机制与社会制度的统一。

（二）社会主义市场经济的特征

社会主义市场经济既具有市场经济的一般性规律特征，同时又具有特殊性。其本质特征主要表现如下[①]。

第一，社会主义市场经济是与社会主义基本经济制度结合在一起的。在公有制为主体的前提下，国有经济在国民经济中占主导地位，公有制企业和其他性质的企业共同在市场经济中自由竞争。邓小平同志多次强调公有制主体地位的重要性："只要我国经济中公有制占主体地位，就可以避免两极分化。"[②]在所有制结构中，是社会主义公有制经济为主体，多种所有制经济共同发展，不同所有制的经济可以在自愿基础上实行多种形式的联合经营。"公有制经济主体地位主要体现在公有资产在社会总资产中占优势地位，国有经济控制国民经济命脉并对经济发展起主导作用。"[③]

第二，在分配制度上，社会主义市场经济坚持以按劳分配为主体、多种分配方式并存，把按劳分配和按生产要素分配结合起来。既要有利于优化资源配置，促进经济发展，又要防止两极分化，注重社会公平，让全体人民共享改革发展的成果。

社会主义市场经济分配制度体现了初次分配和再分配都要兼顾效率和公平、再分配更加注重公平的原则。在社会主义市场经济条件下，由于公有制经济在所有制结构中占主体地位，在个人收入分配制度上必然以按劳分配为主体。同时，又必须使多种分配方式并存，鼓励一部分人、一部分地区通过诚实劳动与合法经营先

---

① 参见王军旗、刘旭青：《社会主义市场经济理论与实践》，北京：中国人民大学出版社，2017 年，第 83～84 页。

② 《邓小平文选》第 3 卷，北京：人民出版社，1993 年，第 149 页。

③ 参见洪银兴：《新编社会主义政治经济学教程》，北京：人民出版社，2018 年，第 119 页。

富起来。合理拉开收入差距,鼓励先进,提高效率;通过劳动力在市场上的有效配置,使其合理流动,减少不同地区和不同企业之间因非劳动因素而造成的个人收入差异;社会主义国家在国民收入分配中完善劳动力、资本、技术、管理等要素按贡献参与分配的初次分配机制,加快健全以税收、社会保障、转移支付为主要手段的再分配调节机制,缩小个人之间的收入差距。在社会主义市场经济体制下,运用各种调节手段,防止两极分化。

第三,在宏观调控方面,统筹发挥政府和市场“两只手”的作用。公有制的制度优势,让社会主义国家能够把人民的当前利益与长远利益、局部利益和整体利益结合起来,更好地发挥计划和市场两种资源配置手段的长处,以保持经济总量的基本平衡,促进经济结构的优化,引导国民经济持续、快速、健康发展,推动社会全面进步。

三、改革开放以来我国经济体制改革的发展脉络

(一)放权让利——改革高度集中的计划经济体制(1978~1992年)

1978年12月,具有伟大历史意义的党的十一届三中全会开启了改革开放和社会主义现代化建设的新时期。全会否定“以阶级斗争为纲”的错误,做出了把党和国家的工作中心转移到经济建设上来、实行改革开放的历史性决策。会议强调:“应坚决实行按经济规律办事,重视价值规律的作用,充分调动干部和劳动者的生产积极性。”[①]在农村和城市放权让利的改革取得进展的同时,非公有制经济开始出现并发展,计划经济体制开始松动。

---

① 《中国共产党第十一届中央委员会第三次全体会议公报》,人民网,1978年12月22日,http://cpc.people.com.cn/GB/64162/64168/64563/65371/4441902.html。

为了更好地管理国民经济，1982 年党的十二大提出要“允许对于部分产品的生产和流通不作计划，由市场来调节”[①]，党的十二大界定了一个允许市场调节存在的计划经济体制。1984 年党的十二届三中全会将计划经济表述为是在公有制基础上的“有计划的商品经济”[②]，为商品经济进一步发展奠定了基础。1987 年党的十三大重申了有计划的商品经济，但认识进一步深入：计划调节和市场调节都是手段，围绕企业经营机制深化多方面体制配套改革。

总体来说，20 世纪 80 年代经济体制改革是围绕破除计划经济体制弊端展开的，承认商品经济是这一阶段理论和认识层面的重大成果。

(二)制度创新——建设和完善社会主义市场经济体制(1992～2012 年)

尽管 20 世纪 80 年代经济体制改革成效显著，但计划和市场的关系仍在探索。1992 年邓小平同志南方谈话时给出了理论回答：“计划多一点还是市场多一点，不是社会主义和资本主义的本质区别。计划经济不等于社会主义，资本主义也有计划；市场经济不等于资本主义，社会主义也有市场。”[③]这就从根本上解除了把计划经济和市场经济看作社会基本制度范畴的思想禁锢。

1993 年党的十四届三中全会勾勒了社会主义市场经济的基本框架——“要使市场在国家宏观调控下对资源配置起基础性作用。为实现这个目标，必须坚持以公有制为主体、多种经济成分共同发

---

① 《胡耀邦在中国共产党第十二次全国代表大会上的报告》，中国共产党新闻网，1982 年 9 月 8 日，http://cpc.people.com.cn/GB/64162/64168/64565/65448/4526430.html。

② 《中共中央关于经济体制改革的决定(中国共产党第十二届中央委员会第三次全体会议一九八四年十月二十日通过)》，中国共产党新闻网，1984 年 10 月 20 日，http://cpc.people.com.cn/GB/64162/64168/64565/65378/4429522.html。

③ 《邓小平文选》第 3 卷，北京：人民出版社，1993 年，第 364 页。

展的方针，进一步转换国有企业经营机制，建立适应市场经济要求，产权清晰、权责明确、政企分开、管理科学的现代企业制度；建立全国统一开放的市场体系，实现城乡市场紧密结合，国内市场与国际市场相互衔接，促进资源的优化配置；转变政府管理经济的职能，建立以间接手段为主的完善的宏观调控体系，保证国民经济的健康运行；建立以按劳分配为主体，效率优先、兼顾公平的收入分配制度，鼓励一部分地区一部分人先富起来，走共同富裕的道路；建立多层次的社会保障制度，为城乡居民提供同我国国情相适应的社会保障，促进经济发展和社会稳定。这些主要环节是相互联系和相互制约的有机整体，构成社会主义市场经济体制的基本框架。”①以上几条，既是中国社会主义市场经济体制的四梁八柱，也是社会主义市场经济论的基本内容。

经过10年发展，到2002年党的十六大，社会主义市场经济体制已初步建立。此后，完善社会主义市场经济体制成为改革的主要任务。党的十七大进一步提出“加快形成统一开放竞争有序的现代市场体系，发展各类生产要素市场，完善反映市场供求关系、资源稀缺程度、环境损害成本的生产要素和资源价格形成机制”②。

（三）国家治理现代化——新时代全面深化经济体制改革（2012年至今）

经过30多年的改革开放实践，社会主义市场经济体制已初步建立，市场机制在资源配置中发挥基础性作用的地位得以确立，但仍存在一些问题。中国迎来了全面深化改革的新时代，经济体制

① 中共中央文献研究室编：《十四大以来重要文献选编》（上），北京：中央文献出版社，2011年，第453页。

② 胡锦涛：《高举中国特色社会主义伟大旗帜 为夺取全面建设小康社会新胜利而奋斗——在中国共产党第十七次全国代表大会上的报告》，《人民日报》2007年10月25日。

改革也随之进入新阶段。在新阶段，经济体制改革的核心是处理好政府和市场的关系。一方面是推进市场在资源配置中发挥决定性作用，另一方面需要政府配合市场更好、更准确地发挥作用。因此，改革重点实际已由促进市场发育发展转向国家治理能力提升和国家治理现代化。

党的十六大确立了中国经济社会发展的新目标——到 2020 年全面建成小康社会。全面建成小康社会依赖全面深化改革。2013 年党的十八届三中全会通过的《中共中央关于全面深化改革若干重大问题的决定》指出："全面深化改革的总目标是完善和发展中国特色社会主义制度，推进国家治理体系和治理能力现代化。"其中，"经济体制改革是全面深化改革的重点，核心问题是处理好政府和市场的关系，使市场在资源配置中起决定性作用和更好发挥政府作用"。

做出使市场在资源配置中起决定性作用的新定位，是因为理论和实践都证明市场配置资源是最有效率的形式。[①] 因此，必须积极稳妥地从广度和深度上推进市场化改革，大幅减少政府对资源的直接配置，推动资源配置依据市场规则、市场价格、市场竞争实现效益最大化和效率最优化。使市场在资源配置中起决定性作用，不是不要政府发挥作用，而是要更好地发挥政府作用。2019 年 10 月 31 日，党的十九届四中全会通过的《中共中央关于坚持和完善中国特色社会主义制度 推进国家治理体系和治理能力现代化若干重大问题的决定》提出："公有制为主体、多种所有制经济共同发展，按劳分配为主体、多种分配方式并存，社会主义市场经济体制等社会主义基本经济制度，既体现了社会主义制度优越性，又同

---

① 参见中共中央文献研究室编：《习近平关于社会经济建设论述摘编》，北京：中央文献出版社，2017 年，第 25 页。

我国社会主义初级阶段社会生产力发展水平相适应，是党和人民的伟大创造。”[①]党的十九届四中全会第一次明确把“社会主义市场经济体制”和“按劳分配为主体、多种分配方式并存”的收入分配制度列入社会主义基本经济制度，进而与原来界定的基本经济制度“公有制为主体、多种所有制经济共同发展”的所有制在一起，共同构成了“所有制＋分配制度＋经济运行制度”三位一体的新的中国特色社会主义基本经济制度框架。这是中国共产党和中国人民的伟大创造，是对马克思主义科学社会主义理论的极大丰富。

第二节 学理依循

一、《资本论》中的相关理论

（一）马克思生产力与生产关系理论

生产力理论是马克思主义政治经济学的基本原理，生产力与生产关系也是社会发展的基本范畴。就其本质而言，生产力是人类在尊重自然规律的基础上认识自然、利用自然和改造自然的能力，具有客观性和社会历史性。构成生产力的基本要素为劳动者、劳动资料和劳动对象。其中，劳动者是生产力中最积极最活跃的因素；劳动资料是劳动过程中所运用的物质资料或物质条件，是劳动者和劳动对象之间的媒介；劳动对象是一切社会生产展开的前提和基础。生产力的各个要素之间是相互联系的，正如马克思所说，劳动者和生产资料“在彼此分离的情况下只在可能性上是生产

① 《中共中央关于坚持和完善中国特色社会主义制度　推进国家治理体系和治理能力现代化若干重大问题的决定》，中华人民共和国中央人民政府网，2019 年 11 月 5 日，http://www.gov.cn/zhengce/2019-11/05/content_5449023.htm。

因素，凡要进行生产，就必须使它们结合起来”[①]。生产关系是人们在物质资料生产过程中形成的社会关系，作为生产方式的社会形式主要包括生产资料的所有制形式、人们在生产中的地位和相互关系以及产品的分配方式。生产力和生产关系是同一社会生产的两个方面，二者是辩证统一的关系。一方面，生产力决定生产关系，“个人借以进行生产的社会关系，即社会生产关系，是随着物质生产资料、生产力的变化发展而变化和改变的”[②]；另一方面，生产关系对生产力具有阻碍或促进的反作用，如果生产关系不适应生产力的发展水平，则会成为生产力发展的桎梏。

我国市场经济体制就是在不断调整生产力和生产关系、经济基础和上层建筑关系的过程中逐步完善和发展的。当前我国市场经济体制依旧存在一些不适应生产力发展的地方，这就需要进一步深化改革。随着中国特色社会主义进入新时代，社会主要矛盾的变化，也对我国市场经济的进一步完善和发展提出了更高的要求。因此，马克思关于生产力和生产关系的理论也为我国市场经济体制的完善和发展提供了基本的理论依据。

（二）马克思社会总资本再生产理论

马克思在《资本论》中集中论述了社会总资本的再生产和流通过程并指出，“每个生产过程，从经常联系和它不断更新来看，同时也就是再生产过程”[③]，它包括了生产、分配、交换、消费四个辩证统一的环节。马克思的社会再生产理论与市场经济体制改革的关系可以从以下两个方面来进行理解。一方面，社会生产是否能够按一定的比例进行，换言之，即社会的两大部类能否实现全部的价值

① 《马克思恩格斯全集》第 24 卷，北京：人民出版社，1972 年，第 44 页。
② 《马克思恩格斯文集》第 1 卷，北京：人民出版社，2009 年，第 724 页。
③ ［德］马克思：《资本论》第 1 卷，北京：人民出版社，1975 年，第 621 页。

补偿和实物补偿，能否达到相对均衡的状态，需要充分发挥市场在资源配置方面的决定作用，避免出现生产过剩和资源浪费。另一方面，社会再生产理论有助于深刻把握市场自身在进行资源配置过程中存在的固有缺陷，加强对经济的宏观调控。在实际的经济运行过程中，两大部类之间的交换并不总是相对均衡的，社会总产品也不总是能够完全实现。两大部类的失衡会影响整个社会再生产，危及经济平稳运行。马克思通过再生产理论，揭示了社会两大部类的物质交换过程，不仅为我国实施供给侧结构性改革提供了理论依据，也为我国社会主义市场经济体制的发展和完善提供了理论指导。

二、中国特色社会主义政治经济学对西方经济学的借鉴

习近平总书记指出："坚持和发展中国特色社会主义政治经济学，要以马克思主义政治经济学为指导，总结和提炼我国改革开放和社会主义现代化建设的伟大实践经验，同时借鉴西方经济学的有益成分。"[①]西方经济学既包括研究市场经济运行的一般规律和资源配置的内在机制的微观理论，也包括研究一国的整体经济运行状况、经济增长和经济发展等问题的宏观内容。西方经济学的有益成分对中国特色社会主义政治经济学建构有借鉴意义；但西方经济学中从意识形态出发，着力论证资本主义制度合理性和永恒性的成分要坚决摒弃。

(一)产权理论

现代产权理论属于西方新制度经济学的一个重要分支，把"交

① 《习近平主持召开经济形势专家座谈会强调：坚定信心增强定力　坚定不移推进供给侧结构性改革》，新华网，2016 年 7 月 8 日，http://news.xinhuanet.com/politics/2016-07/08/c_1119189505.htm。

易成本”作为基本分析工具，研究产权结构及其制度安排对市场运行和资源配置效率的影响。产权包括所有权、使用权、收益权、处置权等，界定和变更产权结构的意义在于，降低市场运行的制度成本，提高运行效率，优化资源配置，促进创新与经济增长。传统所有制理论主要从宏观和静态角度看待所有制结构，以公有或私有二分法区别所有制优劣，忽视不同所有制内部复杂的产权关系及所有制之间进行产权结合的可能。现代产权理论则更注重从微观和动态角度分析现实复杂产权关系。产权的特性决定了一种所有制经济可以存在多种实现形式，可根据需要对诸多权利进行动态分拆、重组，提高产权配置效率。

西方产权理论虽然对我国改革理论和实践有借鉴意义，但它存在一个根深蒂固的观念——私有产权比公有产权更有效率。[①]基于这种观念的市场化改革核心就是把公有产权变为私有产权，以致主张通过私有化推动所有制改革。中国特色社会主义政治经济学坚决摒弃西方产权理论的这一错误观念，避免将中国改革的理论和实践引向歧途。现实中，我国的所有制结构调整和产权制度改革在实践中探索出一条既不同于传统社会主义计划经济，也不同于西方资本主义市场经济的具有中国特色的所有制改革与产权制度变迁模式，即在公有制为主体、多种所有制经济共同发展的基本经济制度下，实现了公有制经济与非公有制经济、国有企业与民营企业相互促进、共同发展的格局。一定意义上，中国的经济体制尤其是国有企业实施的混合所有制改革，实现了投资主体多元化，就是一个产权结构不断调整并释放活力的过程。在中国的所有制结构调整和国有企业改革过程中，现代产权理论的引入对于

① 参见中央党校“中国特色社会主义政治经济学研究”课题组：《中国特色社会主义政治经济学对西方经济学理论的借鉴与超越》，《管理世界》2017 年第 7 期。

改革的理论研究和政策实践产生了重要影响。

(二)政府与市场关系理论

在西方经济学中,宏观规制与干预理论通常是为了解决微观领域的“市场失灵”而采取政策干预和为实现宏观领域的总供给与总需求平衡,进而实现促进经济增长、实现充分就业、保持物价稳定、实现国际收支平衡等宏观经济运行目标而采取宏观政策干预,最典型的政策工具是财政政策和货币政策。西方经济学中的宏观经济政策是对发达国家市场经济运行规律和政府干预经验的理论总结,对于中国在改革与发展进程中搞好宏观调控,促进经济稳定发展同样具有重要借鉴意义。但历史进程中,西方国家由于先后发生了“大萧条”和“滞胀”的经济危机,“经济自由主义”和“凯恩斯主义”经济学争论一直未果。

市场机制作用和宏观调控相结合是我国在经济发展实践中摸索出来的,是社会主义市场经济理论的重要组成部分。它抓住了我国经济体制改革的核心问题,即处理好政府和市场的关系,既使市场在资源配置中起决定性作用,又更好地发挥政府作用。市场在资源配置中起决定作用是市场经济的一般规律,健全社会主义市场经济体制必须遵循这条规律,而更好发挥政府的作用,则在很大程度上体现了社会主义制度的优势。我国社会主义市场经济条件下,有中国共产党对经济工作的集中统一领导,国家才能将集中财力人力办大事的制度优势发挥到极致。

第三节　实践路径

改革开放特别是党的十八大以来,我国坚持全面深化改革,不断完善社会主义市场经济体制,极大促进了生产力发展,经济已由高速增长阶段转向高质量发展阶段。但我国市场体系还不健全、市场发育还不充分、政府和市场关系没完全理顺、要素流动不畅、资源配置效率不高等问题成为我国推动高质量发展的体制机制障碍。为完善我国社会主义市场经济体制，应坚定不移深化市场化改革，按照中共中央、国务院《关于新时代加快完善社会主义市场经济体制的意见》的部署，不断在经济体制改革方面取得新突破。

一、坚持公有制为主体、多种所有制经济共同发展，增强微观主体活力

（一）坚持“两个毫不动摇”，加快建设现代化经济体系

1.坚持“两个毫不动摇”是基于我国国情的现实选择

党的十五大提出，公有制为主体、多种所有制经济共同发展，是我国社会主义初级阶段的一项基本经济制度。党的十六大首次提出“两个毫不动摇”的概念，明确提出要“坚持和完善基本经济制度”，“必须毫不动摇地巩固和发展公有制经济”，“毫不动摇地鼓励、支持和引导非公有制经济发展”，将两者统一于社会主义现代化建设的进程中。2012 年，党的十八大进一步强调，要毫不动摇巩固和发展公有制经济，推行公有制多种实现形式，推动国有资本更多投向关系国家安全和国民经济命脉的重要行业和关键领域，不断增强国有经济活力、控制力、影响力。毫不动摇鼓励、支持、引导非公有制经济发展，保证各种所有制经济依法平等使用生产要素、公平参与市场竞争、同等受到法律保护。党的十八届三中全会又有新突破，把非公有制经济的地位和作用提到了一个新的高度，首次提出“两个都是”，即公有制经济和非公有制经济都是社会主义市场经济的重要组成部分，公有制经济和非公有制经济都是我国经济社会发展的基础。同时还丰富发展了“两个毫不动摇”内涵，

明确提出增强国有经济活力、控制力、影响力，激发非公有制经济活力和创造力。党的十九大报告指出，必须坚持和完善我国社会主义基本经济制度，重申并强调“两个毫不动摇”。

从本质上说，改革开放的历程就是不断地探索公有制为主体、多种所有制经济共同发展的基本经济制度的历程，也是社会主义市场经济体制不断完善的历程。基本经济制度的形成，极大地解放了社会生产力，成为中国特色社会主义制度的重要支柱和社会主义市场经济的根基以及推动我国经济社会持续发展的重要动力源。[①]

2.坚持“两个毫不动摇”是建设现代化经济体系的制度保障

从党的十九大报告提出建设现代化经济体系的主要任务看，各方面任务的完成都离不开以“两个毫不动摇”为指导的体制机制改革。一是深化供给侧结构性改革，关键是提高供给质量，要求推动产业升级、培育经济增长新动能，这既需要深化国有企业改革，做强做优做大国有资本，提高国有企业的供给质量，又需要通过深化商事制度改革和完善产权保护制度来创造公平竞争环境，激发民营经济的创新发展积极性；二是加快创新型国家建设需要深化科研体制改革，既要发挥国有经济在基础研究、重大科技项目中的关键作用，又要调动科研人员积极性、加快对中小民营企业创新的支持；三是实施乡村振兴战略需要深化农村土地制度改革、农村集体产权制度改革，既要发展现代化大农业，又要保障农民财产权益和壮大集体经济；四是推动全面开放，既要鼓励中国企业尤其是大型企业走出去，又要大幅度放宽市场准入、保护外商合法权益。建设现代化经济体系的各方面都贯穿着坚持“两个毫不动摇”这个主

① 参见洪银兴：《新编社会主义政治经济学教程》，北京：人民出版社，2018 年，第 114～115 页。

线的要求。

3.推进混合所有制改革是建设现代化经济体系的重要举措

坚持“两个毫不动摇”,从具体实现形式看,既有公有制经济和非公有制经济各自独立发展、体现为宏观层面混合所有制经济的形式,也有国有资本和非国有资本交叉持股、相互融合以股份制企业为载体的微观层面混合所有制经济的形式。前者表现为混合所有的经济所有制结构,后者则表现为混合所有制企业。混合所有制企业有利于建立高效的公司治理结构,有利于充分调动员工的积极性,有利于形成市场化经营机制,为企业成为更有活力、更有竞争力的微观主体提供了良好的体制机制基础。建设现代化经济体系,需要满足经济发展高质量和高效率的要求,从微观层面看,必须具有大量有创新力、竞争力的微观主体,混合所有制提供了有利于企业培育创新力和市场竞争力的制度保障。[①]

(二)营造支持非公有制经济高质量发展的制度环境

1.进一步优化营商环境

近些年我国的营商环境改善明显,在全球近 200 个经济体中,我国在 2019 年排第 31 位。虽然进步较快,但整体营商环境还有较大提升空间。如债权债务关系在抵押和破产方面的法律保护尚有欠缺、总体税负较高、金融和财税制度不完善等。长期看,要努力逐步建立竞争中性的市场环境;短期看,要适时出台灵活的补偿机制,以实质改变民营经济的营商环境。

2.进一步推进政府“放管服”改革

发展非公有制经济,尤其是优化营商环境,关键在政府。当前促进非公有制经济发展的行政体制改革可以从两方面着手。一是

---

① 参见黄群慧:《坚持“两个毫不动摇”建设现代化经济体系》,《光明日报》2018 年 2 月 7 日。

优化政府职责体系。党的十九届四中全会强调:“完善政府经济调节、市场监管、社会管理、公共服务、生态环境保护等职能,实行政府权责清单制度,厘清政府和市场、政府和社会的关系。深入推进简政放权、放管结合、优化服务,深化行政审批制度改革,改善营商环境,激发各类市场主体活力。”[①]二是充分调动地方政府促进非公经济发展的积极性,地方政府在经济转型和发展中举足轻重,只有不断优化营商环境,我国非公有制经济发展的环境才能有根本改变。

3.完善支持非公有制经济健康发展的法律制度

完善促进非公有制经济发展的法律制度,最重要的是维护公平竞争和保护产权。公平竞争制度体现在准入和经营两方面。从立法层面,解决非公有制经济的行业准入问题,推行市场准入负面清单制度,严格实施公平竞争审查制度。支持非公有制企业参与电力、交通、油气勘探开发、市政公用、军民融合等领域投资建设,支持符合条件的民间资本依法发起设立银行、金融租赁公司、财务公司、汽车金融公司、消费金融公司等金融机构,落实民间资本金融医疗、养老、教育和文化等服务领域的具体方案。从经营层面,要在监管、税收、融资和销售等环节,对公有制经济和非公有制经济做到一视同仁,切实消除非公有制经济所面临的各种障碍和负担。

二、夯实市场经济基础性制度,保障市场公平竞争

(一)全面完善产权制度

产权制度是市场经济的基础性制度,也是市场经济有序运行

① 《中共中央关于坚持和完善中国特色社会主义制度 推进国家治理体系和治理能力现代化若干重大问题的决定》,中华人民共和国中央人民政府网,2019 年 11 月 5 日,http://www.gov.cn/zhengce/2019-11/05/content_5449023.htm。

的重要前提。要完善以管资本为主的经营性国有资产产权管理制度，健全自然资源资产产权制度，健全以公平为原则的产权保护制度，深化农村集体产权制度改革，完善和细化知识产权制度规则。当前，较为紧迫的是依法平等保护民营经济产权，依法严肃查处各类侵害民营企业合法权益的行为，激发民营企业的投资热情。在新一轮科技革命和产业变革中，完善知识产权创造、运用、交易、保护制度规则尤为重要，特别是要加快建立知识产权侵权惩罚性赔偿制度，完善新技术新业态知识产权保护制度。

(二)全面实施市场准入负面清单制度

负面清单不只是一张清单，更是一个制度体系。外资准入负面清单制度是国际通行的外资管理制度，我国自 2013 年在自贸试验区试行，2017 年推广到全国，负面清单由长到短，已压缩至 48 项，并将继续压缩。下一步重点是取消外资准入负面清单之外的限制，促进内外资企业公平竞争。与此同时，以国际规则倒逼国内改革，推行国内市场准入负面清单制度，按照“非禁即入”原则和“全国一张清单”管理模式，促进各类市场主体公开公平公正参与竞争。这也是以开放促改革、建设更高水平市场经济体制的重要途径。

(三)全面落实公平竞争审查制度

公平竞争是市场经济的本质要求，也是优化资源配置和提高配置效率的前提。要完善竞争政策框架，建立健全竞争政策实施机制，强化竞争政策基础地位，体现完善公平竞争制度的改革方向。保障公平竞争，必须全面落实公平竞争审查制度，建立健全第三方审查和评估机制，强化公平竞争审查的刚性约束。

三、构建更加完善的要素市场化配置体制机制，激发社会创造力和市场活力

（一）建立健全统一开放的要素市场

要素市场化配置的基础是建立健全统一开放的市场，我国实行市场经济以来，虽然大部分要素市场已经形成并开放，但当前仍存在需要补齐的短板。

1.推进要素价格市场化改革，优化资本要素市场化配置

推动以信息披露为核心的股票发行注册制改革，完善强制退市和主动退市制度，增强诉讼制度对投资者的保护作用；加快发展债券市场，稳步扩大债券市场规模，丰富债券市场品种，完善违约处置机制，探索实行公司信用类债券发行注册管理制；构建与实体经济结构和融资需求相适应、多层次、广覆盖、有差异的银行体系，满足实体经济的融资需求。此外，还要加快培育技术、管理、数据等要素市场，为构建更加完善的要素市场体系、实现经济高质量发展做出贡献。

2.推动土地要素市场化配置

建立城乡统一的建设用地市场，实现农村集体经营性建设用地与国有土地同等入市、同价同权；严格界定土地征收中的公共利益用地范围；深化产业用地市场化配置改革，推动不同产业用地类型合理转换，探索增加混合产业用地供给；努力增强土地管理的灵活性，探索全国性的建设用地、补充耕地指标跨区域交易机制。[①]

① 参见洪银兴：《实现要素市场化配置的改革》，《经济学家》2020年第2期。

3.完善劳动力要素市场化配置

着力引导劳动力要素合理畅通有序流动，进一步放开放宽除个别超大城市外的城市落户限制，完善超大特大城市积分落户政策，在城市群内探索户口通迁、居住证互认制度；改变公共资源按城市行政等级进行配置的方式，转向按实际服务管理人口规模进行配置；畅通企业、社会组织人员进入党政机关、国有企事业单位的渠道，为外籍高层次人才来华创新创业提供必要便利。

4.完善数字要素市场的形成与发展

党的十九届四中全会首次将数据纳入生产要素的范畴，大数据已经成为信息时代重要的经济资源。一是要坚持要素市场决定，充分发挥市场在配置要素资源中的决定性作用，保障不同市场主体平等获取生产要素，实现数据要素配置效益和效率最大化。二是健全数据要素运行机制，完善政府监管体系。坚持放活与管好相结合，提升监管和服务能力，引导各要素协同向先进生产力聚集。三是加强数据安全保护制度，完善数据产权制度。制定数据隐私保护制度和安全审查制度，根据数据性质完善数据产权制度。在新时代，加快培育发展数据要素市场，推动实体经济和数字经济融合发展。

(二)推进要素价格市场化改革

围绕使市场在资源配置中起决定性作用和更好发挥政府作用，以健全产权制度为前提，加快破除要素价格市场化制度性障碍，构建要素自由流动、价格反应灵活的要素价格体系。党的十九大提出，要破除妨碍劳动力、人才社会性流动的体制机制弊端，使人人都有通过辛勤劳动实现自身发展的机会。

继续深化户籍制度改革，进一步推动劳动力价格市场形成。一是破除劳动力市场分割的制度壁垒，消除户籍制度造成的城乡二元差别。二是加快建立覆盖城乡劳动者、均等化的社会保障制度和公共就业服务体系。三是积极营造开放、公平和规范的社会就业环境，实现城乡劳动者就业机会平等和“同工同酬”待遇平等。

完善由市场形成的工资机制，放松“体制内”劳动者的工资管制。一是落实国有企业劳动者的工资制度，实现职业经理人工资由市场形成，建立国有企业经营管理人员激励约束机制。二是放松事业单位劳动者的工资管制，按事业单位工资基金来源逐步扩大单位自主性、灵活性、市场化决定的工资份额。

以土地供应“并轨”和推动“同地同权同价”为重点，打破土地垄断供应，完善土地价格体系。一是逐步建立城乡统一的建设用地市场。对依法取得的农村集体经营性建设用地，通过统一的土地市场，以公开规范的方式转让土地使用权，允许转让、出租、抵押等，纳入现行的土地市场统一管理，推进土地市场供给主体多元化。二是积极推进土地价格市场化，完善土地价格体系。秉持土地转让自愿方式，土地补偿费用按土地的市场价格确定，补偿费用既包含绝对地租，也体现级差地租。

深化金融体制改革，实现更高水平的利率和汇率市场化。党的十九大提出，要健全货币政策和宏观审慎政策双支柱调控框架，深化利率和汇率市场化改革。一是完善以市场供求为基础、参考一篮子货币进行调节、有管理的浮动汇率制度，增强市场主导作用，提高汇率弹性。二是建立健全统一开放、竞争有序的多层次外汇市场，扩大市场参与主体，丰富外汇交易品种，优化外汇市场基础设施，为汇率市场化形成和有效传导奠定基础。

第九章　深化国有企业改革

国有企业在新中国发展史中被称为“共和国的长子”。改革开放以来,国有企业改革是我国经济体制改革的中心环节。进入新时代,国有企业作为全民所有的企业组织形式,是推进国家现代化、保障人民共同利益的重要力量,是我们党和国家事业发展的重要物质基础和政治基础。[①] 我们必须坚持国有企业制度自信,在构建现代化经济体系的过程中,通过深化改革实现自我完善,把国有企业做优做强做大,为实现中华民族伟大复兴的“中国梦”贡献力量。

第一节　基本概念

国有企业作为一种世界普遍存在的经济形式,广泛存在于各国经济体系中,在世界经济发展中发挥着重要作用。对于我国这样一个后发赶超的社会主义经济体来说,无论是从农业国向工业

① 参见《中共中央　国务院关于深化国有企业改革的指导意见》(2015年8月24日),中华人民共和国中央人民政府网,http://www.gov.cn/gongbao/content/2015/content_2937313.htm。

国的转变、从积贫积弱到成为世界经济大国，还是从半殖民地半封建社会向社会主义制度转变、从计划经济向市场经济转轨过程中，国有企业都发挥着极为重要的作用。但由于各国的经济制度、历史变迁、发展阶段等差异，对国有企业的理解也存在一定的差异。

一、国有企业的概念

（一）企业

在市场经济条件下，企业是经济发展的基本单元，是以盈利为目的，综合运用土地、劳动、资本、技术、管理等各种生产要素，生产出为消费者接受的各种商品和服务，实行自主经营、自负盈亏的市场主体。

从历史来看，企业的产生和发展是生产力发展到一定阶段的产物，它通过联合生产、协作劳动、分工配合，能够发挥出规模经济效益，形成比单个个体生产更有效率的生产活动。最早出现的现代意义的企业是工业企业。工业企业的早期经历了资本主义手工业作坊、手工业工场和工厂企业的演变。随着 16 世纪中叶到 18 世纪末工业革命的兴起，各种工业企业开始大量出现。

在西方主流经济理论中，企业只是作为一端输入各种生产要素，另一端就会自动生产出合格的、标准化产品的"黑箱"。作为描述企业人格化的"厂商"本身也是"经济人"。而在新制度经济学家科斯看来，"在企业之内，市场交易被取消，伴随着交易的复杂的市场结构被企业家所替代，企业家指挥生产"[①]。因此，企业被看作基于经济人假设，组织决策对个体交易的一种替代，是能够降低交易

① ［美］罗纳德·哈里·科斯：《企业、市场与法律》，盛洪、陈郁译，上海：格致出版社、上海三联书店、上海人民出版社，2014 年，第 30 页。

费用的"安排"。西方经济理论,是从资源配置的"技术"视角来看待企业,但忽略了作为企业生产经营决策涉及的各种生产要素主体的关系问题。

在马克思主义政治经济学看来,企业虽然是一个生产经营组织,但本质是一种生产方式和生产关系的体现。不同性质的企业,体现不同的生产方式和生产关系。虽然企业表现为劳动、资本、土地等各种生产要素的联合,通过协作生产出各种产品和服务,但企业的生产方式不同以及由此决定的各种要素主体在生产过程中形成的生产关系不同,不仅决定了企业财富创造的能力,表现为一种"资源配置机制",而且也会体现出不同的社会制度属性。

(二)国有企业

国有企业作为一种经济组织形式,通俗来说,是指国家或政府所持有的企业组织。国有企业的历史久远,古代一些官办经营机构已经具备了国有企业的雏形。但现代意义上的国有企业,则是随着资本主义的出现而出现的。

在西方发达资本主义国家的早期,为了进行航海探险活动或加强海外领地的管理,各国政府资助或建立了一些国有企业来开展活动。每当经济出现危机的时候,西方发达国家的政府也往往选择通过国有资本注入、收买民营企业等国有化的方式来帮助企业渡过危机。但由于西方资本主义私有制的制度属性,使国有企业在资本主义国家经济体系中只是私营经济的补充,只在比较小的领域,如自然垄断、公共产品供给等领域存在,对国民经济缺乏足够的控制力、影响力。

在社会主义国家中,国有企业不仅具有经济属性,而且具有制度属性,既是财富的创造者,也是社会制度的构建者。国有企业的存在和发展,为社会主义国家逐步摆脱贫困面貌奠定了重要基础。

但客观来看，社会主义经济中的国有企业，在不同国家、经济发展阶段、制度条件、人文环境等条件下，其管理和运营具有不同的特点。如在苏联高度集中的计划经济条件下，国有企业具有典型的“内部人控制”特征。在我国改革开放前的计划经济条件下，国有企业成为政府计划体系的“生产机器”，而在改革开放后，国有企业日益成为自主经营、自负盈亏的市场主体。

二、国有企业改革的相关概念

（一）现代企业制度

国有企业改革的重要目标是建立现代企业制度。随着生产力的发展，企业的组织形态发生着重要的变化，从过去的个人业主制企业到合伙制企业，再到公司制企业，企业的产权结构、管理架构、组织形态、经营绩效、社会职能等都发生着重要的变化。

个人业主制企业，通常是指独资企业，出资人既是财产的唯一所有者，也是企业经营的直接决策者，企业在产权上属于出资者个人或家庭所有。个人业主制企业一般以出资人个人资产为基础、以个人决策为主导，因此，企业的经营规模较小，决策相对灵活，但也面临着抗风险能力差、资金来源渠道窄、企业管理人才相对缺乏等问题。总体来看，个人业主制企业是历史最为古老的企业组织形式，即使在现代社会，个人业主制企业仍然是非常普遍的企业组织，一些世界知名企业，本质上属于家族企业，实际上也可以划分为个人业主制企业。

合伙制企业，通常是指由两个或两个以上的出资人共同投资、共同管理并分享企业经营收益和分担风险的企业组织。与个人业主制企业相比，合伙制企业的资金来源更广泛，由共同利益吸引的合伙人可以分担风险，在决策时可以进行商议提高决策能力，但同时，也可能因为合伙人之间的矛盾、偷懒、意见分歧、化公为私等“机会主义行为”而使合伙制企业出现危机。一般来说，合伙制企业通常局限于合伙范围较小、易于相互监督、相互信任的投资者之间。

公司制企业，通常是指由多个出资人共同出资或认购股份，投资人以出资额为限对企业承担有限责任，并根据股份或契约规定责、权、利关系的企业组织形式。公司制企业一般分为股份有限公司和有限责任公司。股份有限公司和有限责任公司的股东都对公司承担有限责任，都以出资额为限对公司承担责任，对外都以本公司全部资产承担责任。股份有限公司和有限责任公司的区别包括以下几点：(1)发起股东数量不同，有限责任公司发起股东人数较少，而股份公司发起股东人数较多。(2)注册资本要求不同，有限责任公司要求的最低资本额较少，而股份有限公司要求的最低资本额较多。(3)股本划分方式不同，有限责任公司不必须划分为等额股份，而股份有限公司必须划分为等额股份。(4)发起人筹集资金方式不同，有限责任公司只能由发起人集资，不能向社会公开募集，而股份有限公司可以通过发起或募集设立向社会筹集资金。(5)股权转让条件不同，有限责任公司的股东可以依法转让其全部或部分股本，同等条件下，原有股东享有优先受让权，股份有限公司的股东所拥有的股票可以交易和转让，但不能退股。(6)组织架构不同，有限责任公司组织架构比较简单，可以不设股东会或不设监事会，而股份有限公司设立程序和组织比较复杂，有严格规定。(7)股权证明形式不同，有限责任公司的股权证明是公司签发的出资证明书，而股份有限公司的股权证明是公司签发的股票。(8)财务公开要求不同，有限责任公司的财务状况无须向社会公告和备查，相对保密，股份有限公司必须定期公布财务状况。

现代企业制度一般是指公司制企业，由于公司制企业的资金来源广泛、出资人对公司负有限责任、企业拥有独立的法人财产权、所有权与经营权分离等特征，使公司制企业能够发挥较大资金规模、出资人风险可控、企业决策相对独立、管理相对科学专业等制度优势。从实践来看，公司制成为众多现代企业的基本组织形式，我国也把公司制改革作为国有企业建立现代企业制度的主要方向。党的十四届三中全会提出国有企业改革的目标是建立现代企业制度，并把其特征概括为：产权清晰、权责明确、政企分开、管理科学。现代企业制度四个特征的概括，实际上也体现了公司制企业的特点。

（二）公司治理结构

在公司制企业中，由于实现了所有权与经营权的分离，公司股东拥有企业的所有权，公司的经理人等高级管理人员实际掌握了企业的经营权，两权分离带来了委托代理问题，为了减少代理成本，需要对公司的权力结构进行制度安排，从而形成公司治理。因此，公司治理结构是一种契约制度，它通过一定的治理手段合理配置剩余索取权和剩余控制权，以使企业内的不同利益主体形成有效的自我约束和相互制衡机制。[①] 在理论研究中，公司治理结构有时也称为法人治理结构、公司治理等。

由于企业理论的发展，在公司治理结构理论中也出现了两种不同的研究思路，一种是主要围绕着控制和监督经理人行为以保护股东利益来展开，另一种是主要围绕保护包括股东在内的公司利益相关者的利益来展开。两种不同的公司治理结构理论，其背后是对公司或企业性质的认识，前一种基于古典的企业理论，认为

① 参见杨瑞龙：《社会主义经济理论》，北京：中国人民大学出版社，2008 年，第 131 页。

企业是股东出资建立的，理应以维护股东的利益为根本。后一种在利益相关者理论的基础上，认为企业不仅仅是股东盈利的工具，而是包括股东、员工、供货商、经销商、债权人、政府、社区民众等在内的各种利益相关者的合作组织，因此需要形成利益相关者相互制衡的制度结构。

从维护股东利益来看，公司治理结构中最高的权力机构是代表股东利益的股东大会，他们选举任命董事会行使决策权，董事会选聘经理层进行经营管理，同时组建监事会对企业的运行和经理层的行为进行监管，从而形成股东会、董事会、监事会和经理层的权力结构。

从维护利益相关者的利益来看，公司治理结构中，除了代表股东利益的股东大会外，董事会、监事会等都应该有体现员工、债权人等利益相关方的代表，以形成权力制衡，维护公司的整体利益。

（三）混合所有制

混合所有制是不同所有制的资产产权在企业组织中的合作形式，混合所有制经济是以混合所有制企业为主要经济形式的经济关系总和，是多种所有制经济形式融合发展的基本形式。

从具体的企业组织形式来看，混合所有制经济是公有经济和私有经济的结合，具有多种实现形式。公有经济可以分为国有经济、集体经济，私有经济包括个体经济、私营经济、外资经济等多种形式。混合所有制经济的企业可以是不同所有制性质经济组织的多种搭配组合，如国有资本与个体私营资本的融合、国有资本与外资的融合、集体资本与个体私营资本的融合、集体资本与外资的融合、国有资本与集体资本以及非公有资本之间的融合等。

混合所有制经济作为一种公有资本与私有资本联合的经济形式，在具体的经济运行中表现出以下特征。

1.产权的混合性

混合所有制经济在企业产权安排上，兼有公有产权和私有产权的特征，但又不同于单一的公有产权或私有产权，具有产权的混合型特征。这种混合型产权一方面体现在对生产资料的占有上，表现为不同性质所有权主体的联合，如国有资本、集体资本、个人资本、私营资本、外资等的产权联合，它涉及私有产权主体和公有产权主体在生产资料占有、收益、处置、分配等方面的权利安排。另一方面又体现为价值形态上的混合，在企业法人财产的剩余索取权安排上，实现了个人占有和社会占有的统一，私有产权主体凭借着所投入股份享有相应的收益和权益，同时因存在部分公有产权又实现了企业剩余所有权的社会化共享。因此，混合所有制具有产权的混合性特征。

2.行业的特殊性

混合所有制经济作为公有经济与私有资本联合的一种经济形式，在行业分布上大多集中在基础设施建设、公用事业、垄断行业等国有资本涉足的产业，混合所有制经济的行业分布虽然相对集中，但边界并非十分严格。

3.公司治理的多样性

混合所有制企业既有公有产权也有私有产权，各产权主体的权利义务在以股权决定的基础上具有多样性特点。如在许多混合所有制企业中都是以股权决定公司治理的责、权、利，但也存在某些混合所有制企业，国有资本即使不占控股地位，甚至不是第一大股东，但在公司治理中也能够发挥重要的作用，他们对公司治理中的重大问题具有否决权。也有部分混合所有制企业，尽管私有资本不占股权优势，但在公司的企业管理中发挥着重要的作用，而国有资本只谋求分享资本增值的收益。

4.资本所有者和劳动者的利益共同体

传统的公有制企业是劳动者利益的结合，而私有制企业则是资本所有者利益的结合，但混合所有制实现了资本所有者和劳动者的利益结合，特别是员工持股的混合所有制企业，使得资本所有者和劳动者能够共同分享企业发展成果。在混合所有制企业中，因为资本所有者、企业劳动者和代表全体社会劳动者的国有股权代表都共同参与公司治理和企业决策，因此，一方面能够避免工资侵蚀利润或利润侵蚀工资的劳资对立和矛盾，另一方面各个产权主体通过股权占有，能够共同分享企业成长的收益，有利于避免企业的“机会主义行为”，使企业真正走向创造社会财富、关注长期发展的良性轨道。

从实践来看，作为国有企业改革的重要目标，“混合所有制”这一概念在1997年党的十五大上就提出来了，党的十六大又进一步提出发展混合所有制经济，党的十八届三中全会把混合所有制经济作为我国基本经济制度的重要实现形式提出来，并将其作为国有企业改革的重要方向。党的十九大报告也把深化国有企业改革，发展混合所有制经济，培育具有全球竞争力的世界一流企业，作为加快完善社会主义市场经济体制的重要内容。2020年召开的党的十九届五中全会审议通过的《中共中央关于制定国民经济和社会发展第十四个五年规划和二〇三五年远景目标的建议》专门对国资国企改革做出重要部署，要求加快完善中国特色现代企业制度，深化国有企业混合所有制改革。混合所有制改革之所以越来越成为国企改革的重要方向，目的就是发挥国有经济和民营经济的相对优势，实现优势互补、各取所长，共同推动国有企业做强做优做大。

第二节 学理依循

深化国有企业改革，推动国有企业做强做优做大，培育具有国际竞争力的世界一流企业，是新时代国有企业改革的重要方向。思想是行动的先导，深化国有企业改革，必须深刻把握国有企业发展的规律。

一、深化国有企业改革的价值分析

国有企业作为一种经济形式，普遍存在于世界各经济体中，但其在经济发展中的地位和作用存在明显的差别。在西方发达资本主义国家，国有经济只是起着一种补充和对冲危机的储备作用，但对我国社会主义市场经济来说，国有经济是经济社会发展的重要物质基础和政治基础，在我国经济发展中发挥着重要作用。

（一）深化国有企业改革是坚持和完善社会主义基本经济制度的重要内容

马克思主义政治经济学认为，生产资料所有制是决定社会经济性质的基础因素。西方经济理论虽然很少用“生产资料所有制”这样的概念，但其有近似的“产权”“所有权”等概念，无论是西方的主流经济学理论，还是非主流的制度经济学理论，都或明或暗地强调产权对于经济发展具有重要作用，把制度安排视为影响经济绩效的重要因素。[①]

随着改革开放的不断深入，我国逐渐形成了以公有制为主体，多种所有制经济共同发展的基本经济制度，并成为中国特色社会

① 参见林岗、张宇：《产权分析的两种范式》，《中国社会科学》2000 年第 1 期。

主义经济制度的显著优势之一,为我国实现经济持续快速发展发挥了重要作用。进入新时代,我国进入了一个新的历史方位,要实现中华民族伟大复兴的“中国梦”,要实现我国经济高质量发展,必须继续发挥好国有经济的主导作用,积极推进国有企业改革,按照党中央的决策部署,积极贯彻以人民为中心的发展思想,把代表全体人民利益、属于全体人民共同所有的国有资本运营好,把国有企业搞好。

(二)深化国有企业改革是完善社会主义市场经济体制的内在要求

社会主义市场经济是我国经济改革的伟大创新,开创了新的经济发展模式,成为我国改革开放 40 多年来最重大、最关键、最核心的经济变革。社会主义市场经济是社会主义和市场经济的有机结合,它有利于发挥社会主义经济要素优势与市场机制资源配置效率优势。国有企业作为双重属性的企业组织形式[①],一方面,它是市场经济中的经营主体,具有企业属性,是独立的市场主体,在市场中自主经营、自负盈亏;另一方面,它又是全民所有,具有社会主义公有制的所有制属性,因此,必须体现全民的意志、维护全民的利益,服从国家的宏观战略和整体发展目标。

进入新时代,中央提出市场在资源配置中起决定性作用和更好发挥政府作用相结合,这对我国的国有企业改革提出了新要求,要在国有企业的企业属性和所有制属性之间找到平衡点,而这个平衡点能否实现,也关系到社会主义与市场经济结合的协调程度,影响着社会主义市场经济体制的完善程度。

---

① 参见张宇、谢地、任保平、蒋永穆等:《中国特色社会主义政治经济学》,北京:高等教育出版社,2017 年,第 205 页。

（三）深化国有企业改革是建设社会主义现代化强国的必然要求

实现现代化是人类社会几百年来的基本进程和共同理想，也是中华民族在遭受上百年屈辱后的沉痛觉醒。建设现代化强国是一个系统工程，它包括经济发达、制度完善、有话语权、共同富裕、军事强大、人民幸福等诸多方面。① 从我国经济发展的历程来看，国有企业为我国实现经济赶超发挥了重要作用。通过组建和发展国有企业，我国在经济比较落后的条件下实现了资本的集聚，有效弥补了民间投资不足。在经济赶超的过程中，国家通过投资国有企业引进国外的先进技术和科学的管理经验，经过国有企业的消化吸收和再创新，为我国广大民营经济发展和国民经济快速增长发挥了重要的扩散效益和溢出效应，共同推动我国经济实现赶超，成长为世界第二大经济体。

从我国发展历程来看，面对改革开放后国外大公司的竞争，我国正是依靠国有企业的力量，保证了国民经济的独立性，坚守了民族产业的制高点，保障了国家经济安全。同时，也正是在与国外跨国公司的激烈竞争中，国有企业通过深化改革，不断提高自身的发展潜力和竞争力，成长为具有世界影响的一流企业，也为提高我国经济影响力、竞争力、综合国力奠定了重要基础。

二、对国有企业要有制度自信

虽然国有企业在我国经济社会发展中发挥了巨大的作用，国有企业改革取得了巨大的成效，但有些人仍然对国有企业制度存在误解和偏见，“国有企业低效率”“国有企业垄断”“国有企业造成社会不公”“国有企业与民争利”“国有企业腐败”等各种妖魔化的

① 参见张有奎：《何为社会主义现代化强国》，《大众日报》2018 年 1 月 25 日。

言论不断出现。这些言论背后，反映出有些人对国有企业缺乏制度自信，而且从某种程度上影响了社会民众、部分党政领导干部以及国有企业经营管理者对于国有企业的情感认同，恶化了国有企业发展壮大的社会舆论生态，也为少数人侵吞国有资产、化公为私、以权谋私、推行国有企业私有化提供了空间。

其实，这些唱空国有企业、贬损国有企业、主张取消国有企业的言论在理论上和实践上都是站不住脚的。在理论上，比如关于国有企业的效率问题，尽管有些学者提出"中国国有企业非效率论"，他们从国有企业的产值比重、财务指标、全要素生产率(TFP)和国有企业的亏损等指标在 20 世纪 90 年代持续恶化出发，得出中国经济的出路在于民营化的结论。但也有学者提出国有企业并非必然低效率，坚持"中国国有企业效率论"，他们认为，中国国有企业无论从财务指标还是其他指标都不像"非效率论"所认为的那样必然缺乏效率。① 刘元春的研究则区分了国有企业的宏观效率和微观效率，发现国有企业尽管在微观层面有些存在低效率，但宏观上是有效率的。② 魏峰、荣兆梓的研究发现，中国工业产业中，2003 年后国有企业的相对技术效率是超过非国有企业的，而且这种差距一直在扩大。③

从实践来看，国内外都有大量经营成功的国有企业，如林毅夫等分析了韩国国有企业浦项钢铁公司(Posco)与日本等国钢铁企业在生产效率上的区别，发现 1986 年韩国浦项钢铁公司人均生产粗钢 467 吨，而日本 5 家最大的钢铁公司的平均水平只有 327 吨，

① 参见刘元春:《国有企业宏观效率论:理论及其验证》,《中国社会科学》2001 年第 5 期。

② 参见刘元春:《国有企业的"效率悖论"及其深层次的解释》,《中国工业经济》2001 年第 7 期。

③ 参见魏峰、荣兆梓:《国有企业与非国有企业技术效率的比较》,《经济纵横》2012 年第 2 期。

浦项的这种效率优势为韩国民众和韩国经济提供了很多好处。即使是在一些发展中国家，像肯尼亚茶业发展局(Kenyan Tea Development Authority)、埃塞俄比亚电信公司(Ethiopian Telecommunications Authority)、坦桑尼亚供电公司(Tanzanian Electricity Supply Company Limited)、塞拉利昂的古玛河流域水利公司(Guma Valley Water Company of Sierra Leone)等也取得了很好的经营绩效。战后发达国家比如奥地利和法国的国有经济比重都曾长期高于10%，奥地利国有经济比重甚至占总产出的比重高达20%，而这也是保证二战后和两次世界大战期间奥地利宏观经济表现不凡的重要因素。[①] 再比如，苏联是在曾经被称为"帝国主义链条上最薄弱的一环"的沙俄的基础成立的，是在半农奴制国家的基础上发展起来的，正是依靠社会主义优势和国有企业的力量，迅速成长为世界第二大强国。与此形成鲜明对比的是东欧剧变之后，俄罗斯因为实行了以私有化、市场化、自由化等为特征的华盛顿共识，采取了"休克疗法"，大量国有企业被私有化，但俄罗斯的经济和人民生活并没有因为这种国有企业私有化出现改善，反而恶化。

从我国实践来看，经过40多年的不断探索，我国国有企业改革取得了巨大的成就，国有企业的活力、影响力和控制力在不断增强。根据统计，2019年，我国国有企业营业总收入625520.5亿元，同比增长6.9%。国有企业营业总成本609066.1亿元，同比增长7.1%。国有企业利润总额35961.0亿元，同比增长4.7%。国有企业税后净利润26318.4亿元，同比增长5.2%，归属于母公司所有者的净利润15496.0亿元。国有企业应交税费46096.3亿元，同

① 参见林毅夫、蔡昉、李周:《充分信息与国有企业改革》，上海:格致出版社、上海三联书店、上海人民出版社，2014年，第93页。

比下降0.7%。[①] 这些庞大的国有资产、国有经济成为我国经济发展、社会进步、民生改善、应对危机、保障经济安全、综合国力提高的重要基础性条件。有研究指出，国有企业承担了更高的纳税比例，如著名学者李锦根据2013年全国国有企业财务决算数据提出，“国企只占整个经济规模的四分之一，从业人员仅占五分之一，但是国家的税收有一半要靠国企”[②]。

综上可知，国有企业不仅具有理论的合理性，并非必然低效率，而且实践也反复证明，只要按照市场经济发展规律，加强企业管理，深化改革创新，国有企业一定能够做大做强做优，对国有企业抱有偏见，不仅是错误的，而且是有害的。要认识到，国有企业存在的问题并不是公有制和国有企业制度自身带来的，不能把国有企业妖魔化、意识形态化。我们要树立对国有企业的制度自信，保障国有企业改革沿着科学正确的道路发展，让国有企业通过深化改革，实现浴火重生、凤凰涅槃，不断做优做强做大，发展成为具有全球竞争力的世界一流企业，成为我国贯彻新发展理念、推进供给侧结构性改革、实现高质量发展的重要基础，为建设现代化强国、实现中华民族伟大复兴的“中国梦”奠定重要的物质基础和政治基础。

三、加强国有资产监管体制改革

国有企业的资产属于全民所有，各级政府都是代表人民行使

---

① 参见财政部资产管理司：《2019年1～12月全国国有及国有控股企业经济运行情况》，中华人民共和国财政部网，2020年1月12日，http://zcgls.mof.gov.cn/qiyeyunxingdongtai/202001/t20200120_3462158.htm。

② 《国家税收半数来自国企引热议》，中国经济网，2015年1月6日，http://www.xinhuanet.com//politics/2015-01/06/c_127361947.htm。

所有权，国有企业高管作为人民的代表、代理人经营管理企业。国有企业改革、国有资产的运营都应该以全体人民的利益最大化为根本出发点，决不能让国有资产在经营过程中出现人为的流失。习近平总书记强调，要吸取过去国企改革经验和教训，不能在一片改革声浪中把国有资产变成牟取暴利的机会。加强国有资产管理体制改革，是避免国有资产流失、加强国有资产监管、提高国有资本运营效率的重要保障。

我国的国有资产监管体制是随着国有企业改革形势的变化而逐步调整的。1978 年改革开放前，国有企业是政府经济决策的执行机构，国有企业直接听命于政府的行政命令，因此，国有资产的监管贯穿于企业运行和管理的全过程。改革开放后，随着社会主义市场经济的发展，政府对国有企业的直接控制越来越少，国有企业的委托代理关系以及企业生产运行信息的“私人性”，使得国有资产监管越来越重要。曾有一段时间，对国有企业和国有资产的监管不到位，导致许多国有企业被贱卖，甚至无偿赠送，有些国有企业的领导人通过“故意做亏”的方式把企业搞得亏损，然后通过管理层收购（MBO）的形式据为己有，造成了国有资产的大量流失，也使有些经营良好的国有企业受到影响，国有企业的整体效益下滑。为了维护我国的基本经济制度，巩固和发展国有经济，加强对国有资产的保护，发挥国有经济在国民经济中的主导作用，我国停止了“管理层收购”，并于 2008 年出台了《企业国有资产法》。

党的十八大以来，我国在深化国有企业改革的过程中，结合变化了的经济形势，不断加强和完善国有资产监管体制。各级国资委作为我国国有资产的出资人代表，不断探索完善国有资产监管体制改革，积极推进国有企业结构调整和创新发展，一方面通过简政放权，让国有企业有更多的决策权，以适应市场的变化，提高企业决策的自主性和灵活性。根据统计，仅十八大后的五年，国务院国资委就取消下放各项职能 43 项，各地国资委下放职能 563 项。另一方面，通过完善制度、加强监管，确保国有资产保值增值，防止国有资产流失。同时，我国国资监管通过构建“三三工程”[①]，推行三个转变、构建三级架构、实行三种分类的监管模式，出台了推动出资人监管、外派监事会监管与审计、巡视等协调配合的制度体系。

但客观来看，我国国有资产监管体制尚不健全，国有资产监管中缺位、越位、错位等问题依然存在，仍然亟须加快调整优化监管职能和方式，推进国有资产监管机构职能转变，进一步提高国有资本运营和配置效率。今后要重点围绕“管资本”构建监管体系，把增强国有企业活力和强化国有资产监管结合起来，加快建立有效制衡的法人治理结构、灵活高效的市场化经营机制，完善授权经营体制，尽快构建起具有中国特色、适合中国国情、高效有力的国有资产监管体系。

第三节　实践路径

深化国有企业改革，是当前完善社会主义市场经济体制、实现高质量发展的重要内容。进入新时代，贯彻以习近平同志为核心的党中央对国有企业改革做出的重大决策部署，按照做优做强做大的总要求，努力把国有企业培育成为具有全球竞争力的世界一

---

① “三三工程”是指在国有资产监管中实现管理体制三个转变、管理层级三级架构、国有企业三种分类。国有资产管理体制三个转变是指从推动国有资产管理从管资产到管资本的转变、从管企业领导层到管董事会代表的转变、从管资产乃至运营到管监督规则的转变。管理层级的三级架构是指构建国资委、国资运营投资公司、国有企业三级架构。国有企业三种分类是指根据国有企业的功能和属性不同，划分为盈利性企业、保障型企业和公益性企业三种类型。

流企业。

一、以习近平新时代中国特色社会主义思想为指导推进国有企业党的建设

办好中国的事情，关键在党。办好中国的国有企业，关键在加强国有企业党的建设。国有企业产权属于全民所有，各个国有企业的高管作为人民的代表进行资产管理和运营，实现国有资产的保值增值，服务经济社会发展的国家战略。通过加强国有企业党的建设，能够把有能力有担当有远见的人选进国有企业的领导班子，并团结企业员工共同管理运营好国有企业，这是搞好国有企业的关键。如果不加强企业党的建设，让那些以权谋私、化公为私的“精致利己主义者”成为国有企业的高管，那国有企业不仅不可能搞好，甚至有被侵吞的危险。

从我国国有企业改革的发展历程来看，由于在理论上有些人盲目地照搬西方的理论，片面地以西方发达国家私有制企业作为理论模板，枉顾我国特殊的国情和企业制度，片面宣扬党政分开(在国有企业内部是业务和党建分开)、政企分开的言论，使得许多国有企业管理人员和党政领导干部对国有企业党的建设形成了错误认识，一味强调国有企业党的建设和具体的企业经营分开，夸大了“新三会”和“老三会”的矛盾，使国有企业党的建设缺乏抓手，逐渐流于形式。加上过去工作中对加强国有企业党的建设认识不足、重视不够、措施不到位、制度不健全，导致国有企业党的建设被弱化、淡化、边缘化。反映到国有企业的生产经营管理过程中就是各种监督力度不足，贪污腐败、以权谋私、化公为私、假公济私等现象不断出现，这从近年来国有企业不断查出的腐败案例中可得到印证。

当前，加强国有企业党的建设，要以习近平新时代中国特色社会主义思想为指导，认真贯彻落实党的十九大精神，把政治建设摆在首位。要把加强广大国有企业党员干部的党性修养和党员领导干部政治觉悟作为重要抓手，牢记第一身份是共产党员，第一职责是为党工作，自觉同各种违背原则、违反党规党纪、违背中央精神的现象和行为做斗争，自觉抵制商品交换原则对党内生活的侵蚀。加强国有企业党的建设，要加强制度建设，贯彻落实中央提出的党建责任制，全面加强从严治党，对党的领导弱化、党的建设缺失、党建工作履职不到位、措施不得力的要严肃问责。要自觉纠正加强党的建设与企业业务矛盾、冲突的错误观点，提高加强党的建设的自觉性、积极性、主动性。要加强国有企业基层党组织建设，把基层党组织建设作为提高国有企业竞争力的战斗堡垒。要坚决整治“四风”突出问题，严格贯彻落实中央八项规定和各项党的建设制度，推动反腐败斗争深入开展，加大巡查巡视力度，同各种违法腐败现象做斗争，为建设世界一流企业提供坚强的组织保证。

二、积极推进混合所有制改革

国有企业推进混合所有制改革，在具体路径上可以通过引入非国有资本参与国有企业改革、鼓励国有企业参股非国有企业、国有企业股权结构多元化、员工持股等多种方式来实现。但当前亟须解决两个问题：一是混合所有制改革的动力问题，二是混合所有制企业公司治理的融合问题。

关于混合所有制改革的动力问题。当前，我国把混合所有制作为国有企业改革的重要方向，但客观来说，参加混合所有制改革的各方动力不足。作为国有企业的一方担心混合所有制改革后非国有资本产权主体的引入，可能会导致管理权受到削弱，操作不好可能会造成国有资产流失，甚至有可能被指责为私有化；同时，在改组为混合所有制企业后如何加强企业党建等方面也可能存在担心。作为民营资本的一方担心参股国有企业形成混合所有制企业后自身的话语权受到损失，个体的私有产权可能遭受侵害，民营资本与国有资本不同的决策逻辑可能导致各种经营风险，而且重要的是盈利能力强的国有企业混改的动力不足，盈利能力差的国有企业混改对民营资本的吸引力不足，造成开放行业利润低、想进入高利润行业门槛高等问题。

关于混合所有制企业公司治理的融合问题。由于国有资本主体和非国有资本主体的决策逻辑、决策形式、决策效率等都有明显差异，比如，国有资本主体决策受到的制度约束较多，而民营资本主体决策受到的制度约束较少，加上对市场的认识存在差异，可能导致混合所有制企业的决策协调成本高，甚至错失市场机会。因此，国有资本主体和民营资本主体在企业层面的真正融合比较困难，若处理不好，可能只是“油水混合”。

当前，推进国有企业的混合所有制改革，要以重点解决国有企业混改的动力和混改后的融合问题为抓手。采取“一企一策”的方式，制定科学合理的混合所有制改革方案，不能盲目地设置时间表和路线图，要因地制宜、因企制宜。混合所有制改革的关键是要公开透明，各种混合所有制改革措施都要在阳光下运行，以防止国有资产流失。同时，要避免混合所有制改革的急躁冒进，防止“一混就灵”的错误观点。

三、以“三个有利于”为标准推进国有企业改革

国有企业改革涉及面广，影响深远。如何把全民所有的国有资产经营好、管理好是关系到国家长远发展和社会和谐稳定的重

大问题。深化国有企业改革要坚持正确的方向和科学的评价体系。

改革是一个转变、改变的过程，如何评价一项改革政策是关系到如何推进改革的重大问题。关于国有企业改革，在过去一段时间出现了片面追求“国有企业从竞争性领域退出”等改革举措，引发了一系列问题，也和中央关于国有企业改革的初衷相违背。

2015 年 7 月，习近平总书记在吉林视察期间提出，推进国有企业改革，要有利于国有资本保值增值，有利于提高国有经济竞争力，有利于放大国有资本功能。“三个有利于”标准的提出，第一次为国有企业改革提出了判断标准、划出了改革红线、指明了改革方向，也为我们坚定国有企业改革的正确方向提供了重要保障。

国有资本保值增值是对各类国有企业管理人员履行代理人职责的基本要求。国有企业的国有资产是全民所有，国有企业的管理人员作为全体人民的代理人行使国有资产的经营管理职责，理应把全民所有的国有资产经营好。“保值”是最低要求，只有做到保值，国有资产的规模才能不缩小，全民的利益才能不受损。“增值”是国有资产作为资本投入对资本积累的内在要求，是实现做优做强做大国有资本的基础。只有做到保值增值，国有企业才能实现规模扩张和竞争力、影响力、控制力的提高。

国有经济竞争力是国有经济在市场竞争中实现做大做强的重要保障，也是维护基本经济制度、发挥国有经济主导作用的重要内容。国有经济只有不断提高竞争力，才能把优质资源吸收到国有企业和国有经济中来，才能在与民营资本和国外资本的激烈竞争中掌握市场主动，提高盈利能力，也才能实现国有经济的自我壮大。

放大国有资本功能是我国国有企业改革的重要方向，也是维护社会主义基本经济制度的内在要求。我国实行以公有制为主体,多种所有制经济共同发展的基本经济制度,要保证公有制经济的主体地位,需要发挥国有经济的主导作用。在微观层面需要国有企业、国有资本放大功能,用较少的资本发挥杠杆作用,撬动更多的社会资本、引导社会资本沿着社会主义方向发展,保障人民群众的根本利益,引导社会走向共同富裕和实现中华民族的伟大复兴。

坚持"三个有利于"的改革标准,在改革过程中,要时刻对照"三个有利于"标准,来审视我们的改革政策,改变改革过程中的一些错误做法,真正贯彻落实以人民为中心的发展思想,真正把国有企业做优做强做大。

四、完善制度创新,在更好发挥人的作用上形成改革合力

马克思主义原理告诉我们,人是推动生产力发展最能动的力量。在国有企业改革的过程中,解决人的问题是深化国有企业改革的关键。

以双轨制推进国有企业高管人事制度改革。国有企业的高管人员发挥着企业家的作用,是影响国有企业发展的关键。党的十八届三中提出"建立职业经理人制度,更好发挥企业家作用"①。要改革国有企业高管人员的选人用人机制,把组织选聘和市场化选聘相结合,给人才更多的选择和发展的空间。同时,针对不同类型人员制定不同的考核制度和薪酬制度,以更好发挥高管的人力资本优势。

以深化国有企业工资决定机制为突破口,调动国有企业职工

① 参见《中共中央关于全面深化改革若干重大问题的决定》,中国共产党新闻网,2013 年 11 月 15 日,http://cpc.people.com.cn/n/2013/1115/c64094-23559163-2.html。

积极性。国有企业长期被认为是贯彻按劳分配原则，体现公平分配的样本。但国企改革过程中，出现了高管天价薪酬、基层职工收入很少以及行业差距过大的情况。2018年3月，中央深改组审议通过了《关于改革国有企业工资决定机制的意见》，5月，国务院印发了这一文件，对国有企业工资决定机制做出了顶层设计。各个国有企业要抓紧按照文件精神，结合各自企业特点，健全职工工资与经济效益同向联动机制、能增能减机制，调节过高收入，以调动广大职工的积极性，共同推动国有企业改革走向深入，实现国有企业做优做强做大。

以企业党建为引领，抓好国有企业党员领导干部队伍建设。国有企业发展的好坏，很大程度上取决于是否有一个团结高效的党支部和一支坚强过硬的党员干部队伍。要以提高党性修养和素质能力为抓手，加强国有企业党的建设，用素质过硬、坚强有力的党组织和党员队伍，引领国有企业提高市场活力和竞争力，实现高质量发展。同时，要通过加强党的建设，引导国有企业承担社会责任，发挥国有企业的示范引领作用和政治责任，引导民众的情感认同，为深化国有企业改革营造良好的社会氛围。

五、建设具有全球竞争力的世界一流企业，推动国有企业做优做强做大

深化国有企业改革的根本目标是推动国有企业做优做强做大，发挥好国有企业、国有经济在维护社会主义基本经济制度、提高人民福祉、推进社会主义现代化、保障党和国家事业发展中的基础性、保障性作用。这些作用的发挥，要依赖国有企业竞争力的提高，国有企业要努力建设成为具有全球竞争力的世界一流企业。

党的十九大报告首次明确提出深化国企国资改革，发展混合

所有制,培育具有全球竞争力的世界一流企业。这为我们深化国有企业改革指明了根本遵循和前进的方向。企业强,则国家强。国家的强大、国家的竞争力、影响力要依靠优秀的世界一流企业创造出优秀的世界一流产品和服务来获得。党的十八大以来,我国通过深化国有企业改革,特别是通过国有企业之间的兼并重组,为培育世界一流企业奠定了基础。如中国南车和中国北车合并组建新的中国中车集团、宝钢和武钢重组为中国宝武集团、中国五矿和中冶集团重组为新的中国五矿集团、神华和国电合并成立国家能源投资集团、中核集团和中核建设集团重组新的中核集团等重大重组,不仅提升了市场集中度,减少了重复投资和资源浪费,而且也提高了我国国有企业在国际市场上的话语权、定价权,使国有企业在国际上的控制力、影响力、带动力明显提升。有数据显示,目前我国央企资产总额超过 53 万亿元人民币,境外资产总额超过 6 万亿元,分布在全球 185 个国家和地区,国有企业开创的中国高铁、核电、智能电网、“天宫一号”空间实验室、“蛟龙号”深海载人潜水器等重点领域核心技术达到国际领先水平。[①]

培育具有全球竞争力的世界一流企业,我国有些国有企业已经具备了一定的基础,已经迈进或接近世界一流企业的阵营。但客观来说,我国国有企业的总体水平距离世界一流企业仍然具有差距,资产规模、技术水平、管理能力、盈利能力、创新能力、国际影响力、话语权、定价权等仍然相对落后,需要通过深化改革,增加活力,提升资本积累和集聚的能力,走创新驱动发展战略,培育世界视野,做有担当受尊敬的世界企业。今后,要鼓励国有企业努力提升国际化经营水平,发挥中国国有企业的制度优势,充分利用国内

---

① 参见《新时代国资国企改革全力打造世界一流企业》,《经济日报》2018 年 1 月 19 日。

国际两种资源、两个市场，围绕提高企业核心竞争力和盈利能力，积极促进产业链延伸和价值链提升，鼓励国有企业加大技术研发和关键技术获取能力，尽快占据产业中高端，通过体制机制创新，健全企业市场化经营水平，优化世界产业布局，同时要积极履行企业社会责任，加强国有企业的软实力，打造具有全球竞争力的世界一流企业。

第十章　推动形成全面开放新格局

开放是国家繁荣发展的必由之路。以开放促改革、促发展，是我国现代化建设不断取得新成就的重要法宝。党的十九大报告提出“推动形成全面开放新格局”，强调“中国坚持对外开放的基本国策，坚持打开国门搞建设”，“发展更高层次的开放型经济”。这是以习近平同志为核心的党中央适应经济全球化新趋势、准确判断国际形势新变化、深刻把握国内改革发展新要求做出的重大战略部署，必将为全面建设社会主义现代化国家，实现第二个百年奋斗目标提供强大动力。

第一节　基本概念

一、全面开放

习近平总书记在十九大报告中指出，推动形成全面开放新格局。开放带来进步，封闭必然落后。中国开放的大门不会关闭，只会越开越大。报告提出的全面开放内涵丰富，既包括开放范围扩大、领域拓宽、层次加深，也包括开放方式创新、布局优化、质量提升，是习近平新时代中国特色社会主义思想的重要内容。

从广度上看，“全面开放”意味着开放的范围扩大、领域拓宽。首先，在开放的国家对象上，坚持向发达国家开放与向发展中国家开放更好结合。一直以来，发达国家是我国主要经贸伙伴。同时，我国还要积极扩大与广大发展中国家的经贸联系，坚持向发达国家开放和向发展中国家开放并重，扩大各方利益交汇点。其次，在开放的领域上，坚持多领域对外开放共同推进。过去我国对外开放领域主要集中在制造业，更多是实物贸易，随着经济全球化程度的加深，开放领域将更为广阔，将从制造业领域的实物贸易扩展到包括金融、保险、教育、咨询等在内的服务贸易，实现多领域对外开放。① 再次，在开放的空间上，从沿海开放拓展到沿海沿边开放全面结合。我国的对外开放从沿海地区起步，从沿海、沿江到内陆、沿边逐渐推移。目前，“一带一路”高质量发展扎实推进，这将带动中西部对外开放向更高水平发展。党的十九大报告提出，要“加大西部开放力度”，这为我们推动形成陆海内外联动、东西双向互济的开放格局，进而形成区域协调发展新格局，指明了方向。

从深度上看，“全面开放”意味着开放的方式创新、层次加深。全面开放的一个重大价值，还体现在中国积极参与全球治理上。在过去很长一个时期，美国等西方发达国家凭借强大的经济优势，在全球治理和规则制定中占据主导甚至支配地位。随着各大国综合实力对比发生深刻变化，为中国与其他新兴国家共同推动全球治理朝着更加公正合理的方向发展创造了条件。②

---

① 参见裴长洪、刘洪愧：《习近平新时代对外开放思想的经济学分析》，《经济研究》2018 年第 2 期。

② 参见江小娟：《新中国对外开放 70 年》，北京：人民出版社，2019 年，第 25～36 页。

二、构建新发展格局

2020年4月10日，习近平总书记在中央财经委员会第七次会议上首次提出构建新发展格局。同年10月，党的十九届五中全会通过的《中共中央关于制定国民经济和社会发展第十四个五年规划和二〇三五年远景目标的建议》提出，要加快构建以国内大循环为主体、国内国际双循环相互促进的新发展格局。

党中央提出构建新发展格局，具有十分丰富的科学内涵。

第一，近年来，经济全球化遭遇逆流，国际经济循环格局发生深度调整。新冠肺炎疫情也加剧了逆全球化趋势，各国内顾倾向上升。构建新发展格局，是党中央根据新的形势提出引领发展的新思路。习近平总书记指出，党的十九届五中全会对构建新发展格局做出全面部署。这是把握未来发展主动权的战略性布局和先手棋，是新发展阶段要着力推动完成的重大历史任务，也是贯彻新发展理念的重大举措。

第二，习近平总书记指出，在理解构建新发展格局上，“我们要注意防范一些认识误区：一是只讲前半句，片面强调‘以国内大循环为主’，主张在对外开放上进行大幅度收缩；二是只讲后半句，片面强调‘国内国际双循环’，不顾国际格局和形势变化，固守‘两头在外、大进大出’的旧思路；三是各自为政、画地为牢，不关心建设全国统一的大市场、畅通全国大循环，只考虑建设本地区本区域小市场、搞自己的小循环；四是认为畅通经济循环就是畅通物流，搞低层次物流循环”[①]。

第三，构建新发展格局的关键在于经济循环的畅通无阻。经

① 习近平：《把握新发展阶段，贯彻新发展理念，构建新发展格局》，《求是》2021年第9期。

济活动需要各种生产要素的组合在生产、分配、流通、消费各环节有机衔接，从而实现循环流转。在我国发展现阶段，畅通经济循环最主要的任务是供给侧有效畅通，有效供给能力强可以穿透循环堵点、消除瓶颈制约，可以创造就业和提供收入，从而形成需求能力。

第四，构建新发展格局最本质的特征是实现高水平的自立自强。当前，我国经济发展环境出现了变化，特别是生产要素相对优势出现了变化。劳动力成本在逐步上升，资源环境承载能力达到了瓶颈，旧的生产函数组合方式已经难以持续，科学技术的重要性全面上升。在这种情况下，我们必须更强调自主创新。当今世界，最稀缺的资源是市场。市场资源是我国的巨大优势，必须充分利用和发挥这个优势，不断巩固和增强这个优势，形成构建新发展格局的雄厚支撑。要根据我国经济发展实际情况，建立起扩大内需的有效制度，释放内需潜力，加快培育完整内需体系，加强需求侧管理，扩大居民消费，提升消费层次，使建设超大规模的国内市场成为一个可持续的历史过程。①

三、"一带一路"高质量发展

"一带一路"(The Belt and Road)是"丝绸之路经济带"和"21世纪海上丝绸之路"的简称。"一带一路"旨在借用古代丝绸之路的历史符号，高举和平发展的旗帜，积极发展与沿线国家的经济合作伙伴关系，共同打造政治互信、经济融合、文化包容的利益共同体、命运共同体和责任共同体。

① 参见习近平:《把握新发展阶段，贯彻新发展理念，构建新发展格局》,《求是》2021年第9期。

（一）“一带一路”的提出

1.“一带一路”倡议

2013年9月和10月，国家主席习近平在出访中亚和东南亚国家期间，先后提出共建“丝绸之路经济带”和“21世纪海上丝绸之路”的合作倡议。

2.“一带一路”建设

2017年5月14日，国家主席习近平在北京出席“一带一路”国际合作高峰论坛开幕式，并发表题为《携手推进“一带一路”建设》的主旨演讲。同年10月18日，习近平总书记在党的十九大报告中提出，要以“一带一路”建设为重点，坚持引进来和走出去并重，遵循共商共建共享原则，加强创新能力开放合作，形成陆海内外联动、东西双向互济的开放格局。

3.“一带一路”高质量发展

党的十九届五中全会审议通过的《中共中央关于制定国民经济和社会发展第十四个五年规划和二〇三五年远景目标的建议》强调，推动共建“一带一路”高质量发展。

从倡议到建设再到高质量发展，是“一带一路”在合作中不断发展的新阶段新提法。

（二）“一带一路”合作范围

“丝绸之路经济带”涵盖东南亚经济整合、东北亚经济整合，并最终融合在一起通向欧洲，形成欧亚大陆经济整合的大趋势。涉及新疆、重庆、陕西、甘肃、宁夏、青海、内蒙古、黑龙江、吉林、辽宁、广西、云南、西藏13省（自治区、直辖市）。“21世纪海上丝绸之路”经济带从海上联通欧亚非三个大陆和丝绸之路经济带形成一个海上、陆地的闭环。涉及上海、福建、广东、浙江、海南5省(直辖市)。[①]

(三)"一带一路"成效

"一带一路"倡议提出八年来,得到越来越多国家的积极响应,已经成为范围最广、规模最大的国际合作平台和最受欢迎的国际公共产品。八年来,"一带一路"沿线国家基础设施联通不断深化,国际互联互通水平持续提升,一大批合作项目落地生根。截至2021年8月,172个国家和国际组织与中国签署了200多份共建"一带一路"的合作文件,推动建立了90多个双边合作机制。朋友圈越来越大。

"十四五"开局之年,尽管受到新冠肺炎疫情的影响,"一带一路"建设不断取得积极成效。2021年上半年,我国与"一带一路"沿线国家货物贸易额8245.5亿美元,同比增长37.9%。中欧班列开行数量、质量逆势增长,截至目前,中欧班列累计开行超过4万列,打通73条运行线路,通过东、中、西三大物流通道,通达欧洲23个国家的170多个城市,不仅成为稳定全球供应的"钢铁驼队",更是各国携手抗疫的"生命通道"和"命运纽带"。2013～2020年,中国与沿线国家货物贸易额累计达9.2万亿美元。[②]

四、世界贸易组织与自由贸易区

2014年12月6日,习近平总书记在中共中央政治局第十九次集体学习时指出,世界贸易组织代表的多边贸易体制和自由贸易区代表的区域贸易安排,一直是驱动经济全球化向前发展的两

① 李向阳:《"一带一路"高质量发展与机制化建设》,《世界经济与政治》2020年第5期。

② 参见《(在习近平新时代中国特色社会主义思想指引下)高质量共建"一带一路"硕果惠及世界》,央视网,https://news.cctv.com/2021/10/03/ARTIYH29QlM6nxB pqMSqz9l211003.shtml。

个轮子。

(一)世界贸易组织与多边贸易体制

世界贸易组织(World Trade Organization,简称 WTO)前身是1947 年 10 月 30 日签订的关税与贸易总协定。关税与贸易总协定是一个独立于联合国的永久性国际组织,该机构是当代最重要的国际经济组织之一,也是世界上唯一处理各国及单独关税区之间贸易规则的国际组织。其成员之间的贸易额占世界的绝大多数,因此被称为“经济联合国”。2001 年 12 月 11 日,中国正式加入 WTO。WTO 现有 160 多个成员,涵盖全球 98%的贸易额,具有广泛代表性。[①]

多边贸易体制即 WTO 所管理的体制,在 WTO 事务中,“多边”是相对于区域或其他数量较少的国家集团所进行的活动而言的。世界上几乎所有主要贸易国,都是该体制的成员,但仍有一些国家不是,因此使用“多边(multilateral)”一词,而不用“全球(global)”或“世界(world)”等词。多边贸易体制最重要的目的是在不产生不良负面影响的情况下,使贸易尽可能自由地流动。这一方面意味着消除壁垒,另一方面意味着保证个人、公司和政府了解世界上的贸易规则是什么,并使他们相信,政策不会发生突然的变化。多边贸易体制有以下五项主要原则。[②]

一是非歧视性,即一国不应在其贸易伙伴之间造成歧视,他们都被平等地给予“最惠国待遇”;也不应在本国和外国的产品、服务或人员之间造成歧视,要给予其“国民待遇”。

二是更自由的贸易,即通过谈判不断减少贸易壁垒,这些壁垒

① 参见张宇燕:《中国对外开放的理念、进程与逻辑》,《中国社会科学》2018 年第 12 期。

② 参见高疆:《多边贸易体制、全球贸易治理与国际贸易新规则》,上海:上海社会科学院出版社,2020 年,第 26 页。

包括关税、进口禁令或进口配额等有选择地限制数量的措施，以及繁文缛节、汇率政策等其他问题。

三是可预见性，在 WTO 中越来越多的关税税率和市场规则受到约束，外国公司、投资者和政府应相信贸易壁垒不会随意增加。

四是促进公平竞争。不鼓励“不公平”的做法，如出口补贴和为获得市场份额而以低于成本的价格倾销产品。

五是鼓励发展和经济改革，给予欠发达国家更长的调整时间、更多的灵活性和特殊权利。

（二）区域贸易安排与自由贸易区

自由贸易区（Free Trade Area），是指签订自由贸易协定的成员国相互彻底取消商品贸易中的关税和数量限制，使商品在各成员国之间可以自由流动。但是，各成员国仍保持自己对来自非成员国进口商品的限制政策，有的自由贸易区只对部分商品实行自由贸易。自由贸易区是区域经济一体化最普遍、最基本的合作形式。

区域贸易安排是指区域内国家和地区之间通过签订区域贸易协定等方式，使得在区域内进行的贸易比在区域外的自由化程度高，简言之就是特定国家或地区之间的优惠贸易安排。进入 21 世纪以来，多边贸易体制发展进程受阻，开放水平更高、灵活性更强的区域贸易安排蓬勃发展，成为驱动经济全球化的主引擎。

五、我国自由贸易试验区

设立自由贸易试验区（简称“自贸试验区”）是我国新时期全面深化改革和构建高层次开放型经济体系的重大战略举措。我国设立自由贸易试验区的目的，就是要让自由贸易试验区承担改革开放排头兵、创新发展先行者的职责。它的目的是要在自贸试验区里面探索新途径、积累新经验以后要往全国推广，就是要最大化地将自贸试验区的红利、取得好的经验效果向全国推广复制。[①]

党的十九大报告提出，赋予自由贸易试验区更大改革自主权，探索建设自由贸易港。党的十九届五中全会提出，要实施自由贸易区提升战略，构建面向全球的高标准自由贸易区网络。自2013年9月首个自贸试验区（中国上海自由贸易试验区）成立以来，经过六轮扩容，我国自由贸易试验区数量已经达到21个，包括：上海（第一批次，2013年；第五批，临港新片区，2019年），广东、天津和福建（第二批次，2015年），辽宁、浙江、河南、湖北、重庆、四川和陕西（第三批次，2017年；第六批次，浙江自贸试验区扩展区，2020年），海南（第四批次，2018年；自贸港区，2020年），山东、江苏、广西、河北、云南和黑龙江（第五批次，2019年），北京、湖南和安徽（第六批次，2020年）。自贸试验区的地理分布广泛，体现了突出沿海沿边、统筹边境内陆、兼顾不同发展水平的区域分布特征。[②]

（一）负面清单制度

负面清单管理是发达国家通行的管理模式，是指政府公布禁止和限制投资经营的行业和业务，对于清单以外的经营活动，任何市场主体均可公平进入。推进负面清单管理是政府管理对接高标准国际经贸规则的重要制度安排，有利于明确政府的监管职责，防止政府对市场的过度干预，有效发挥市场的作用。我国自贸试验区推进的负面清单管理主要包括三个方面：一是外商直接投资的负面清单；二是市场准入的负面清单；三是跨境服务贸易的负面清

① 参见中共中央文献研究室编：《习近平关于社会主义经济建设论述摘编》，北京：中央文献出版社，2017年，第183页。

② 参见张卓元：《中国经济改革的两条主线》，《中国社会科学》2018年第11期。

单。2013 年上海自贸试验区成立之后，首先公布了外商直接投资的负面清单，明确 190 项特别管理措施条目以外的领域全部开放。在过去的七年里，我国六次修改外商直接投资负面清单，逐年缩减负面清单的限制性条目，减少对外商直接投资的政策性限制。市场准入负面清单是指政府明确禁止和限制市场主体经营的行业、领域和业务，企业进入清单以外的经营活动，无须政府审批。[①]

自贸试验区负面清单管理制度的创新和越来越多领域的开放为全国性的开放奠定了基础。目前自贸试验区负面清单管理模式已经被复制到全国所有的自贸试验区，并被部分应用到自贸试验区以外的区域。

（二）区域全面经济伙伴关系协定

区域全面经济伙伴关系协定（Regional Comprehensive Economic Partnership，简称 RCEP），它是 2012 年 11 月由东盟 10 国发起，历时 8 年谈判，于 2020 年 11 月 15 日，包括中国、日本、韩国、澳大利亚、新西兰和东盟 10 国共 15 个国家在东盟峰会期间签署了这个全球最大的自贸协定。RCEP 的成功签署，意味着世界上覆盖人口最多、经贸规模最大、最具发展潜力的“超级经济圈”诞生，将进一步促进本地区产业和价值链的融合，为区域经济一体化注入强劲动力。RCEP 旨在通过削减关税及非关税壁垒，建立一个 15 国统一市场的自由贸易协定。涉及中小企业、投资、经济技术合作、货物和服务贸易等十多个领域。RCEP 覆盖全球最有增长潜力的两个大市场，一个是 14 亿人口的中国市场，另一个是 6 亿多人口的东盟市场，是全球涵盖人口最多、最具潜力的自贸区。

（三）全面与进步跨太平洋伙伴关系协定

全面与进步跨太平洋伙伴关系协定（Comprehensive and Pro-

① 参见武力：《改革开放 40 年历程与经验》，北京：当代中国出版社，2020 年，第 337 页。

gressive Agreement for Trans-Pacific Partnership，简称 CPTPP）是美国退出跨太平洋伙伴关系协定（Trans-Pacific Partnership Agreement，简称 TPP）后该协定的新名字。2017 年 11 月 11 日，由启动 TPP 谈判的 11 个亚太国家共同发布了一份联合声明，宣布“已经就新的协议达成了基础性的重要共识”，并决定协定改名为“跨太平洋伙伴关系全面进展协定”。2018 年 3 月 8 日，参与“全面与进步跨太平洋伙伴关系协定”谈判的 11 国代表在智利首都圣地亚哥举行协定签字仪式。同年 12 月 30 日，《全面与进步跨太平洋伙伴关系协定》正式生效。

目前，CPTPP 覆盖 4.98 亿人口，国内生产总值之和占全球经济总量的 13%。2021 年 9 月 16 日，中国正式提出申请加入《全面与进步跨太平洋伙伴关系协定》。中国加入 CPTPP 将会在经济收益、深化改革、推进制度型开放和参与全球贸易治理体系建设方面受益。

（四）自由贸易港

自由贸易港具有自由贸易区和港口的特征。首先，它具备贸易相关的许多功能，比如产品加工、物流和仓储。但它又是一个比自由贸易区更开放的平台。自由贸易港的建设将有助于自由贸易区营造更加透明的制度环境，如新加坡和中国香港。同时，自由贸易港有利于在贸易便利化、船舶燃料价格、资金支持、海关监管和检验检疫等领域取得更多突破。[①] 因此，探索建立自由贸易港将更好地迎接全球环境的深刻变化。国际上最成功的自由贸易港有以下几个主要特征：第一，贸易便利化和高效的法律制度推动了自由贸易港内劳动和资本的流动，吸引了大量的过境运输和多式联运；

① 参见钟山：《开创全球开放合作新局面》，《人民日报》2020 年 11 月 24 日。

第二，大多数国际自由贸易港经历了工业和贸易升级，拥有良好的金融、物流和法律体系，因而能够发展各种类型的贸易；第三，自由贸易港口不仅是物流和运输中心，更是经济中枢；第四，自由贸易港口的发展基于周边地区的产业结构特征；第五，自由贸易港的管理权是由中央政府赋予的。①

第二节　学理依循

一、开放型经济理论

（一）国际价值规律理论

社会分工是商品交换的前提，是商品经济的基础。当社会分工进一步发展为国际分工，商品价值也由一国范围扩展到世界范围，形成国际价值。马克思应用他的劳动价值理论考察世界市场时，创立了国际价值理论。马克思认为，商品价值是商品交换的依据。在一国范围内，商品的价值是由国内生产该商品所耗费的社会必要劳动时间决定的。各个商品生产者相互之间交换劳动产品，必须以各自商品的价值量为依据。一旦商品越出国境，进入世界市场，情况也发生相应的变化。这时商品作为价值进行交换的依据已经不同。在世界市场上，交换在国与国之间进行，这时交换的依据是国际价值，由于各国劳动生产率差异，同一劳动时间内，不同国家创造的国际价值量不同，这就带来生产效率和劳动强度小的发展中国家在世界市场上处于十分不利的地位，成为国际社会中的弱势群体。在国际交换中“所付出的实物形式的物化劳动

① 参见中共中央文献研究室编：《习近平关于社会主义经济建设论述摘编》，北京：中央文献出版社，2017年，第263页。

多于它所得到的。但是它由此得到的商品比它自己所能生产的更便宜”[①]。当然，从长期看，发展中国家通过发展生产力，会提高在国际市场上的竞争力。

（二）比较优势理论

比较优势理论是关于国际贸易较为经典的理论之一，英国古典政治经济学家大卫·李嘉图（David Ricardo）在其代表作《政治经济学及赋税原理》中指出，一国在两种商品生产上较之另一国均处于绝对劣势，但只要处于劣势的国家在两种商品生产上劣势的程度不同，处于优势的国家在两种商品生产上优势的程度不同，则处于劣势的国家在劣势较轻的商品生产方面具有比较优势，处于优势的国家则在优势较大的商品生产方面具有比较优势。两个国家分工专业化生产和出口其具有比较优势的商品，进口其处于比较劣势的商品，则两国都能从贸易中得到利益。[②] 也就是说，国际贸易的基础是生产技术的相对差别（而非绝对差别），以及由此产生的相对成本的差别。每个国家都应根据“两利相权取其重，两弊相权取其轻”的原则，集中生产并出口其具有“比较优势”的产品，进口其具有“比较劣势”的产品，从而都可以提升福利水平。[③]

我国改革开放40多年来，经济增长取得举世瞩目的成就，进出口总量居于世界第一位，都是充分发挥了我国自然资源禀赋、劳动力资源丰富等比较优势。党的十八大以来，我国在对外开放中继续扩大本国优势，全面提升国际贸易质量。正如习近平总书记

① ［德］马克思：《资本论》第3卷，北京：人民出版社，1975年，第265页。

② 参见［英］大卫·李嘉图：《政治经济学及赋税原理》，郭大力、王亚南译，南京：译林出版社，1999年，第54页。

③ 参见余稳策：《新中国70年开放型经济发展历程、逻辑与趋向研判》，《改革》2019年第11期。

在 2013 年中央经济工作会议上强调，做好经济外交工作，要突出发挥比较优势这个重点，善于在国际竞争中扬长补短。

（三）“两缺口”模型理论

“两缺口”模型理论是 20 世纪 60 年代中期由美国著名发展经济学家钱纳里（H. Chenery）首先提出来的，用于解释发展中国家经济发展主要障碍和引进外资必要性的一种理论。该理论是在凯恩斯宏观经济理论基础上发展起来的，是发展中国家利用外资的重要理论依据。主要观点是：发展中国家要提高国民经济增长率，就必须处理好投资与储蓄、进口与出口的关系。发展中国家的国内储蓄和外汇供给，与完成经济发展预期目标所必需的资金数量之间通常存在着缺口，其中追加投资所需的国内储蓄缺口称为“储蓄缺口”，筹集进口品所需的外汇短缺称为“外汇缺口”。如果储蓄小于投资，就会出现“储蓄缺口”；如果出口小于进口，就会出现“外汇缺口”。① 其解决办法是引进外资，以刺激出口，提高储蓄水平，达到促进国民经济增长的目的。

在我国改革开放初期，“外汇缺口”很大，如何吸引外资成为对外开放的重要工作，也是解决我国经济发展改革动力不足的现实选择。客观地说，从改革开放一直到 20 世纪 90 年代中期，我国吸收外资的主要目的就是弥补外汇和资本短缺的缺口。② 因此，这一时期我国的外资战略主要包括两个方面：一是致力于扩大吸收外资的规模，二是鼓励出口导向型外商投资企业。

（四）经济全球化理论

关于经济全球化的理论阐述，不同组织机构从不同角度给予

---

① 参见［美］钱纳里：《工业化和经济增长的比较研究》，上海：上海三联书店，1989 年，第 69 页。

② 参见张幼文：《70 年中国与世界经济关系发展的决定因素与历史逻辑》，《世界经济研究》2019 年第 7 期。

了类似的解释定义。经济合作与发展组织(Organization for Economic Co-operation and Development,简称 OECD)认为,经济全球化可以被看作一种过程,在这个过程中,经济、市场、技术与通讯形式都越来越具有全球特征,民族性和地方性在减少。并从三个方面进行了解释:一是世界各国经济联系的加强和相互依赖程度日益提高;二是各国国内经济规则不断趋于一致;三是国际经济协调机制强化,即各种多边或区域组织对世界经济的协调和约束作用越来越强。国际货币基金组织(International Monetary Fund,简称 IMF)认为,经济全球化是世界经济活动超越国界,通过对外贸易、资本流动、技术转移、提供服务、相互依存、相互联系而形成的全球范围的有机经济整体的过程。经济全球化是商品、技术、信息、服务、货币、人员、资金、管理经验等生产要素跨国跨地区的流动,也就是世界经济日益成为紧密联系的一个整体。经济全球化是当代世界经济的重要特征之一,也是世界经济发展的重要趋势。①

不管经济全球化理论如何阐释,经济全球化已经作为经济发展的客观规律,是生产力发展和科技进步的必然结果,已形成共识。它在曲折中深入发展,促进了资源和生产要素在全球的合理配置,促进了贸易大繁荣、投资大便利、人员大流动、技术大发展,为世界经济增长提供了强劲动力;加速了科学的普及、知识的传播、技术的扩散、人员的流动,增加了人类共同的物质财富和精神财富,符合世界各国的共同利益。但它又是一把“双刃剑”,给一个国家和地区带来发展机遇的同时,又隐藏着风险挑战。既给世界贸易带来了重大的推动力,同时也给各国经贸带来了诸多不确定因素。②

尤其近年来,世界经济疲弱,发展失衡、治理困境、公平赤字等

① 参见《马克思恩格斯文集》第 5 卷,北京:人民出版社,2009 年,第 39 页。

② 参见盛斌、魏方:《中国对外贸易发展 70 年:回顾与展望》,《财贸经济》2019 年第 10 期。

问题更加突出，反全球化思潮涌动，保护主义和内顾倾向有所上升，给世界经济贸易发展蒙上了阴影。经济全球化是时代大潮，深入发展的大势不可逆转，但速度可能有所放缓、动力可能有所转换、规则可能有所改变。面对这种形势，我们必须主动顺应经济全球化的历史潮流，更加积极主动地打开国门搞建设。① 正如习近平总书记指出的："融入世界经济是历史大方向。中国经济要发展，就要敢于到世界市场的汪洋大海中去游泳，如果永远不敢到大海中去经风雨、见世面，总有一天会在大海中溺水而亡。"②所以，中国勇敢迈向了世界市场。

二、中国共产党对外开放的理论与实践探索

(一)1978～2000年，局部开放向全方位开放的过渡阶段

改革开放伊始，邓小平同志就提出了对外开放是向西方发达国家、苏联东欧国家、第三世界发展中国家全方位开放的主张。③他认为，"现在的世界是开放的世界，中国的发展离不开世界，中国要谋求发展，摆脱贫穷和落后，就必须开放"④。

这一阶段，是中国走上对外开放发展道路的开始。我党在对外开放的指导方针上采取了渐进式、分阶段的对外开放战略，从沿海地区发展外向型经济开始，设立经济特区和沿海开放城市，在这些地域实行更加自由开放的经济政策。在发展出口的同时，进口依然保持着较高的关税保护，在鼓励外资进入的同时，许多领域依

---

① 参见习近平：《坚持以扩大开放促进深化改革　坚定不移提高开放型经济水平》，《人民日报》2015年9月16日。

② 中共中央宣传部编：《习近平新时代中国特色社会主义思想学习纲要》，北京：学习出版社，2019年，第93页。

③ 参见《邓小平文选》第3卷，北京：人民出版社，1993年，第37页。

④ 《邓小平文选》第3卷，北京：人民出版社，1993年，第64页。

然保留着限制是这一阶段的基本特征。从进程上看,这一阶段的开放是渐进的。经济特区和沿海城市逐步引进外资,采取的是超国民待遇的特殊政策,在某些领域鼓励外商投资,但在另一些领域中则有较多的限制。

大力发展外贸以创造就业和争取外汇,大力引进外资以弥补国内资金不足并发展现代工业,特别是推动出口发展,是这一阶段中国对外经济关系的最主要特征。1988 年 2 月 6 日,中共中央政治局第四次全体会议通过了“国际大循环”战略,标志着我国出口导向战略的正式形成。站在今天的角度看,出口导向战略非常符合改革开放初期我国的生产力状况,发挥了我国要素禀赋的比较优势,加速了对外贸易体制的改变,倒逼了其他领域的改革。① 特别是 1992 年以后党的十四大确立了建立社会主义市场经济体制的目标,使中国的改革开放摆脱了此前目标和方向上的争议与徘徊。通过逐步降低关税、开放市场、减少非关税壁垒使国外商品和服务得以进入中国市场,使中国市场成为全球大市场的一部分;通过“三来一补”、加工贸易等措施鼓励出口创汇,改善国际收支,同时逐步加入国际分工体系和世界经济循环。②

(二)2001～2012 年,加入 WTO 后的新阶段

2001 年加入 WTO 到 2012 年党的十八大召开,这是中国加入 WTO 后的发展阶段。这一阶段,我党在对外开放的理论与实践上做出许多探索。按照加入 WTO 的要求和我国的承诺,改革开放的领域继续扩大和加深。首先对涉外经济体制做出重大调整改革,修订了 2300 多项法律法规,清理了数十万份政府相关文件,废

---

① 参见江小涓:《中国开放三十年的回顾与展望》,《中国社会科学》2008 年第 6 期。
② 参见戴翔:《习近平开放发展思想研究》,《中共中央党校学报》2018 年第 4 期。

止了不符合世界贸易组织要求的政府文件。[①] 同时，在贸易规则上逐渐与国际接轨，采取了大幅降低关税，市场准入扩大，最惠国待遇等。这使得我国涉外经济体制和制度环境更加国际化，建立了开放、透明、规则化、可预期的市场环境。从原来的自主单边开放，变为中国与世界贸易组织成员之间的相互开放。成为世界贸易组织成员，我国根据协议大幅度开放市场，也相应获得了世界贸易组织成员方对我国进一步开放市场的各种待遇，使外资更大规模地进入中国，使中国产品得以参与公平竞争并能更便捷地进入世界各国。这一时期，我国的对外出口得以迅猛增长，外资流入大幅度增加，对外投资额快速增长，到 2006 年，我国进出口贸易总额已高达 17604 亿美元，中国进出口总额一跃成为世界第一名，外贸依存度已高达 64%。积极参与全球价值链分工，逐渐融入“国际大循环”之中，企业走出去步伐加快，很快就成为全球重要的对外直接投资国之一。通过内外双向直接投资的大发展，我国真正加入了全球国际分工，成为亚太国际生产体系和全球经济循环的重要组成部分。[②]

（三）2013 年至今，构建新时代开放型经济阶段

党的十八大以来，面对国际环境和形势发生的重大变化，在百年未有之大变局的背景下，以习近平同志为核心的党中央不断进行理论创新和实践创新，对我国新时代对外开放提出了一系列重要论述和重大举措。党的十八届五中全会提出推动“一带一路”建设，打造陆海内外联动、东西双向开放的全面开放新格局。党的十九大进一步强调以“一带一路”建设为重点，形成陆海内外联动、东西双向互济的开放格局。应对中美贸易争端与新冠肺炎疫情带来

① 参见郭冠清：《论习近平新时代中国特色社会主义经济思想》，《上海经济研究》2018 年第 10 期。

② 参见张宇燕：《中国对外开放的理念、进程与逻辑》，《中国社会科学》2018 年第 12 期。

的冲击，党的十九届五中全会提出，要加快构建以国内大循环为主体、国内国际双循环相互促进的新发展格局。

1.构建高水平开放型经济新体制

党的十八大以来，以习近平同志为核心的党中央统筹国内国际两个大局，坚持“引进来”与“走出去”相结合，配合更高水平的开放，党中央发出构建高水平开放型经济新体制的要求。面对国际上逆全球化思潮抬头，有些国家甚至推行贸易霸权主义，实施贸易保护政策，从而导致经贸全球化的重大挑战，党中央以提高对外开放的质量和发展的内外联动性作为我国新一轮开放的着力点，提出了构建新发展格局。① 习近平总书记指出，以国内大循环为主体，就是要“通过发挥内需潜力，使国内市场和国际市场更好联通，更好利用国际国内两个市场、两种资源，实现更加强劲更可持续的发展”②。

为努力推进全球贸易自由化，促进我国经济发展，以自由贸易港建设作为新时代全面开放的重要抓手，加快自贸试验区和中国特色自由贸易港的建设和探索，使其成为新一轮开放型经济发展的重要平台和新标杆。自由贸易区是我国以开放促改革、探索对外开放的新途径和新方式，对于促进经济高质量发展和提升综合竞争力具有十分重要的意义。自由贸易区的建设是中国特色社会主义进入新时代推进中国对外开放的重大举措。③

2.共建“一带一路”

进入新时代，我国推进全面开放新阶段的实践以“一带一路”

① 参见习近平：《在经济社会领域专家座谈会上的讲话》，《人民日报》2020 年 8 月 25 日。

② 社论：《集中力量办好自己的事　打造未来发展新优势——论学习贯彻习近平总书记在企业家座谈会上重要讲话》，《人民日报》2020 年 7 月 26 日。

③ 参见冯光：《国际规则制定：中国的责任与担当》，《中国社会科学报》2017 年 11 月 22 日。

建设为重点，同沿线各国进行深度联系。通过共建“一带一路”，以政策沟通、设施联通、贸易畅通、资金融通、民心相通为主要内容，致力于构建政治互信、经济融合、文化包容的利益共同体、责任共同体和命运共同体。共建“一带一路”已经成为中国参与全球开放合作、改善全球治理体系、促进世界共同发展繁荣、推动构建人类命运共同体的中国方案。[①]

3.积极参与全球经济治理体系

近年来，反全球化思潮增强，多边贸易机制遭受挑战，区域性合作机制不断出现，为应对这些新变化，我国与其他国家签订了多边合作和贸易协定，在继续倡导经济全球化的同时，积极主动地参与全球贸易规则的制定，并通过举办各种重要的国际高峰论坛、国际进口博览会等国际活动，积极参与全球治理。

4.构建人类命运共同体

人类命运共同体理念是习近平总书记于2013年首次提出的全球治理理念。习近平总书记指出：“这个世界，各国相互联系、相互依存的程度空前加深，人类生活在同一个地球村里……越来越成为你中有我、我中有你的命运共同体。”[②]推动构建人类命运共同体，需要共商共建共享的全球治理观，寻求最大公约数，共同推动全球治理体系变革。共商的基础是主权平等，尊重各国自主选择社会制度和发展道路的权力。共商的方式是对话、协商。共建的内涵是共同维护和发展开放型世界经济，确保各国在国际经济合作中权力平等、机会平等、规则平等。共享的内涵是联动发展，摒弃零和游戏、你输我赢的旧模式，推动形成合作共赢的新理念，构

① 参见李小帆：《“一带一路”建设、中西部开放与地区经济发展》，《世界经济》2020年第10期。

② 《习近平谈治国理政》，外文出版社2014年版，第272页。

建以合作共赢为核心的新型国际关系。[①]

构建人类命运共同体就是新阶段我党在总结对外开放实践经验和理论探索基础上凝练的建设美好世界的中国方案。对外开放催生了人类命运共同体思想，也开辟了构建人类命运共同体的路径。对外开放与构建人类命运共同体已经形成不可分离、相互促进的互动关系。新时代中国扩大对外开放，将不断增进中国与外部世界的相互联系，促进世界的相互依存，推进构建人类命运共同体的历史进程。对外开放是中国自己做出的战略选择，但它日益紧密地联结着构建人类命运共同体的目标，承载着构建人类命运共同体的使命，必将深刻地影响着世界的发展和人类文明的未来。[②]

第三节　实践路径

一、扎实推进“一带一路”高质量发展

（一）继续做好基础设施互联互通建设

基础设施对经济社会发展具有基础性、先导性、全局性作用。基础设施互联互通，使资源要素流通更加顺畅、资源要素利用更加集约，有利于加强“一带一路”沿线国家和地区之间的联系。从发展经济的角度看，交通基础设施的完善能帮助当地把各种产品输送到世界各地市场去，促进当地经济发展。“一带一路”建设进入

① 参见习近平：《开放共创繁荣　创新引领未来——在博鳌亚洲论坛 2018 年年会开幕式上的主旨演讲》，《人民日报》2018 年 4 月 11 日。

② 参见习近平：《开辟合作新起点　谋求发展新动力——在“一带一路”国际合作高峰论坛圆桌峰会上的开幕辞》，《人民日报》2017 年 5 月 16 日。

高质量发展阶段，基础设施互联互通仍然是优先考虑的问题。继续推进“一带一路”沿线国家和地区基础设施互联互通，仍是“一带一路”高质量发展的需要。要推进跨境缺失公路铁路路段、瓶颈路段和口岸基础设施建设，加快建设跨境油气管道和跨境电力工程与输电通道，推进港口和水运通道建设，稳步推进跨境光缆、洲际海底光缆和空中信息通道建设。[①] 同时，积极争取与周边国家成立国家层面的跨境基础设施互联互通工作机制与邻近国家的边境地区成立次国家级联合工作组，共同研究提出跨境基础设施互联互通项目，研究制定实施行动计划。

（二）加强软联通建设

除了加强硬件的基础设施互联外，还应加强软联通方面的建设。例如加快完善与国际投资、贸易通行规则相衔接的基本制度体系和监管模式，推进有利于培育新的竞争优势的制度安排，形成与国际高标准规则相衔接的经贸制度体系。积极推动共建“一带一路”相关国家在规划、机制等方面的对接，加强在政策、规则、标准方面的联通。同时，还要进一步推进我国与相关国家加强贸易投资规则衔接，推动削减非关税壁垒，提高技术性贸易措施透明度，提升贸易投资便利化水平，共同扩大对外开放，以此来促进产品流动和经济活动的互联互通。软联通不仅表现在传统商贸领域的产品流动和经济活动的互联互通，还应当表现为一些更深层次的联通，例如教育、科技、人文方面等先进创新要素，在这些软联通方面的建设，能更加紧密地开展合作，构建我国与相关国家更好的全球互联互通伙伴关系，为更大范围、更宽领域、更深层次的对外

① 参见李小帆：《“一带一路”建设、中西部开放与地区经济发展》，《世界经济》2020 年第 10 期。

开放奠定坚实的基础。[①]

二、加快贸易强国建设

党的十九大报告明确提出推进贸易强国建设的重要任务。从新时代我国的国情出发，贸易强国应从加快外贸转型升级、促进服务贸易创新发展和培育贸易新业态新模式方面重点推进。

（一）加快外贸转型升级

贸易强国的建设应夯实贸易发展的产业基础，优化升级传统产业，提升产品档次和附加值，大力提高出口产品质量，增强贸易创新能力，加快品牌培育，加强国际营销网络建设，提升贸易综合竞争力。应推动竞争优势由价格为主向质量、技术、品牌为核心的综合优势转型；推动出口由货物为主向货物、服务、资本输出相结合转型；推动进出口结构由出口为主向优进优出、均衡发展转型。扩大进口空间，削减进口环节制度性成本。优化进口结构。鼓励国内有需求的资源性产品进口。支持日用消费品、医药和康复、养老护理等设备进口。促进研发设计、节能环保、环境服务等生产性服务进口。提升传统外贸数字化水平，支持中小微企业创业创新。优化市场采购贸易方式政策框架，提升市场采购贸易方式便利化水平。支持各试点区域因地制宜探索创新，更好发挥示范引领作用。[②]

（二）促进服务贸易创新发展

加快发展服务贸易，是我国扩大开放、拓展发展空间的重要着力点，也是我国竞争力升级和高质量发展的重要内容。大力推动

① 参见谢谦：《“一带一路”与自贸试验区融合发展的理论辨析和实践探索》，《学习与探索》2019 年第 1 期。

② 参见汪洋：《推动形成全面开放新格局》，《人民日报》2017 年 11 月 10 日。

服务贸易创新发展，一是要发展与货物贸易相关的服务行业，我国是货物贸易大国，货物贸易本身会带来大量服务需求，比如，货物贸易国际航运服务、国际运输服务等，货物贸易发展为服务贸易发展带来了很多机会；二是要创新传统服务贸易发展动能，优化消费环境，着力推动旅游、运输、医疗、教育、文化等产业国际化发展，在疫情防控常态化条件下着力加强旅游、体育等领域国际合作，积极发展入境游特别是中高端入境游，促进来华留学、就医和购物，提升生活服务业国际化水平，引导消费回流，吸引入境消费；三是深化服务贸易领域改革和开放，完善促进服务贸易发展的管理体制和政策体系，深化服务贸易创新发展试点和开放便利举措，把政府力量和市场力量有机地结合起来，不断提升服务业的国际竞争力。

（三）培育贸易新业态新模式

新业态新模式是我国外贸发展的有生力量，也是国际贸易发展的重要趋势。加快发展外贸新业态新模式，有利于推动贸易高质量发展，培育参与国际经济合作和竞争新优势，对于推动形成全面开放新格局具有重要作用。[①]

一是积极支持运用新技术新工具赋能外贸发展，进一步推动跨境电商。近年来，我国跨境电商发展一直保持两位数增速，总规模 5 年增长近 10 倍，在外贸中的占比持续提升，尤其在疫情冲击下为稳外贸等发挥了重要作用。因此，应扩大跨境电商综合试验区试点范围，优化跨境电商零售进口商品清单，便利跨境电商进出口退换货管理，制定跨境电商知识产权保护指南。完善跨境电子商务零售出口管理模式，优化通关作业流程和海关统计制度，扩大

① 参见黄群慧：《“双循环”新发展格局：深刻内涵、时代背景与形成建议》，《北京工业大学学报》（社会科学版）2021 年第 1 期。

跨境电商零售进口试点城市范围。

二是鼓励传统外贸企业、跨境电商和物流企业等参与海外仓建设，提高海外仓数字化、智能化水平，促进中小微企业借船出海，带动国内品牌、双创产品拓展国际市场空间。在跨境电商发展过程中，海外仓是重要支撑点。2020年，我国跨境电商海外仓数量增速达80%，海外仓已成为支撑跨境电商发展的新型外贸基础设施，是跨境电商发展不可缺少的重要环节和重要平台。

三是积极发展市场采购贸易方式。作为一种为专业市场"多品种、多批次、小批量"外贸交易创设的贸易新模式，具有通关快、便利化等特点，外贸经营者可在批准的市场集聚区采购商品，并在采购地办理出口通关手续。加快发展市场采购贸易方式有助于提升集货能力和品牌影响力。

三、积极营造国际一流营商环境

营商环境也是生产力。开放意味着要素自由流动空间增大，一个地方要想吸引人才、项目、资金，必须在优化营商环境上下功夫。

首先，应大力加强利用外资法治建设，统一内外资法律法规，完善公开、透明的涉外法律体系。持续放宽市场准入，尊重国际营商惯例，对在中国境内注册的各类企业一视同仁、平等对待，保护外资企业合法权益，积极消除各种行业壁垒和地方保护，全面深入实施准入前国民待遇加负面清单管理制度，营造透明高效的制度环境。其次，依托国家"互联网+监管"系统，联通汇聚国家企业信用信息监管平台，依法设立市场主体信用"黑名单"制度，提升信用监管效能，构建"一处违法、处处受限"的联合惩戒机制，使市场活而不乱，营造规范有序的市场环境。最后，要建立以保障良好营商环境为主旨的公正严明执法体系，完善行政执法部门执法程序，依法严肃查处各种扰乱市场秩序的违法违规行为。在法治框架内调整各类市场主体的利益关系，加强社会信用体系及企业信用平台建设，建立健全守信践诺机制和失信惩戒制度。要强化依法行政和诚信意识，政府做出的承诺要有政策和法律依据，承诺的事项要严格兑现，确保相关政策的稳定性和连续性，推动形成稳定、可预期的市场环境。①

四、优化区域开放布局

（一）加大西部开放力度

支持西部地区在特色优势领域优先布局建设国家级创新平台和大科学装置；加快在西部具备条件的地区创建国家自主创新示范区、科技成果转移转化示范区等创新载体；进一步深化东西部科技创新合作，打造协同创新共同体。同时，推动形成现代化产业体系，充分发挥西部地区比较优势，推动具备条件的产业集群化发展，在培育新动能和传统动能改造升级上迈出更大步伐，促进信息技术在传统产业广泛应用并与之深度融合，构建富有竞争力的现代化产业体系。

（二）赋予自贸试验区更大改革自主权

深入开展贸易和投资自由化便利化改革创新，进一步破除跨境交付、境外消费、自然人移动等服务贸易模式下存在的各种壁垒，实施与跨境服务贸易配套的资金支付与转移制度；在告知、资格要求、技术标准、透明度、监管一致性等方面，规范影响贸易和投资自由便利的国内规则，进一步落实准入后国民待遇；促进外贸创

① 参见裴长洪、赵伟洪：《习近平中国特色社会主义经济思想的时代背景与理论创新》，《经济学动态》2019 年第 4 期。

新发展，加快推动对外贸易新业态新模式发展，培育外贸新功能。

（三）加快建设自由贸易港

党的十九大报告明确提出“赋予自由贸易试验区更大改革自主权，探索建设自由贸易港”。习近平总书记多次就海南自由贸易港建设做出重要指示，强调要坚持党的领导，坚持中国特色社会主义制度，对接国际高水平经贸规则，促进生产要素自由便利流动，高质量高标准建设自由贸易港。习近平总书记强调，要把制度集成创新摆在突出位置，解放思想、大胆创新，成熟一项推出一项，行稳致远，久久为功。自由贸易港建设本身是一个全面深化改革开放的过程，承担着在更大范围、更宽领域、更深层次上扩大改革开放的重任。不管是建立与高水平自由贸易港相适应的政策制度体系，建设海关监管特殊区域，还是主动适应国际经贸规则重构新趋势，推动规则、规制、管理、标准等制度型开放，都需要把制度集成创新摆在突出位置，鼓励探索、先行先试。

五、促进贸易和投资自由化便利化

推动形成全面开放新格局，需要有高水平的贸易和投资自由化便利化政策。这不仅要求不断提高自身开放水平，也要求更加主动塑造开放的外部环境。一是支持多边贸易体制。落实世贸组织《贸易便利化协定》，推动世贸组织部长级会议取得积极成果，推进多哈回合剩余议题谈判，积极参与服务贸易协定、政府采购协定等谈判。二是稳步推进自由贸易区建设。推进亚太自贸区建设，逐步构筑起立足周边、辐射“一带一路”、面向全球的高标准自由贸易区网络。三是提高双边开放水平。继续与有关国家商谈高水平的投资协定以及各种形式的优惠贸易安排，妥善应对贸易摩擦。

参考文献

一、专著

1.《马克思恩格斯全集》第 1 卷,北京:人民出版社,1995 年。

2.《马克思恩格斯全集》第 3 卷,北京:人民出版社,1995 年。

3.《马克思恩格斯全集》第 24 卷,北京:人民出版社,1972 年。

4.《马克思恩格斯全集》第 25 卷,北京:人民出版社,1974 年。

5.《马克思恩格斯全集》第 35 卷,北京:人民出版社,1971 年。

6.《马克思恩格斯文集》第 1 卷,北京:人民出版社,2009 年。

7.《马克思恩格斯文集》第 2 卷,北京:人民出版社,2009 年。

8.《马克思恩格斯文集》第 5 卷,北京:人民出版社,2009 年。

9.《毛泽东选集》第 3 卷,北京:人民出版社,1991 年。

10.《邓小平文选》第 1 卷,北京:人民出版社,1994 年。

11.《邓小平文选》第 2 卷,北京:人民出版社,1994 年。

12.《邓小平文选》第 3 卷,北京:人民出版社,1993 年。

13.《中共中央关于制定国民经济和社会发展第十三个五年规划的建议》(单行本),北京:人民出版社,2015 年。

14.《中共中央　国务院关于新时代加快完善社会主义市场经济体制的意见》,北京:人民出版社,2020 年。

15.《〈中共中央关于完善社会主义市场经济体制若干问题的决定〉辅导读本》,北京:人民出版社,2003 年。

16.习近平:《决胜全面建成小康社会　夺取新时代中国特色社会主义伟大胜利——在中国共产党第十九次全国代表大会上的报告》,北京:人民出版社,2017 年。

17.习近平:《论坚持推动构建人类命运共同体》,北京:中央文献出版社,2018 年。

18.习近平:《习近平谈治国理政》,北京:外文出版社,2014 年。

19.习近平:《习近平谈治国理政》第 2 卷,北京:外文出版社,2017 年。

20.中共中央宣传部编:《习近平新时代中国特色社会主义思想三十讲》,北京:学习出版社,2018 年。

21.中共中央党校(国家行政学院):《习近平新时代中国特色社会主义思想基本问题》,北京:人民出版社、中共中央党校出版社,2020 年。

22."本书课题组"编:《习近平总书记系列讲话精神学习读本》,北京:中共中央党校出版社,2013 年。

23."本书编写组"编:《党的十九大报告辅导读本》,北京:人民出版社,2017 年。

24."本书编写组"编:《党的十九届四中全会〈决定〉学习辅导百问》,北京:党建读物出版社,2019 年。

25."本书编写组"编:《党的十九届五中全会〈建议〉学习辅导百问》,北京:党建读物出版社、学习出版社,2020 年。

26.白永秀、任保平:《中国市场经济理论与实践》,北京:高等教育出版社,2007年。

27.陈宗胜:《发展经济学——从贫困走向富裕》,上海:复旦大学出版社,2006年。

28.陈文敬主编:《邓小平对外开放理论与我国的对外开放政策》,北京:中国对外经济贸易出版社,2000年。

29.樊纲:《中国渐进改革的政治经济学》,上海:上海远东出版社,1996年。

30.范恒山、孙久文等:《中国区域协调发展研究》,北京:商务印书馆,2012年。

31.高培勇、常欣、杨新铭:《加快完善社会主义市场经济体制》,广州:广东经济出版社,2020年。

32.洪银兴等:《〈资本论〉的现代解析》,北京:经济科学出版社,2005年。

33.胡代光、周安军:《当代国外学者论市场经济》,北京:商务印书馆,1996年。

34.黄群慧、戚聿东等:《中国国有企业改革40年研究》,广州:广东经济出版社,2019年。

35.李正风、曾国屏:《中国创新系统研究》,济南:山东教育出版社,1999年。

36.林毅夫:《中国的奇迹》,上海:上海三联书店、上海人民出版社,1996年。

37.柳卸林:《21世纪的中国技术创新系统》,北京:北京大学出版社,2000年。

38.尼尔森:《国家创新体系:比较分析》,曾国屏等译,北京:知识产权出版社,2012年。

39.荣兆梓:《进一步深化国有企业改革的若干问题》,《中国特色社会主义政治经济学十五讲》，北京：中国人民大学出版社，2016年。

40.邵丁、董大海：《中国国有企业简史(1949～2018)》，北京：人民出版社，2020年。

41.王军旗、刘旭青(编)：《社会主义市场经济理论与实践》，北京：人民出版社，2017年。

42.吴敬琏：《当代中国经济改革》，上海：上海远东出版社，2004年。

43.严汉平等：《国有经济逻辑边界及战略调整》，北京：中国经济出版社，2008年。

44.张绍焱：《中国社会主义市场经济学》，北京：经济管理出版社，2012年。

45.周丽莎：《改制——国有企业构建现代企业制度研究》，北京：中华工商联合出版社，2019年。

46.[德]马克思、恩格斯：《共产党宣言》，北京：人民出版社，1997年。

47.[德]马克思：《资本论》第1卷，北京：人民出版社，1975年。

48.[德]马克思：《资本论》第2卷，北京：人民出版社，1975年。

49.[德]马克思：《资本论》第3卷，北京：人民出版社，1975年。

50.[美]彼得·德鲁克：《创新和企业家精神》，《世界经济科技》周刊编辑室译，北京：企业管理出版社，1989年。

51.[美]道格拉斯·诺斯、[美]罗伯特·托马斯：《西方世界的兴起》，厉以平、蔡磊译，北京：华夏出版社，1989年。

52.[美]道格拉斯·诺斯：《经济史中的结构与变迁》，陈郁、罗华平译，上海：上海三联书店、上海人民出版社，2003年。

53.[美]迈克尔·波特：《竞争优势》，陈小悦译，北京：华夏出版社，1997 年。

54.[美]麦金农:《经济发展中的货币与资本》，卢骢译，上海：上海人民出版社，1997 年。

55.[美]约瑟夫·熊彼特:《经济发展理论》，何畏等译，北京：商务印书馆，2000 年。

56.[英]亚当·斯密:《国民财富的性质和原因的研究》(下卷)，郭大力、王亚南译，北京：商务印书馆，1974 年。

二、期刊论文

1.《中共中央关于制定国民经济和社会发展第十三个五年规划的建议(2015 年 10 月 29 日中国共产党第十八届中央委员会第五次全体会议通过)》，《理论学习》2015 年第 12 期。

2.本刊编辑部:《做好乡村振兴这篇大文章》，《求是》2019 年第 11 期。

3.蔡之兵:《区域协调发展战略的六大功能定位》，《人民周刊》2018 年第 15 期。

4.曾宪奎:《经济发展新常态下的供给侧结构性改革》，《红旗文稿》2017 年第 8 期。

5.陈敬全、庞鹏沙、谷敏、王莹:《立足新时代大力推进融通创新加快建设创新型国家的思考》，《北京交通大学学报》(社会科学版)2018 年第 2 期。

6.迟福林:《以高质量发展为核心目标建设现代化经济体系》，《行政管理改革》2017 年第 12 期。

7.付英彪:《创新驱动发展的评析、反思与展望》，《学习与探索》2016 年第 12 期。

8.韩保江:《中国特色社会主义政治经济学研究关键是揭开“六

个结合”之谜》,《理论视野》2016年第5期。

9.何美子、范希春、洪晓楠:《以供给侧结构性改革为主线　加快建设现代化经济体系》,《红旗文稿》2019年第23期。

10.洪银兴、刘伟、高培勇、金碚、闫坤、高世楫、李佐军:《“习近平新时代中国特色社会主义经济思想”笔谈》,《中国社会科学》2018年第9期。

11.洪银兴:《关于创新驱动和协同创新的若干重要概念》,《经济理论与经济管理》2013年第5期。

12.洪银兴:《实现要素市场化配置的改革》,《经济学家》2020年第2期。

13.黄群慧:《国有经济布局优化和结构调整的三个原则》,《经济研究》2020年第1期。

14.李丹:《我国国家技术创新体系现存问题及对策分析》,《科技管理研究》2007年第5期。

15.李国祥:《如何理解乡村振兴战略的“五个振兴”》,《时事资料手册》2018年第6期。

16.刘灿:《中国特色社会主义政治经济学要系统化研究社会主义基本经济制度的重大理论问题》,《政治经济学评论》2020年第1期。

17.刘伟等:《经济增长新常态与供给侧结构性改革》,《新华文摘》2016年第9期。

18.刘元春:《国有企业的“效率悖论”及其深层次的解释》,《中国工业经济》2001年第7期。

19.刘元春:《国有企业宏观效率论:理论及其验证》,《中国社会科学》2001年第5期。

20.马建堂:《新常态下我国宏观调控思路和方式的重大创新》,

《行政管理改革》2015 年第 11 期。

21.裴长洪、刘洪愧:《习近平新时代对外开放思想的经济学分析》,《经济研究》2018 年第 2 期。

22.裴长洪、刘斌:《中国开放型经济学:构建阐释中国开放成就的经济理论》,《中国社会科学》2020 年第 2 期。

23.权贤佐:《关于马克思主义经济理论与西方经济学的比较研究》,《统计研究》2000 年第 3 期。

24.任力:《马克思对技术创新理论的贡献》,《当代经济研究》2007 年第 7 期。

25.宋宇:《马克思经济学与西方经济学的创新理论比较》,《经济纵横》2009 年第 4 期。

26.苏晓静、盛蓉、孔铎:《我国城市群的现状、问题、趋势与对策》,《全球化》2016 年第 7 期。

27.孙智:《新时代创新型国家建设与知识产权制度回应——基于国家创新力相关指标的分析》,《贵州师范大学学报》(社会科学版)2017 年第 6 期。

28.汪澄清:《马克思与熊彼特创新思想之比较》,《马克思主义与现实》2001 年第 3 期。

29.王芳:《对海陆统筹发展的认识和思考》,《国土资源》2009 年第 3 期。

30.王欢苗:《实施乡村振兴战略的关键点和突破口》,《中国党政干部论坛》2018 年第 4 期。

31.王蕾、曹希敬:《熊彼特之创新理论的发展演变》,《科技和产业》2012 年第 6 期。

32.魏峰、荣兆梓:《国有企业与非国有企业技术效率的比较》,《经济纵横》2012 年第 2 期。

33.姚瑶、孙晨:《以“组织振兴”筑牢乡村振兴“主心骨”》,《经济研究导刊》2019 年第 34 期。

34.余南平:《中国自由贸易港建设:定位与路径》,《探索与争鸣》2018 年第 3 期。

35.张磊、王森:《西方技术创新理论的产生与发展综述》,《科技与经济》2008 年第 2 期。

36.张维迎:《公有制经济中的委托人——代理人关系:理论分析和政策含义》,《经济研究》1995 年第 4 期。

37.张蕴:《优化创新生态:建设创新型国家的当务之急》,《人民论坛》2018 年第 6 期。

38.赵曜:《小康社会思想的形成与发展》,《红旗文稿》2010 年第 11 期。

39.中央党校“中国特色社会主义政治经济学研究”课题组:《中国特色社会主义政治经济学对西方经济学理论的借鉴与超越》,《管理世界》2017 年第 7 期。

40.朱迎春:《创新型国家基础研究经费配置模式研究》,《中国科技论坛》2018 年第 2 期。

三、学位论文

张杨:《习近平新发展理念研究》,湖南师范大学博士学位论文,2018 年。

四、报纸文章

1.习近平:《开放共创繁荣　创新引领未来——在博鳌亚洲论坛 2018 年年会开幕式上的主旨演讲》,《人民日报》2018 年 4 月 11 日。

2.习近平:《开辟合作新起点　谋求发展新动力——在“一带一

路"国际合作高峰论坛圆桌峰会上的开幕辞》,《人民日报》2017 年 5 月 16 日。

3.习近平:《在省部级主要领导干部学习贯彻党的十八届五中全会精神专题研讨班上的讲话》,《人民日报》2016 年 5 月 10 日。

4.《习近平在华东七省市党委主要负责同志座谈会上强调:抓住机遇立足优势积极作为系统谋划"十三五"经济社会发展》,《人民日报》2015 年 5 月 29 日。

5.《习近平主持召开中央财经领导小组第十一次会议强调:全面贯彻党的十八届五中全会精神　落实发展理念推进经济结构性改革》,《人民日报》2015 年 11 月 11 日。

6.《习近平总书记谈协调》,《人民日报》2016 年 3 月 3 日。

7.《习近平在全国科技创新大会、两院院士大会、中国科协第九次全国代表大会上的讲话》,《人民日报》2016 年 5 月 30 日。

8.《习近平叮嘱我们护好绿水青山(新思想从实践中产生系列报道之二·浙江安吉篇)》,《人民日报》2018 年 9 月 16 日。

9.《中央城镇化工作会议在北京举行　习近平李克强作重要讲话　张德江俞正声刘云山王岐山张高丽出席会议》,《人民日报》2013 年 12 月 15 日。

10.《中共中央关于制定国民经济和社会发展第十四个五年规划和二〇三五年远景目标的建议》,《人民日报》2020 年 11 月 4 日。

11.《〈胡锦涛文选〉第二卷主要篇目介绍》,《光明日报》2016 年 9 月 22 日。

12.《良好生态环境是最普惠的民生福祉——论生态文明建设》,《光明日报》2014 年 11 月 7 日。

13.《从山海协作、城乡统筹到实施区域协调发展战略(习近平新时代中国特色社会主义思想在浙江的萌发与实践·区域协调发展篇)》,《浙江日报》2018 年 7 月 20 日。

14.蔡奇:《推动京津冀协同发展》,《人民日报》2017 年 11 月 20 日。

15.陈东琪:《抓紧抓好供给侧结构性改革》,《人民日报》2017 年 4 月 12 日。

16.董振华:《运用好统筹兼顾科学方法论》,《中国纪检监察报》2020 年 3 月 10 日。

17.范晓敏:《深入实施区域协调发展战略》,《光明日报》2018 年 2 月 19 日。

18.高培勇:《建立与供给侧结构性改革相匹配的宏观调控体系》,《经济日报》2017 年 12 月 18 日。

19.韩保江:《多维度把握建设现代化经济体系的目标要求和实现途径》,《经济日报》2017 年 11 月 4 日。

20.韩俊:《谱写新时代农业农村现代化新篇章》,《人民日报》2018 年 11 月 5 日。

21.郝全洪:《从供需关系看供给侧结构性改革》,《人民日报》2018 年 6 月 13 日。

22.何立峰:《贯彻落实新发展理念　建设现代化经济体系》,《学习时报》2017 年 11 月 20 日。

23.何立峰:《深化供给侧结构性改革推动经济高质量发展》,《学习时报》2020 年 1 月 9 日。

24.胡五清:《乡村振兴,先要留住人》,《人民日报》2020 年 5 月 21 日。

25.黄群慧:《中国经济如何跨越发展阶段转换关口》,《经济日报》2017 年 12 月 11 日。

26.黄泰岩:《补短板的政治经济学分析》,《光明日报》2016 年 4

月 27 日。

27.李文:《实施供给侧结构性改革是治国理政的重大战略部署》,《经济日报》2016 年 5 月 6 日。

28.刘昂:《加强乡村文化建设　推动乡村振兴》,《经济日报》2020 年 7 月 10 日。

29.刘诚:《供给侧改革助力我国跨越中等收入陷阱》,《经济参考报》2016 年 6 月 14 日。

30.刘金祥:《“和合”思想的主要内涵与当下价值》,《黑龙江日报》2018 年 7 月 17 日。

31.刘世锦:《拨开“中等收入陷阱”的迷雾,供给侧改革助推跨越中等收入阶段》,《人民观察》2016 年 6 月 12 日。

32.刘伟:《供给侧结构性改革具有长期的战略意义》,《光明日报》2017 年 1 月 12 日。

33.刘伟:《构建新发展格局须以深化供给侧结构性改革为战略方向》,《光明日报》2020 年 12 月 12 日。

34.刘伟:《以供给侧结构性改革为主线建设现代化经济体系》,《人民日报》2018 年 1 月 26 日。

35.刘子宁:《我国传统文化中的大同思想》,《河南日报》2020 年 2 月 28 日。

36.罗志军:《深刻认识和有效推进供给侧结构性改革》,《人民日报》2016 年 5 月 16 日。

37.宁吉喆:《建设现代化经济体系　实现新时代高质量发展》,《经济日报》2017 年 11 月 30 日。

38.庞庆明、李建辉:《深入研究现代化经济体系建设的路径》,《经济日报》2018 年 6 月 7 日。

39.瞿长福:《“四化”同步惠“三农”》,《经济日报》2012 年 11 月

14 日。

40.王东京:《推进现代化经济体系建设》,《学习时报》2017 年 11 月 18 日。

41.王一鸣:《实施区域协调发展战略》,《经济日报》2017 年 11 月 16 日。

42.王莹莹:《从“地瓜理论”看党员干部成长路径》,《中国纪检监察报》2019 年 2 月 21 日。

43.王志刚:《加快建设创新型国家》,《人民日报》2017 年 12 月 7 日。

44.卫兴华:《澄清供给侧结构性改革的几个认识误区》,《人民日报》2016 年 4 月 20 日。

45.徐明辉:《绿色发展,引领乡村生态振兴》,《人民日报》2018 年 3 月 27 日。

46.杨舒:《夯实建设世界科技强国的基石——多角度解读〈关于全面加强基础科学研究的若干意见〉》,《光明日报》2018 年 2 月 12 日。

47.杨文圣:《中国共产党对共同富裕的百年夙愿与追求》,《中国社会科学报》2021 年 1 月 14 日。

48.张军扩、侯永志:《开创区域协调发展新局面》,《人民日报》2016 年 8 月 5 日。

49.张秀生、黄鲜华:《实施区域协调发展战略的重大意义》,《光明日报》2018 年 4 月 2 日。

50.赵展慧:《区域发展如何更协调》,《人民日报》2017 年 11 月 7 日。

51.郑必坚:《让供给侧结构性改革释放强大正能量》,《人民日报》2017 年 6 月 2 日。

52.郑秉文:《拨开“中等收入陷阱”的迷雾,展望中国经济从低收入到高收入的四个发展阶段》,《人民观察》2016 年 6 月 12 日。

53.钟瑛:《成思危经济思想对社会主义市场经济理论的贡献》,《中国经济时报》2015 年 7 月 31 日。

54.朱丽兰:《知识正在成为创新的核心》,《人民日报》1998 年 7 月 23 日。

五、网络文章

1.《胡锦涛在中央经济工作会议上的讲话》,人民网,2005 年 11 月 29 日,http://www.people.com.cn/GB/jinji/222/2322/index.html。

2.《习近平在中共中央政治局第六次集体学习时强调:坚持节约资源和保护环境基本国策　努力走向社会主义生态文明新时代》,中国共产党新闻网,2013 年 5 月 25 日,http://cpc.people.com.cn/n/2013/0525/c64094-21611332.html。

3.《习近平:政治生态也要山清水秀》,新华网,2015 年 3 月 6 日,http://www.xinhuanet.com/politics/2015-03/06/c_1114552785.htm。

4.《习近平与“十三五”五大发展理念·创新》,人民网,2015 年 11 月 1 日,http://politics.people.com.cn/n/2015/1101/c1001-27762105.html。

5.《习近平与“十三五”五大发展理念·协调》,人民网,2015 年 11 月 2 日,http://politics.people.com.cn/n/2015/1102/c1001-27764355.html。

6.《习近平与“十三五”五大发展理念·绿色》,央广网,2015 年 11 月 2 日,http://news.cnr.cn/native/gd/20151102/t20151102_520367583.shtml。

7.《习近平与“十三五”五大发展理念·开放》,央视网,2015 年

11月3日，http://news.cntv.cn/2015/11/03/ARTI1446556654660862.shtml。

8.《习近平谈“十三五”五大发展理念之三：绿色发展篇》，中国共产党新闻网，2015年11月12日，http://cpc.people.com.cn/xuexi/n/2015/1112/c385474-27806216.html。

9.《习近平在黄河流域生态保护和高质量发展座谈会上的讲话》，新华网，2019年10月15日，http://www.xinhuanet.com/2019-10/15/c_1125107042.htm。

10.《习近平主持召开扎实推进长三角一体化发展座谈会并发表重要讲话》，新华网，2020年8月22日，http://www.xinhuanet.com/2020-08/22/c_1126399990.htm。

11.《中共中央　国务院关于完善产权保护制度依法保护产权的意见》(2016年11月4日)，中华人民共和国中央人民政府网，2016年11月27日，http://www.gov.cn/zhengce/2016-11/27/content_5138533.htm。

12.《中共中央　国务院关于实施乡村振兴战略的意见》(2018年1月2日)，中华人民共和国中央人民政府网，2018年2月4日，http://www.gov.cn/zhengce/2018-02/04/content_5263807.htm。

13.《“十一五”经济社会发展成就系列报告之十五：科技发展成果丰硕》，国家统计局网，2011年3月11日，http://www.stats.gov.cn/ztjc/ztfx/sywcj/201103/t20110311_71328.html。

14.《高层剧透“十四五”规划五大重点方向，打造开放的双循环》，新浪财经，2020年8月25日，https://finance.sina.cn/2020-08-25/detail-iivhvpwy2891696.d.html。

15.《实施区域协调发展战略　构建科学合理发展格局——推动中国经济高质量发展述评之四》，新华网，2017年12月29日，

http://www.xinhuanet.com/2017-12/29/c_1122187919.htm。

16.《推动形成全面开放新格局　开启新时代开放新征程——推动中国经济高质量发展述评之五》，中华人民共和国中央人民政府网，2017 年 12 月 30 日，http://www.gov.cn/xinwen/2017-12/30/content_5251821.htm。

17.范子军：《习近平提“人民共同享有人生出彩的机会”鼓舞人心》，人民网，2013 年 3 月 17 日，http://opinion.people.com.cn/n/2013/0317/c1003-20816380.html。

18.吴敬秋：《以五大振兴为抓手　开创乡村振兴新局面》，黄冈新闻网，2018 年 5 月 9 日，http://www.hgdaily.com.cn/w/3/ciye/4O18061O217184。